하고 싶은 일 해, 굶지 않아

하고 싶은 일 해, 굶지 않아

초판 1쇄 발행 2014년 6월 25일
초판 13쇄 발행 2019년 4월 25일

지은이·윤태호, 하종강, 김현수, 최혁진, 고원형, 강도현, 송인수
발행인·표완수
편집인·김은남

펴낸곳·㈜참언론 시사IN북
출판신고·2009년 4월 15일 제300-2009-40호
주소·100-858 서울시 중구 중림로 27 가톨릭출판사빌딩 신관 3층
주문전화·02-3700-3256, 02-3700-3250(마케팅팀), 02-3700-3270(편집부)
주문팩스·02-3700-3209
전자우편·book@sisain.co.kr
블로그·book.sisain.co.kr

ISBN 978-89-94973-18-0 03300

이 도서의 국립중앙도서관 출판예정도서목록(CIP)은 서지정보유통지원시스템 홈페이지(http://seoji.nl.go.kr)와
국가자료공동목록시스템(http://www.nl.go.kr/kolisnet)에서 이용하실 수 있습니다. (CIP제어번호: CIP2014017911)

사교육걱정없는세상 기획

하고 싶은 일 해 굶지 않아

학벌·스펙
무시하고
'즐거운 내 직업' 찾은
7인의 이야기

윤태호

하종강

김현수

최혁진

고원형

강도현

송인수

다른 기준이 필요합니다!

"좋은 일자리요? 그거야 다른 곳보다 월급 더 많이 주고 정규직인 곳이지요."

"좋은 일자리요? 30대 대기업과 공기업, 금융업이지요."

이것은 부모들이 한 말이 아니라, 한국경영자총협회와 한국개발연구원(KDI) 같은 국책 연구기관이 좋은 일자리라고 규정한 내용입니다. 이런 식으로 좋은 일자리를 규정하는 세태가 오늘날 우리 사회를 지배하고 있고, 이른바 좋은 일자리에 진입한 사람을 '위너(winner)'라고 부릅니다. 그리고 좋은 일자리를 얻기 위한 입시 경쟁으로 온 나라가 몸살을 앓고 있습니다.

그러나 좋은 일자리를 이런 식으로 규정하는 것은 매우 폭력적입니다. 그 일자리라 해봤자 한 해에 2만~3만 개밖에 되지 않습니다. 그런데 한 해 고등학교를 졸업하는 학생 숫자는 55만~60만 명에 이릅니다. 이 기준에 따르면 결국 90% 이상의 아이들은 개인적인 능력이나 적성과 관계없이 좋은 일자리를 얻지 못한 '루저(loser)'가 됩니다. 그러나 보십시오. 사람마다 이 땅에 태어날 때 부여받은 고귀한 뜻에 합당한 삶을 산다면 어떤 직업을 갖고 살든 성공한 인생이요 행복한 인생이 아니겠습니까? 그런 귀한 인생이 그 좁디좁고 폭력적인 '좋은 일자리 기준'에 의해서 패자요 실패자로 낙인찍히다니요!

이런 비정상이 정상이 되어버린 한국 사회에서, 그래도 어쩌겠는가, 라고 자조하며 우리는 그동안 순응해왔습니다. 그리고 알게 모르게 우리도 그런 오염된 기준에 익숙해졌습니다. 그러나 우리는 이제 그렇게 살아서는 안 되겠다고 생각했습니다. 잘못된 일자리와 진로 기준으로 우리 자녀들의 고귀한 삶을 그렇게 훼손해서는 안 되겠다고 판단했습니다. 이 기준을 버려도 굶지 않고, 아니 오히려 이 기준을 버려야 자녀들의 삶이 위대하고 찬란하게 펼쳐질 것이라는 믿음, 그런 확신을 가지고 살아가는 시민들이 사회를 이끌 때가 되었다고 생각하여, 우리는 새로운 시민들을 찾기 위해 매년 '행복한 진로학교'를 열었습니다. 그리고 이 책은 2013년 진로학교에 나선 7인의 이야기를 담은 책입니다.

이 책에 소개된 일곱 분의 이야기를 들으면, 아이들을 어떻게 키워야 할지에 대한 새로운 통찰을 얻을 수 있을 것입니다. 아니 우리가 지금까지 걸어온 삶을 돌아보면서, 내 삶의 목적과 의미를 어떻게 재조정하며 살아야 할지를 다시 고민하게 될 것입니다. 그리고 그 고민은 아주 좋은 일입니다.

좋은 직업을 돈과 안정성으로 평가하는 폭력적인 사회 환경이 바뀌지 않는 한, 나도 우리 아이에게 진로에 대한 다른 기준을 제공할 수 없다고 말하는 것은 옳지 않습니다. 잘못된 세상이 바뀌어야 잘못된 의식을 버리겠다는 생각으로는 새 세상을 만들 수 없습니다. 세상의 잘못된 질서는 어떻게 존재합니까? 그것은 우리 한 사람 한 사람의 잘못된 의식을 '숙주'로 기생하는 것입니다. 따라서 내 속에 들어와 있는 잘못된 의식과 싸우는 것은 잘못된 제도와 싸우는 첫 출발입니다.

앨빈 토플러는 '젊음이란 꿈을 위해 무엇인가를 저지르는 것'이라 말했습니다. 새로운 세상이 열리기 전이라도, 우리는 자녀들에게 진로와 관련해서 그런 신나는 모험의 기회를 허락해야 합니다. 그렇게 해도 우리 아이들은 굶지 않습니다. 비록 많이 벌어 많이 소비하지 못할지라도, 사람의 행복은 소비에 있지 않습니다. 가난한 가운데 뜻을 따라 살며 고통 받는 이웃들과 함께 연대하며, 자기가 서 있는 곳에서 직업을 통해 이웃들에게 쓸모 있는 삶을 살기로 한다면, 어떤 직업을 선택하든 그는 행복한 사람입니다. 또한 그런 자세로 자기 직업을 수행하는 부모 밑에서 자란 아이들은 결코 망하지 않습니다.

2014년 6월
사교육걱정없는세상 공동대표 송인수·윤지희

차례

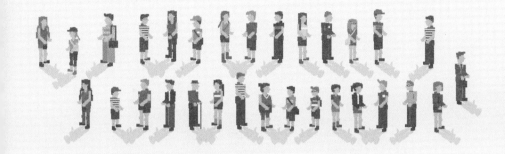

1장
가지 않은 길에서 만난 〈미생〉

윤태호 만화가

시사IN 신선영

가난 때문에 미대 포기하고 만화가의 길로

저는 어릴 적부터 만화를 그렸습니다. 초등학교 3학년 때부터 학교 신문에 4컷 만화를 연재했죠. 초등학교 6학년 때는 담임선생님께서 교실 뒤 칠판의 절반을 내어주시며 만화를 연재하라고 하시는 바람에 어린 나이에 창작의 고통도 느껴보았습니다. 스토리가 안 떠올라 집에서 받아보던 〈소년 한국일보〉에 실린 만화를 표절해서 그리기도 했습니다.

1969년생인 저는 1988년 허영만 선생님의 문하생으로 만화계에 입문해서 1993년에 데뷔했습니다. 저는 광주에서 태어나 주로 군산에서 자랐는데, 어떻게 해야 만화가가 되는지도 몰랐고, 그저 만화가를 연예인이라고 생각했어요. 제가 알고 있던 만화가는 방송에 나오시던 이현세·허영만·고우영·신동화 선생님이었으니까요. 그러다 보니 '나 같은 게 어떻게 만화가가 돼' 하는 생각을 가지고 있었습니다.

초등학교 때부터 그림을 좀 그리다 보니 당연히 화가가 되어야 한다고 생각해 입시미술을 했습니다. 초등학생 때에는 숙제를 수채화나 그림연습으로 대체해 검사를 받을 정도로 특기생 대접을 받았죠. 운동회 때 매스게임 같은 것보다 저는 항상 '더 높게 더 힘차게' 같은 포스터를 그리거나 그늘에서 표어 글씨를 쓰곤 했습니다.

제가 고등학교 다닐 때 집안 형편이 아주 어려워졌습니다. 군산에서 광주로 이사를 가야 하는데 집을 구하지 못할 정도였죠. 지금도 고속도로 휴게소에서 광주로 전화하시던 어머니 모습이 떠오릅니다. 아버지께서는 직접 말씀은 안 하셨지만 제가 미대를 포기하기를 바라셨죠. 고등학교 2학년 때는 굉장히 방황했는데 3학년 때는 대학생이 되고 싶은 마음에 학교 도서관을 처음 가보기도 했습니다. 대학은 떨어졌습니다.

제가 다니던 학교가 천주교 학교였는데 조금 특이했습니다. 고3 때 전교 1등에서 30등까지를 1반에, 31등에서 60등까지를 2반에 넣고 다시 뒤에서 1등부터 30등을 1반에, 31등부터 60등까지를 2반에 넣는 식이었어요. 그리고 1반에 예체능계 학생을 집어넣었어요. 저는 예체능계여서 1반에 갔는데 제 짝꿍이 전교 2등 하는 친구였어요. 이 친구가 일요일에 학교에 나오라고 해서 갔더니 학교 도서관으로 데리고 가는 거예요. 일요일에 많은 학생이 도서관에 나와서 공부하는 것을 처음 봤어요. 그 친구들을 보면서 뭔가 뜨거워지는 기분이 들더라고요. 침묵 속에서 연필, 볼펜 굴리는 소리가 고요한 소음같이 들리는데 저는 처음 들어본 소리였어요. 화실에 다닐 때는 클래식 음악을 틀어놓아서 연필 소리가 들리지 않았거든요. 처음으로 글씨 쓰는 소리를 듣고 '나도 이 친구들처럼 되고 싶다'는 생각이 들면서 사무치게 대학에 가고 싶어졌습니다.

집안 형편상 장학금이 많은 국립대 미술교육과에 시험을 치러 갔습니다. 가서 보니 실기 비율이 10%밖에 안 되는 거예요. 순수회화 같은 경우는 60% 정도였어요. 실기시험장에서 석고데생을 하는데 시험 보는 친구들이 모두 글씨 쓰는 것처럼 그림을 그리더군요. 그래서 여기는 내가 있을 곳이 아니라고 판단했습니다. 합격을 해도 속상하겠다고 생각했는데 떨어졌어요. 전화로 불합격 통보를 받은 그날 아버지께서 "재수할래 어떡할래? 인문계 쪽으로 공부해서 다시 시험 봐라. 우리 집 형편에 미대 진학은 무리다"라고 하시길래 "여태까지 미술만 했는데 인문계 애들이랑 경쟁해서 어떻게 대학에 가요. 만화 그리겠습니다"라고 큰 소리로 말했습니다. 아버지도 저의 묘한 박력에 놀라셨는지 "그럴래?" 하시더군요.

만화로 진로를 정한 뒤 만화학원에 갔습니다. 그 당시 꽤 진보적인 성인만화잡지 〈만화광장〉은 운동권 사람들이 편집기자로 활동하는 곳이었습니다. 그곳에서 만화학원을 운영했습니다. 아버지를 졸라서 그 학원을 다니게 되었죠. 학원이 서울 강남역에 있었어요. 어느 날 강남역에서 고등학교 때 꽤 친하게 지냈던 같은 반 친구를 만났습니다. 동창회를 하기로 했으니 며칠 후에 오라며 반장이었던 친구의 하숙집 전화번호를 알려주더군요. 반장에게 전화를 했더니 그 친구가 대학 다니는 친구들만 모인다며 굉장히 난처해하는 거예요. 전화를 끊고 나니 부글부글 끓더군요. 그때 결심했습니다. '너희들이 군 제대하고 학교 졸업했을 때 나는 이미 작가가 되어 있을 거야.' 분노에 찬 결심을 한 것입니다. 스물다섯이 되는 1993년에 데뷔하기로 마음을 먹었습니다.

스물다섯에 만화가로 데뷔하고 맞본 좌절

만화학원 다닐 때 어떻게든 빨리 성공하고 싶었어요. 어릴 때부터 많은 것들을 박탈당한 상태로 살아와서인지 성공에 대한 욕망이 컸죠. 그런데 제가 다니던 학원이 기대에 미치지 못했어요. 수강생들은 그림은 못 그리면서 불만만 가득 차서 미래가 보이질 않았죠. 학원에서 빨리 빠져나오고 싶었어요. 그러려면 어서 그림을 잘 그려야겠다는 생각에 얹혀살던 사촌형 집에서 나와 학원에서 숙식을 하면서 그림을 그렸어요.

당시 허영만 선생님의 화실이 제 롤모델이었어요. 허영만 선생님처럼 되는 게 꿈이었죠. 어느 날 아는 형이 은마아파트 주변에서 허영만 선생님 화실에서 그림을 그리는 친구들과 우연히 만나 술 마시며 어울리다가 허영만 선생님 화실 주소와 전화번호를 알아냈다면서 학원으로 달려왔는데, 담배 은박지에 적어놓았다는 메모가 없는 거예요. 담배를 다 태우고 그냥 버린 거죠. 하지만 은마아파트라는 건 확인한 셈이니 1동부터 뒤지고 다녔어요. 은마아파트가 31동까지 있었는데 허영만 선생님 화실은 31동 제일 마지막 라인에 있었어요. 화실에 가서 제 그림을 보여드리니 허영만 선생님께서 어제 사람이 새로 들어와서 안 된다고 하시는 거예요. 돌아오는 길에 울면서 7개월 동안 학원에서 그린 그림을 다 찢었어요. '내가 정말 재능이 뛰어나다면 허영만 선생님이 나를 받아주지 않았을까? 그런데 재능이 없나보다. 학원에서도 내가 제일 잘 그렸고, 어릴 때부터 내가 그림에 관해서는 제일이었는데, 내가 아직 재능이 없나보다' 하며 울면서 돌아왔어요.

일주일 동안 다시 허영만 선생님 그림을 베껴가면서 연습했습니다. 일주일 뒤에 다시 그림을 그려서 찾아갔더니 제가 다녀간 그다음 날 새로 들어온 사람이 그만뒀는데 어제 다시 찾아와서 무릎 꿇고 비는 통에 다시 받아들이기로 했다는 겁니다. 또 그림을 찢으며 울면서 돌아왔죠. 그런 사람도 받아들이는데 나를 못 받아들이는 이유는 뭔가? 허영만 선생님은 불교신자여서 인연을 매우 소중하게 생각하셨던 거예요. 아주 큰 결격사유가 없다면 먼저 온 사람을 받아야 된다고 생각한 것입니다. 저는 그것도 모르고 제 재능이 부족하다 여기고 그림을 찢으면서 울었어요. 그래서 저는 어렸을 때 그린 그림이 거의 없어요. 며칠 뒤 그 사람이 또 나가는 바람에 결국 그토록 바라던 허영만 선생님의 문하생이 됐습니다.

화실의 문하생도 거쳐야 하는 단계가 있습니다. 먹칠하는 사람, 수정하는 사람, 인물 외에 배경 그리는 사람, 인물을 그리는 터치맨 등 단계별로 하는 일이 다릅니다. 단계를 다 올라서 만화의 설계도를 그리려면 10년 넘게 걸려요. 따라서 스물다섯 살에 데뷔를 하려면 엄청나게 어려운 과정을 겪어야 했죠. 화실 선배들을 이기고 뭔가를 배워야 하는데, 제가 올라가면 위계가 무너지므로 선배들은 저를 항상 견제했어요. 그것을 이겨내면서 올라가다 보니 왕따 아닌 왕따도 당하고 싸우기도 했죠. 그런 지난한 과정을 거쳐 스물다섯 살에 기어코 데뷔를 했습니다. 남들 10년 걸려 할 것을 5년 만에 이룬 것입니다. 제가 얼마나 자만했겠어요. 그래서 결국 실패했습니다.

저는 초등학교 3학년 때 미술부 생활을 하면서 본격적으로 그림을 그리기 시작해서 스물다섯 살까지 그림만 잘 그리면 된다고 생각했어요. 스토리 쓰는 능력은 소설만 열심히 읽으면 된다고 생각해서 소설책 읽고 하루 종일 그림만 그렸죠. 그렇게 완성한 것을 출판사에 가져갔는데 내용이 시원치 않다는 이유로 여덟 번 퇴짜를 맞았습니다. 출판사가 거절할 수 없을 정도로 그림을 잘 그리면 데뷔시켜주겠지 싶어 3개월 정도를 준비해서 24페이지짜리 원고를 만들어 한 출판사에 가져갔지만 또 퇴짜를 맞았어요. 도저히 그냥 돌아가기 창피해서 계속 퇴짜 놓던 다른 출판사에 가져갔고 결국 그곳에서 데뷔를 했죠.

펜촉으로 그림을 그리면 연필로 그릴 때보다 그림이 100배 정도 섬세해집니다. 양면 페이지 같은 경우 펜으로 3일 밤을 새우면서 그려요. 스토리를 잘 쓰지 못하니 그림이 아까워서라도 편집자가 내 만화를 거절하지 못하게 만들어야겠다고 생각했죠. 제가 연재하기로 한 만화의 첫 회가 실린 잡지를 사서 자취방에서 혼자 첫 페이지부터 봤죠. 만화 그리는 사람들은 대부분 만화잡지에서 본인이 좋아하는 작가의 작품만 봅니다. 자기가 지향하는 만화와 그렇지 않은 만화의 선이 분명하니까요. 저는 제 만화가 곧 등장한다는 생각에 즐거움을 만끽하기 위해 앞에 있는 작품부터 평소에는 잘 보지 않던 것까지 다 보면서 넘겼죠. 그렇게 봤더니 정말 재미있는 거예요. 그러면서 서서히 불안해지는 겁니다. 다른 작가들 만화는 거침없이 그려진 느낌이 드는 데다 내가 어릴 적 봤던 만화라는 생각이 들면서 불안감이 밀려왔어요.

드디어 제가 그린 만화의 앞표지가 나왔어요. 방에 아무도 없는데 얼굴이 시뻘게졌습니다. 정말 부끄러웠어요. 제 그림을 보니 아홉 번이나 퇴짜를 맞은 작가의 아집과 자기 과시만 있고 그림은 어마어마하게 공을 들였는데 그 그림이 담고 있는 이야기는 쓰레기 같았어요. 하찮은 이야기를 과도한 정성을 들여 자기 멋에 빠져서 그린 겁니다. 쓰레기를 공들여 닦았다는 느낌이 들더군요. 만화를 4개월 동안 연재했는데 그 4개월이 지옥이었어요. 1회, 2회, 3회는 거의 원고가 괴발개발이었습니다.

계속된 자기반성이 〈미생〉 작가로 이끌어

너무 비참해서 데뷔를 포기하고 다시 문하생으로 들어가 도대체 창작이 무엇인가를 처음부터 다시 고민하기 시작했습니다. 남들이 무시하는 만화라고 해도 내가 앞으로 평생 직업으로 삼아 그려야 하는 만화가 단지 그림으로만 이루어진 세계인지 아니면 다른 무언가가 있는 것인지를 고민하게 됐습니다. 그때 다시 화실로 들어가면서 만화책은 다 버리고, 어릴 적부터 그림으로만 익숙해진 제 손버릇을 고치기 위해서 무조건 필사를 했어요.

저같이 기초학력이 부족한 상태에서 그림만 그려온 사람들은 글을 쓰려고 하면 무엇보다 엉덩이가 들썩거려 힘이 들어요. 그림은 거침없이 그릴 수 있는데 글은 진도가 느려 좀이 쑤시게 됩니다. 그래서 글을 쓰려고 하면 늘 어딘가가 아파요. 이런 증상을 고치려고 필사를 시작했습니다. 그림을 잘 그리려면 잘못된 습관부터 고쳐야 한다는 게 제 원칙인데 이 원칙을 스토리를 공부하는 데 적용한 것입니다. 그림 그리는 데만 익숙해진 제 신체 근육을 글을 쓰는 데도 적응시키기 위해 〈모래시계〉 대본, 최인호 시나리오 전집을 모두 베껴 썼어요. 솔직히 말씀드리면 필사를 해서 뭔가를 배우려 했다기보다 제 자신에게 화가 난 상태여서 저를 학대하는 과정이었어요. 화실에서 퇴근해서 제가 짜놓은 책장에 1시간은 배경 연습해서 올려놓고, 1시간은 인물 연습해서 올려놓고, 1시간은 데생 연습해서 올려놓고, 1시간은 습작 연습해서 올려놓았습니다. 처음 일주일은 지옥이었습니다. 연습을 하면 성과가 눈에 보여야 하는데 한 시간마다 그림 하나를 완성한다는 것이 굉장히 힘듭니다. 책장에 올려놨던 그림을 다음 날 다시 내려서 그려야 하니 보통 일이 아니었습니다. 그렇게 3개월 정도 지나니 양이 묵직해졌습니다. 높이도 상당했죠. 그 종이들을 보고 있자니 뿌듯하기 그지없어 스스로를 격려해주고 싶더군요.

창작자로서 개념 정리를 하는 것이 매우 중요하다는 생각이 들었어요. 나는 그림을 그리는 사람인가, 글을 쓰는 사람인가, 아니면 종합적으로 뭔가를 만들어내는 사람인가? 도대체 창작이라는 것이 무엇인가? 대중매체로서 만화에는 규칙이 있지 않을까? 제 나름대로 고민을 많이 했습니다. '처음부터 끝까지 새로움으로만 가득 찬 것이나 익숙한 표현과 내용으로 범벅이 된 것은 외면 받을 것이다. 처음에는 익숙함으로 접근하지만 결국에는 나만의 결이 드러나는 작품, 그래서 익숙하지만 색다른 이야기를 들을 수 있는 작품을 쓰는 것이 대중매체가 갖고 있는 매력이 아닐까'라고 생각했죠. 그 후 시나리오 작법책, 영화 이론서, 드라마 이론서 등 여러 책을 챙겨 읽었는데 플롯은 이미 다 만들어져 있더군요. 이러이러한 과정을 거치면 어떤 드라마가 어떤 감정선을 끌어내며 전개된다는 것을 이미 여러 사람들이 규정해놨더라고요.

하지만 저는 왠지 그 플롯이라는 것에 공감을 느끼기도 어려웠고 도대체 매력이 느껴지지 않았어요. 사람의 감정을 그런 규칙 속에 규정해놓는다는 게 어쩐지 사람을 기만하는 듯한 느낌이 들었어요. 잘 속인 작품이 가장 좋은 만화인가 하는 의구심도 들었고요. 그래서 저는 '어떻게'나 '왜'가 아니라 '누가' 하는 이야기인가, 그 작품에 어떤 캐릭터가 나오느냐에 집중했습니다. 예를 들어 창문 밖에서 누가 싸움을 해요. 저는 스트레스를 받거나 고통을 받지 않아요. 그저 신기하게 보거나 스마트폰으로 찍거나 할 뿐이죠. 그 사람에 대한 정보가 없기 때문에 그런 것이죠. 하다못해 내가 싫어했던 우리 반 친구가 싸우고 있다면 관심이 더 가겠죠.

제가 버스를 타고 가고 있는데 차창 밖으로 우리 아이가 걸어가고 있는 게 보여요. 우리 집과 아이 학교가 모두 경기도 죽전에 있는데 제가 버스를 타고 가다 혼자 길을 걷고 있는 아이를 본 곳은 서울 이태원인 겁니다. 그러면 버스에서 내리지 못하는 아빠 입장에서는 어마어마한 공포가 시작되죠. 아내에게 전화해보고 아이 학교에도 전화하는데 모두 전화를 안 받아요. 그러면 어떻게 되겠어요. 기사 먹살을 잡아서라도 내려야겠죠. 왜 애가 혼자 이태원에 있는지 알기 위해서, 또는 아이를 내가 생각하는 안전한 곳으로 데려가기 위해서 버스 창문으로 뛰어내려서라도 아이를 잡아야겠죠. 저는 그것이 공포고 드라마라고 생각합니다. 독자들에게 나와 같은 마음을 갖게 하려면 내가 만든 캐릭터에 대한 정보를 감추지 말고 많이 보여줘야 독자들도 그 캐릭터에 감정이입을 해서 같이 울고 같이 웃고 같이 고통스러워하지 않을까 생각했습니다. 그래서 저는 스토리를 구상할 때 플롯은 전혀 짜지 않고 주인공이 도달해야 하는 지점, 즉 작품이 마무리되는 지점을 정해놓고 주인공이 비약해야 하는 지점들에 징검다리를 만들어놓습니다. 징검다리에 도달하게 될 때 어떤 사건으로 접근할지도 미리 짜놓지 않고 그때 생각합니다.

〈미생〉을 준비하는 데 3년이 걸렸는데 3년 전에 했던 내 생각이, 그때 만들어놨던 플롯이 3년이 지난 뒤에도 유효한가 생각해봅니다. 나라는 사람은 나이를 먹어가면서 성장도 하고, 사람들과의 관계나 다른 작품을 통해 가치관도 변할 텐데 3년 뒤에 내가 어떻게 변할지도 모르는 상태에서 내용을 정해놓는 것이 과연 합당한가, 늘 회의하곤 합니다. 그래서 저는 어떤 작품에나 비약은 있는 것이니 따로 플롯은 결정하지 말고 주인공이 왜 그 지점에서 비약을 해야 하는지 그 당위만 결정해놓자고 생각했습니다. 결국 주인공에 대해서 작가인 제가 잘 알지 못하면 안 되는 거죠. 이런 판단은 학원에서 배워 생긴 것이 아닙니다. 계속된 자기반성, 열패감, 낮은 자존감이 제게는 에너지가 됐던 것 같아요.

허영만 선생님 화실을 나와서 새롭게 들어간 화실에는 문하생이 40명 정도 있었어요. 제가 어릴 적부터 가난해서 그런지 예민하고 남의 눈치를 많이 봅니다. 남이 뭘 좋아하는지를 금방 알아채죠. 주변에 있는 후배, 친구, 선생님 들에게 나와 닮은 점이 하나씩은 있다는 사실을 알고 나서 나에 대한 분석을 하기 시작했어요.

저는 고향은 광주지만 태어나서 1년과 고등학교 2~3학년 때만 광주에 살았을 뿐, 두 살 때부터 일곱 살 때까지는 서울에서 살았고, 여덟 살 때부터 고등학교 1학년 때까지는 전라북도 군산에서 살았습니다. 이사를 굉장히 많이 다녔어요. 특히 서울에 살 때 이사를 많이 다녔죠. 저는 태어나면서부터 피부가 굉장히 안 좋아서 군복무를 면제받았어요. 어릴 때는 멱을 감으며 동네 친구들과 친해지고 그러잖아요. 하지만 저는 피부가 안 좋아 옷을 못 벗었어요. 개울가에서 그저 아이들이 노는 것을 구경만 했죠. 너무 자주 이사를 다니다 보니 아이들하고 친해지려면 아이들의 성격을 빨리 파악해야 했어요. 학년이 바뀔 때마다 짝꿍이나 친구들이 제 피부에 대해서 물어보면 설명을 해야 했어요. 그렇게 계속 설명을 하다 보니 짧은 어휘로도 아이들을 이해시킬 수 있는 단계까지 가더군요. 친구들은 "네 손은 왜 이렇게 할머니 같아?" "너 왜 이렇게 주름이 많아?" 하고 물어보면 저는 열심히 제 병에 대해서 설명을 해야만 했어요. 그러다 보니 표현력이 길러지더군요.

집이 가난해 열등감도 심했고, 자존감도 낮아서 친구들 눈치를 보고 기분 나쁜 일이 있어도 웃었어요. 또 거짓말을 정말 잘했어요. 자존감은 낮았지만 그림만큼은 제일 잘 그리는 아이가 되고 싶었어요. 어느 동네 태호가 그림을 잘 그린다고 소문이 났어요. 그림 좀 잘 그린다는 아이들은 주변에서 그림을 그려달라고 하면 태권브이 같은 것을 그려주었지만 저는 그림을 그려달라는 그 친구를 그려줬어요. 친구들은 싫어했죠. 애들이 그려달라는 그림은 자기 얼굴이 아니라 자기가 되고 싶은 태권브이였으니까요.

어릴 때 교회 선생님이 오르간을 치시면 제가 칠판에 선생님이 오르간 치는 모습을 크로키로 그렸어요. 그때마다 선생님은 "어쩜 그림을 그렇게 잘 그리냐"고 칭찬해주셨죠. 그 칭찬에 빠져서 교회에 다녔어요. 당시 그림만큼은 누구에게도 지고 싶지 않았어요. 초등학교 때 그림 그리다 숙제 못했다고 하면 선생님이 그림 확인하시고는 숙제를 한 것으로 인정해주실 정도였거든요. 저는 친구들을 향해 '너희들과 나는 격이 달라' 하면서 우쭐했었죠.

열등감을 극복하게 해준 두 편의 일기

스토리 작가로서 제 과거를 분석해봐야겠다고 생각한 때가 있었어요. 20대 시절 집은 망했고, 대학 진학도 못했고, 데뷔를 했으나 빛을 보지 못해 스스로를 비참하게 생각했어요. 그래서 나를 학대하기 위해서 어려운 책을 많이 읽었죠. 헌책방에 가서 어려운 제목의 책은 무조건 사서 읽었어요.

어느 날 헌책방에서 〈한 정신분석학자의 실존적 분석〉이라는 책을 사서 봤어요. 우리나라 최초의 신경정신분석학자가 외국에 정신분석을 공부하러 가서 쓴 졸업 논문을 책으로 엮은 것인데, 신경정신분석학 졸업 논문이라는 게 자기 자신을 분석한 글이더군요. 논문이라 치장하거나 꾸미는 문장도 없이 자기 자신은 물론이고 아버지까지 분석한 내용이었어요. 그 책을 읽으면서 많이 울었어요. 저자는 일제 시대 직후 미국 유학을 갈 정도로 부유한 집안에서 자랐는데 아버지로 인한 트라우마나 좌절감이 나와 다르지 않았더군요. 그런 좌절과 트라우마 속에서도 자기 삶을 위해서 계속 공부하며 투쟁해 나가는 모습에 동감이 되면서 눈물이 났어요.

제 아버지는 가난 속에서 거칠게 살아온 분이었어요. 저는 아버지가 너무 무서워서 저를 쥐락펴락하는 분이라고 생각했는데 그 책을 읽은 뒤 아버지에 대해서 일기를 쓰기로 결심했어요. 나라는 사람이 어떻게 태어나게 되었을까, 그리고 나를 가졌을 때 아버지는 어떤 마음이었을까, 하고 고민을 시작했죠.

아버지는 제가 초등학교 5학년 때 요르단에 건설노동자로 가셔서 중학교 1학년 때 돌아오셨어요. 비행기 값이 비싸서 중간에 한 번도 오지 못하셨죠. 아버지가 요르단에 계신 동안에 제가 아버지에게 편지를 많이 썼어요. 집이 궁금하실 테니 강아지가 새끼 낳은 이야기까지 편지로 쓰는 아들이었죠. 어느 날 혼자 잡초를 뜯으며 놀고 있는데 집 앞으로 택시 한 대가 들어오는 거예요. 순간 아버지라는 생각이 들었어요. 아버지를 오랜만에 보니 반가워서 달려가야 하는데 어쩐 일인지 나의 지질한 모습을 들켰다는 생각이 먼저 드는 거예요. 아버지는 화려한 모습, 남들 앞에서 어깨 펴고 다니는 모습을 좋아하시는데 지금 내 모습을 보고 짜증나지 않을까 생각한 것이죠. 그래서 아버지한테 반갑게 달려가지 못하고 그 자리에 그냥 서 있었어요. 아버지가 무서워서 안아보지도 못하고 말도 못했죠. 아버지에게 저 같은 자식은 자랑이 아니라 당신 인생을 망치는 짐이라는 생각까지 했어요. 이런 기억을 되살리며 아버지에 대한 일기를 울면서 썼어요. 지금은 집에 내려가면 아버지와 대작하는 자식이에요. 이제는 아버지가 두렵지 않거든요. 원인과 결과를 분석하고 나니 그렇게 되더군요.

그다음에는 '중2병' 일기를 쓰기 시작했어요. 중2병이란 인터넷 상에서 '남의 약간 유치한 진지함'을 비웃는 말이에요. 창작자가 되려면 중2병 시기를 극복해야 해요. '중2병스럽다'는 것은 자기를 조금 더 꾸미는 것이죠. 세상 사람들의 관심보다는 자신의 감수성에 조금 더 다가가는 것이랄까요. 그리고 자신감 있게 자기 생각을 남들에게 열어보는 경험이기도 하죠. 그런 과정이 조금 더 품격 있어졌을 때 뭔가 결이 다른, 중2병을 넘어선 문장과 내용과 통찰이 나옵니다.

저는 '아버지 일기장'과 '중2병 일기장'을 가지고 있어요. 세상을 난

도질한 일기장이에요. 지금 보면 문장 자체도 앞뒤가 안 맞고 알고 썼는지 모르고 썼는지 모를 내용이 많지만, 그때 쓴 문장의 유형이 지금도 글을 쓰다 보면 저도 모르게 나와요. 글을 못 쓰는 사람은 몇 개 안 되는 어휘를 가지고 스토리를 쓰죠. 행복과 관련해 떠오르는 단어를 써보라고 하면 보통 사람들은 많아야 네댓 개 써요. 그만큼 어휘력이 부족합니다. 어순 역시 어릴 때 습관이 프로가 되어서도 비슷하게 발현돼요. 이를 잘 키우면 자기만의 개성 있는 문장이 됩니다.

저는 욕을 먹으면서도 주변 사람들에게 제가 쓴 스토리를 보여줬어요. 당시 친구처럼 지내던 지금의 제 아내도 열심히 읽어주었죠. 제가 어떤 영어단어를 물어봤는데 핸드백에서 영어사전을 꺼내더니 읽어주는 거예요. 그리고 그 단어를 어떤 문맥에서 쓴 것인지 확인하고는 뜻이 맞다고 말해주었어요. 제 질문에 누군가가 바로 답을 하면 '사람들은 이런 걸 다 알고 사는데 나는 어쩌나' 하고 두려워했는데 집사람이 부끄럼 없이 사전을 찾는 과정을 보여준 겁니다. 그러고는 묻기 전에 찾아보라며 제게 사전을 주었어요. 그 뒤에도 아내에게 제 스토리를 계속 보여주었는데 그때마다 부드러운 말투로 "태호 씨는 재능이 없는 거 같아"라고 말하는 거예요. 그 말을 듣고 '이 친구가 아니면 나는 자존감 있는 작가가 되기 힘들겠다. 이 친구 옆에서 트레이닝을 받아야겠다'고 생각해 시나리오를 한 편 써서 같은 내용을 여러 장르로 바꿔서 보여줬어요. 이 친구는 재미도 없는 같은 내용의 글을 계속 보여주니까 짜증이 났겠죠. 하지만 저는 그것이 제가 발전해가는 과정이라고 생각했어요. 그러던 중 머리를 식히기 위해 낙서같이 썼던 스토리를 화실 선배가 보고 만화로 그려보라고 하더군요. 그때 힘을 받아 그린 만화로 다시 데뷔를 해 지금까지 왔습니다.

저는 제 운명적인 속성에 관심이 많았어요. 왜 이런 피부를 가지고 태어났지? 왜 하필 이렇게 태어났지? 이런 생각을 정말 많이 했죠. 사주·관상·손금·족상과 관련한 책을 사서 봤더니 이렇게 타고났어도 팔자가 의외로 괜찮은 거예요. 별자리 공부도 했어요. 나는 어느 별에서 오게 되었고, 지구는 중간 과정이고, 어느 별로 갈 것이다 따위를 배웠죠. 목사님들이 별자리를 가르쳐주셨는데 그 배움을 통해서 성경도 다시 한 번 읽게 되었어요. 매년 12월 마지막 날 골방에서 저 혼자 감사기도를 드려요. 별자리 공부를 하면서 나름대로 콤플렉스를 많이 극복한 듯합니다.

제가 세종대학교에 강의를 나가고 있는데 수업이 끝난 후 원하는 학생들에 한해서 소설 필사를 하고 있습니다. 학생들이 그림은 굉장히 잘 그리는데, 저처럼 글쓰는 데는 자신이 없다 보니 그림만 잘 그리면 된다고 생각하는 경향이 있어요. 원고지에 필사를 하다 보면 띄어쓰기에 신경 쓰느라 내용이 눈에 안 들어와요. 그렇지만 우리가 글에 대해서 이만큼 각오를 가지고 있다는 점을 환기해주는 겁니다. 필사하는 한 시간 동안은 온전하게 글 자체에 몰입하는 경험을 합니다. 그러다 보면 학생들이 책을 펼쳐 보는 것을 낯설게 생각하지 않으리라 믿어요.

저는 이야기에서 인물이 중요하다고 파악하고 스토리를 쏠 때 모든 등장인물에 대한 캐릭터 차트를 만듭니다. 등장인물들의 직업, 출생 연도를 적고 하나의 사건을 적습니다. 사건이 벌어질 당시 각각의 인물이 몇 살인지도 계산합니다. 그리고 인물들의 출생 연도, 직업, 사건

발생 당시의 나이를 바탕으로 그 사건에 대한 인물들의 생각을 적습니다. 각 인물들이 사건을 대하는 태도가 모두 다르겠죠.

예를 들어 서울올림픽이라는 사건이 있습니다. 한 인물이 서울올림픽 당시 대학교에 입학했다면, 6·29선언 이후에 최루가스 날리는 가운데 눈 가리고 아웅 하는 식으로 도시를 건설하면서 진행된 서울올림픽은 국가적인 행사지만 운동권적인 시각에서 보면 비판의 대상이겠죠. 또 신문의 논설위원이자 정치부장 처지에서는 서울올림픽을 비판하는 대학생을 '나라의 명예나 국격도 모르는 저런 것들이 대학생이고 지식인이냐'고 생각할 수도 있습니다. 이런 식으로 정리를 해보면 이것이 인물의 대사로 나옵니다. 단어 하나하나가 그 인물을 설명해주게 됩니다.

〈이끼〉처럼 법조인이 나온다면 이런 표현도 가능하겠죠. "너희 오빠 좀 소환해와!" 일상에서는 자주 쓰지 않는 말을 만화에서는 굳이 쓰는 겁니다. 일상적인 대화에서도 언어적인 특징을 살려 그 사람을 따로 설명하지 않아도 독자들이 알 수 있게끔 해주는 거죠.

〈미생〉을 연재하면서 취재원에게 회사 직급도를 알려달라고 한 적이 있습니다. 저는 회사 생활을 한 적이 없어서 과장이 높은지 부장이 높은지도 몰랐거든요. 차장이나 대리는 어디에 들어가야 하는 직급인지도 몰랐죠. 〈미생〉에서 요르단 이슈를 다루던 중에는 정보를 얻기 위해 요르단 대사관에 전화를 한 적도 있죠. 그런데 이슬람 법학회 변호사 분들이 제가 전화하기 하루 전날 요르단 대사님과 저녁을 하다가 〈미생〉이라는 만화에 요르단 이슈가 나온다는 얘기를 하자, 대사님이 "그럼 〈미생〉 작가를 초대해볼까"라고 말했다고 합니다. 요르단 대사관이 저를 초대해주셔서 영사님 등 여러 분을 인터뷰할 수 있었어요. 취재 규모가 커지는 바람에 요르단 에피소드가 어설프게 끝나면 매장당하겠다는 강박에 빠지기도 했습니다.

창작자는 자기 자신에 대해서 좋은 거울을 갖고 있는 사람이라고 생각합니다. 새로운 캐릭터를 찾기 위해서 남을 파악하고 남을 보는 게 아니라, 자기 안에 있는 수십 겹의 생각과 태도의 결(포토숍의 레이어와 같은 개념), 그리고 삶의 철학에서 어떤 지점을 끄집어내느냐에 따라 인물의 성격이 창조되는 것이죠. 어떤 사람이 내게 한 말을 나를 공격했다고 판단하는 것은 내 눈과 뇌겠죠. 그 사람이 내게 화를 냈다고 판단해 공격하는 것은 내 입입니다. 결국은 어떤 면인가에서 자가발전해서 남에게 화도 내고 웃기도 하고 호의도 베푸는 것이죠. 내 안에 있는 여러 개의 자가발전기가 스스로 동력을 만들어서 남을 판단하고 남을 시험에 들게 하고 남에게 속는 것이라고 생각합니다. 그래서 제 자신에 대해 자꾸 생각을 합니다.

나이를 먹어가면서 제가 자가발전해서 갖게 되는 속성들이 있어요. 저는 스스로에 대해 의심이 많고 뒤돌아보고 후회하는 성격인데, 그렇게 자신을 돌아본 것들을 놓고 아내와 끊임없이 대화합니다. 제 집사람은 저와 대화를 잘 나누는 친구입니다. 저는 아내와 대화할 때 조심합니다. 싸울 때도 이기고 싶어서 엄청나게 조심하죠. 싸움에서 이기려고 어떤 단어로 어떻게 시작할지를 고민합니다. 예전에 한 이슈를 가지고 아내와 얘기를 하려고 6개월 동안 머릿속에서 대본을 쓴 적도 있어요. 이야기를 이렇게 시작해서 이렇게 끌고 가야지 하면서 검토에 검토를 거쳐 몇 시간 이야기할 내용을 최종적으로 1시간 분량으로 압축했어요. 저나 아내나 그냥 말만 하는 게 아니라 굉장히 성의 있게 이야기를 하는 편입니다. 제가 발전해오는 과정에서 아내는 끊임없이 저를 지켜봐준 사람이었습니다. 제가 어떤 위치에 있는지를 계속 깨우쳐준 사람이죠. 아내는 저를 위해 좋은 거울을 들어주는 사람입니다.

딸의 그림을 봐주며 교육을 다시 생각하다

요즘 대부분의 아이들이 벅찰 정도로 바쁜 하루를 살고 있죠. 제 딸이 그림을 곧잘 그리는데 유치원 끝나고 미술 스터디를 보냈습니다. 그런데 하루는 딸아이가 스터디 끝나고 돌아와서 신경질을 내요. 왜 그러냐고 했더니 사군자를 그리는데 순서대로 난을 치지 않았다고 선생님이 자로 손등을 때렸다는 거예요. 아파서가 아니라 너무 불쾌했다는 거죠. 그림은 자기 마음 가는 대로 그리는 것인데…… 다니기 싫다고 해서 다니지 말라고 했어요.

제가 사는 아파트에 미술을 전공하신 아주머니가 어린이 두세 명을 데리고 수업을 하시는데, 한 가지 주제를 정하고 여러 가지 재료를 깔아놓고 아이들이 표현하고 싶은 대로 여러 재료를 마음껏 사용해서 그림을 그리도록 이끌어요. 그곳에 아이를 보냈더니 굉장히 좋아하더군요.

옆의 그림은 제 딸이 아홉 살 때 그린 것입니다. 아홉 살 아이가 생각할 구도가 아니에요. 저는 저 나이 때 한 손에 손가락을 열두 개씩 그렸어요. 제 딸은 입체에 대해서도 잘 알고 있어요. 그림의 스킬을 성취

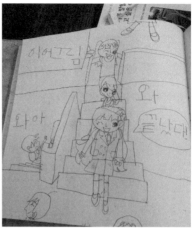

해서 좋다는 것이 아닙니다. 스티븐 킹의 〈유혹하는 글쓰기〉에 이런 이야기가 나와요. 아이가 플루트를 배우고 싶다고 해서 레슨을 보냈는데 어느 순간 그만 다니라고 했더니 아이가 바로 그만두었다고요. 그만두고 싶어 하는 걸 언제 알았을까요? 어느 날 보니 아이가 레슨을 하고 나서 더 이상 플루트를 안 잡더라는 겁니다. 그럼 이 아이는 플루트에 뜻이 없구나 생각해서 넌지시 물었더니 아이가 기분 좋게 레슨을 그만 둔 것입니다.

제 딸은 다섯 살 때부터 그림을 그렸어요. 세 시간 동안 조용히 있어서 뭐 하나 보면 움직이지도 않고 그림을 그리고 있어요. 그 정도로 하면 이 아이를 밀어줘야 하거든요. 프로 바둑기사가 되려면 5~6세 때 한국기원 연구생으로 들어가야 해요. 적어도 2, 3급의 기력을 가지고 있어야 연구생으로 들어갈 수 있죠. 2, 3급이면 자려고 누웠다가 어떤 수가 있는데 왜 그렇게 나왔지 하고 궁금해서 다시 불을 켜고 바둑을 둘 정도의 호기심이 있는 수준이에요. 다섯 살, 여섯 살 꼬마가 자다가 새벽에 일어나서 바둑을 두는 겁니다. 그런 아이를 목격했다면 부모는 아이에게 바둑을 시키지 않을 수가 없어요.

그런데 프로기사 되기가 매우 어렵고, 보통의 아이들이 마땅히 누려야 하는 친구관계나 학교라는 사회 체험을 외면하고 살아야 하는 기간이 있다는 것을 알아야 합니다. 그렇다면 아이의 재능만 응원할 것인가? 재능을 무시하고 일반적인 아이로 키울 것인가? 이 결정은 온전히 부모의 몫입니다. 한국기원 연구생으로 들어가서 18세까지 프로에 입단하지 못하면 연구생 조직에서 퇴출됩니다. 연구생 대부분이 검정고시를 거쳐서 학업을 마치는데 어느 순간 내던져지는 것이죠. 한국기원에서는 프로기사를 1년에 10명 정도 뽑는데, 연구생은 100명이 넘어요. 경쟁률이 어마어마합니다. 연구생 조직에서 퇴출되고 세상에 던져진 아이들은 자기가 실패했다고 생각할 거예요. 부모는 내가 우리 아이의 학창시절을 빼앗았구나, 내가 판단을 잘못했구나 하고 괴로워하고, 아이는 부모님이 모든 걸 걸고 나를 응원했는데 내가 이뤄내지 못했구나 하는 죄책감에 시달리죠. 하지만 이 정도로 아이가 몰입해서 뭔가를 한다는 것은 부모 입장에서는 굉장히 고마운 겁니다. 지금 몰입하는 것을 직업으로 삼을지 어떨지는 모르겠지만 지금 당장 아이가 행복해하는데 그 행복을 빼앗을 수는 없죠.

저도 사교육에 대한 공포감이 있습니다. 우리나라에 사는 대부분의 부모와 마찬가지로 우리 아이가 영어를 잘했으면 합니다. 그래서 영어를 가르쳐야겠다고 결심을 했습니다. 처음에 시험 삼아 학원에 보내봤는데 숙제를 너무 많이 내줘요. 영어와 친숙해지는 학습법이 아니라 영어에 질려버리게 만드는 것이죠. 2주 정도 보내고 하지 말라고 했습니다. 그 후로 아내가 영어를 가르쳤습니다. 잘 때 아주 낮은 볼륨으로 원어민이 읽어주는 영어 동화를 듣게 하고 일어날 때도 영어 동화를 모닝벨로 들으면서 깨게 했어요. 아이가 질리지 않고 접근하게 만든 거죠. 피아노 학원과 미술 학원만 다니고 나머지는 아내가 모두 가르쳐요. 아내가 아이랑 영어 노래 부르면서 짝짜꿍도 같이 해주고 뭐든 같이 하니까 아이가 스스로 자가발전하는 지점이 오더군요. 차에 타면 아이가 먼저 영어테이프를 틀어달라고도 해요.

제가 특별한 교육도 받지 않고 어떻게 만화를 그리며 살아왔는지, 그리고 제 아이들은 그런 관점에서 어떻게 적응하고 체험하고 있는지 거칠게 말씀드렸는데요, 구체적인 질문을 받겠습니다.

나 자신에게 궁극적인 질문을 던지는 존재가 작가

질문 낮은 자존감이나 열패감이 오히려 성공을 할 수 있게끔 했다고 하는 부분이 마음을 많이 울렸는데요. 상식적으로는 열등감은 무언가를 하려는 의지를 좌절시키고 다시 일어나기 힘들게 하는데, 선생님께서는 어떻게 낮은 자존감과 열패감을 성공의 디딤돌로 만들었는지 궁금합니다.

윤태호 낮은 자존감이나 열패감 덕에 성공한 것은 아니고요. 그것 때문에 자꾸 저를 돌아보고 후회하고 나 스스로에 대해 생각하게 된 것입니다. 어릴 적에 친구들과 친하게 지내기 위해 한 여러 가지 행동에 대해 늘 후회하곤 했어요. '왜 남자답게 겨루지 못하고 아이들 옆에 부족처럼 끼어 있는 거지' 하고 후회했죠. 열패감이 저를 키웠다기보다는 후회하면서 저를 복기하는 행동들이 저를 객관화하고 열패감에 더 빠지지 않게 환기해준 것 같아요. 지금도 역시 자주 후회를 해요. 후회를 안 해보고 산 적이 없어요. 항상 후회가 깔려 있죠. 후회하는 과정이 제 자신을 객관화하는 과정인 것 같아요.

요즘 어린 나이에 성공한 웹툰 작가들은 정말 순수해요. 저희 세대는 싫은 것도 이리저리 돌려서 말하고 예의 차리고 하는데 요즘 작가들은 싫으면 싫다고 바로 말해요. 그런 모습을 보면서 제가 속이 시원해지는 걸 느꼈어요. 군이 열패감을 창작의 동력으로 삼을 필요는 없다고 봐요. 작가와 독자가 에너지를 주고받는 장이 작품이라고 봤을 때 좋은 에너지를 주는 것이 낫지 않을까 생각합니다.

질문 〈미생〉을 열심히 읽고 〈이끼〉도 찾아봤어요. 〈미생〉의 디테일한 직장생활 모습을 보면서 예전 제 직장생활이 떠오르기도 했습니다. 만화 주제는 어떻게 선정하는지 궁금합니다.

윤태호 바둑과 회사는 제가 경험해보지 못한 분야예요. 회사를 다녀본 적도 없고 바둑은 10급 정도밖에 못 둡니다. 출판사에서 제안한 작품이었어요. 직장인 처세술 만화로 바둑의 고수가 나와서 상사와 만났을 때 이렇게 처세하라고 다이제스트하게 알려주는 기획이었죠. 그때 〈이끼〉 끝나고 나서 〈MBC 문화극장〉에서 3일 동안 제 생활 모습을 촬영했는데 편집자와 미팅하는 장면을 꼭 찍고 싶다고 해서 출판사 편집자를 만났죠. 예고도 없고 그날 처음 봤는데 갑자기 카메라가 제 등 뒤에서 돌아가고 하니 편집자 분이 기겁을 하셨어요. 절대 안 찍겠다고 하시는 걸 뒷모습만 나오기로 하고 겨우 촬영을 했죠. 너무 죄송하더군요. 그래서 제가 출판사의 제안을 받아들이기로 했죠.

운명적이었던 게 외환위기 시절에 제가 바둑은 잘 못 두지만 바둑 관련 에세이 읽기를 좋아했어요. 프로기사들의 자전적인 글도 좋아했고요. 허영만 선생님의 〈타짜〉처럼 내기바둑꾼들의 이야기를 쓰면 어떨까 해서 스토리를 준비한 적도 있었죠. 외환위기 이후 명예퇴직자들이 굉장히 많았잖아요. 양복을 입고 머리를 뒤로 넘기신 분이 설렁탕집을 운영하시더군요. 설렁탕 가게와 전혀 어울리지 않았어요. 이런 분들은 대부분 명예퇴직하신 분들이었죠. 거의 3~4개월을 넘기지 못하고 가게를 넘기시더라고요. 그걸 보고 돈이란 뭘까 하는 생각이 들어서 회사 창업하는 이야기를 구상한 것이 있었어요. 제가 속해 있는 동호회 안에 회계사가 계셔서 재무제표를 읽을 수 있는 수준까지 만화에 디테일이 들어갔으면 좋겠으니 회계에 대해 가르쳐주실 수 있느냐고 물었더니 얼마든지 가능하다고 하셨어요. 과외비용을 얼마나 드리면 되냐고 물으니 1시간에 30만 원이라고 해요. 제가 월 140만 원 정도 벌 때였는데 1시간에 30만 원을 어떻게 내겠어요. 그냥 접었죠.

그리고 10년이 지나서 출판사로부터 바둑과 회사원 이야기를 만들어보자는 제안을 받았어요. 뭔가 운명 같은 느낌도 들고 해서 준비를 했죠. 그런데 출판사의 의도대로 다이제스트하게 그리기가 싫었어요. 〈이끼〉 같은 경우 기획에서 연재 마감까지 4년 반 정도 걸렸어요. 〈미생〉은 3년간 준비했어요. 한국 만화계의 신과 같은 허영만 선생님은 65세가 넘어도 만화를 연재하시지만, 보통 50대 후반까지 자기 작업을 할 수 있다고 단순계산을 해보면 제가 마흔다섯이니 많이 해봤자 앞으로 네다섯 작품밖에 못해요. 그렇다면 제가 군이 출판사에서 요구하는 작품을 할 필요가 있을까요? 무엇보다 제가 하고 싶은 일에 매진해야 하는 것 아닌가요? 바둑의 고수라고 해서 다른 부분까지 일괄한다는 게 좀 마땅치 않았어요. 지나친 폭력 같고 세상을 너무 단순화한다는 생각이 들더군요. 오히려 제가 바둑에 대해 매력적으로 느낀 부분은 바둑을 다 둔 뒤 진 사람하고 이긴 사람이 복기를 하는 과정이거든요. 대부분의 시합은 끝나면 인사하고 나가잖아요. 하지만 바둑은 내가 졌어도 이긴 사람하고 마주 앉아서 패배한 그 지옥 같은 시간을 복기해야 해요. 프로 입단이 걸린 마지막 바둑에서 진 아이는 패배감이 엄청날 텐데도 앉아서 복기를 해야 해요. 그것이 예의니까요. 그때 그 사람의 심정은 어떨까? 그런 아이가 사회에 나오면 남들을 어떻게 바라보고 남들하고의 관계를 어떻게 이어나갈까 하는 호기심이 생겼어요. 이런 생각을 출판사와 계약하고 2년이 지나서 말했죠. 정말 면목이 없더군요. 그래서 더 각오를 다지며 출판사에 말씀드렸더니 그쪽에서 무척 좋아하는 거예요.

샐러리맨들은 저보다 더 많이 배우고, 좋은 직장에 외국도 많이 다녀봤을 테고, 영어도 잘하고, 수학도 잘하고, 키도 크고, 잘생기고, 자신감이 넘칠 텐데 내가 뭐 잘났다고 그 사람들에게 뭔가 이야기를 들려주는 만화를 그리지 하는 생각이 들었어요. 도대체 저 사람들한테 무슨 이야기를 해줘야 하지? 처음에는 위로를 할까 생각했는데 너무

건방진 것 같았어요. 그 사람들이 나보다 훨씬 나아 보이는데 내가 감히 위로를 해? 그렇다면 샐러리맨은 어떤 이야기를 듣고 싶어 할까, 고민했죠.

직장인들이 회사에 나오기 위해서 집에 들어가는 게 아니잖아요. 집에 머물기 위해서, 집을 더 좋게 만들기 위해서 회사에 나가는 거잖아요. 하지만 대부분은 그렇게 살지 못하잖아요. 왜 그럴까? 보통 드라마에서 보면 사막에 벌판이 있고 모래바람이 있고 터번을 두른 사람이 멋지게 사인을 하고 굉장한 계약을 성사해오잖아요. 그 사람이 그 사인을 받기 위해 파티션 아래에서 얼마나 치열한 경쟁을 벌였을까? 그 계약을 성사시키기 위해서 법적으로 재무적으로 얼마나 많은 사람들이 파티션 아래에서 노력했을까? 파티션 아래의 사람들을 보여주자. 정서적인 판단을 개입시키지 말고 보는 사람이 알아서 감정이입하도록 건조하게 묘사하자고 생각했습니다.

질문 〈미생〉 22회차인 듯한데, 출근길의 어린이집 에피소드를 읽고 정말 공감이 됐어요. 공감하는 능력이 있고 남들과 소통을 잘하는 인재를 키우는 것이 요즘 교육의 목표인데, 작가께서는 안정되고 배려 받는 장소인 대학에서의 여러 가지 경험을 안 하셨잖아요. 그럼에도 그런 통찰이 어디서 나왔는지 궁금하고요. 학교에서는 대학 진학이 모든 것의 기준이 되어버렸는데 예체능에 재능이 있는 친구들을 어떻게 배려하고 어떻게 관리해줘야 하는지 알고 싶습니다.

윤태호 저는 창작자라고 하는 사람의 내면에서 내가 창작자라고 선언을 하면 그 사람은 취업이 된 거라고 생각해요. 나는 시인이라고 하면 내가 시인인 거죠. 어디에 등단을 하고 상을 받아서가 아니라 '내가 시인이다'라고 해야 시인인 겁니다.

제가 세종대 학생들에게 첫 수업 때마다 하는 말이 있습니다. "너희 스스로가 각오를 하고 있느냐? 각오하기 위해서는 너희들의 욕망이 굉장히 커야 하고, 그 욕망을 매우 구체화할 수 있는 직업과 관련된 디테일한 부분을 알고 있어야 한다. 만화가가 되기 위해서는 매우 어려운 과정을 거쳐야 하고 그 가시밭길을 기꺼이 감수하겠다는 각오가 곧 너희의 재능이다."

욕망을 어떻게 관리하느냐가 그 사람이 어떤 일을 성취해낼 수 있느냐를 좌우한다고 봐요. 만화에 재능이 있는 학생이 대학 만화학과에 입학했다고 과연 성공한 것일까? 고등학생이 만화가나 드라마 작가, 시나리오 작가가 되고 싶다면 저는 일반학과에 진학하라고 말합니다. 일반학과에 들어가서 교양을 쌓는 데 더 주력하고 그림은 집에서 남이 보지 않는 곳에서 혼자 스승이 될 책을 두고 공부하라고 얘기해요. 작가라는 사람은 총합적인 어떤 것이지 한 가지만 특화된 사람은 아니라고 생각해요.

사춘기 때부터 저는 제가 정말 불쌍했어요. 외모도 그렇고 환경도 그렇고…… 제가 너무 불쌍해서 나조차 나를 외면해버리면 진짜 불쌍한 사람이 되겠구나 싶었어요. 그래서 제 자신에게 항상 연민을 가지고 있어요. 어떤 일을 겪거나 패배감에 빠져 있을 때도 남의 도움 안 받고 자가발전으로 스스로 위로를 해요. 그러다 보면 어느 지점에서 내가 위로받고 싶은지 알잖아요. 제가 스스로에게 줬던 위로들이 만화에 녹아나요. 다른 사람들도 저와 다르지 않거든요. 만화로 구현하게 되면 제가 위로받은 부분에서 다른 사람들도 위로받는 느낌을 받아요.

제 경험이 〈미생〉 어린이집 에피소드의 배경이 되었어요. 어느 날 아내와 일이 있어서 아이를 오후까지 어린이집에 맡긴 적이 있어요. 4시쯤 아이를 데리러 갔는데 어린이집이 아이들 있는 곳 말고는 불을 꺼놓았어요. 거실이 어두컴컴한데 제가 들어가는 소리가 들리자 아이 네다섯 명이 우르르 나와요. 저희 아이도 있었고요. 아이들이 자기 아빠가 아닌 줄 알면서도 제 주위를 못 떠나요. 어두컴컴한 곳에서 멍한 눈으로 뛰어와서는 제 주위를 계속 못 떠나는 아이들을 보면서 제 아이 손만 잡고 나올 수가 없더라고요. 그다음부터 아이를 종일반에 넣은 적이 없어요. 그때 제가 느낀 감정이 남자 여자를 떠나서 모두 함께 느끼는 감정일 것이라고 생각했어요.

직장 다니는 엄마를 둔 아이들은 엄마가 퇴근해서 집에 오면 엄마랑 떨어지려고 하지 않고 잠도 일찍 자지 않아요. 엄마는 아이와 놀아주고 재우고 하면 11시가 되어서야 집안일을 시작해요. 그러다 보면 1시가 넘어서 잠자리에 들고 아이들 먹여 보내야 하니 새벽 6시에 일어나요. 정말 처절해요. 맞벌이라고 해봐야 가사도우미를 쓸 수 있는 형편도 아니고 다 엄마들이 몸으로 때워야 해요. 남자들이 그리는 만화는 초반에 설정을 해놓지 않으면 가부장적인 남자 만화로 흘러갈 수 있기 때문에 초반에 엄마나 여성의 입장을 그려서 전체적인 이야기의 균형을 잡아줍니다.

질문 선생님의 만화로 삶의 활력을 찾고 있습니다. 정말 감사드립니다.

만화가로 살아가면서 느끼시는 행복에 대해 듣고 싶습니다.

윤태호 일반적인 행복감은 못 느낍니다. 때 되면 자고 때 되면 일어나는 게 꿈일 정도로 잠을 못 자서 괴롭습니다. 제 개인적인 성취는 제 어릴 적과는 달라진 사람의 색채로 살고 있다는 것입니다. 만화가 많은 지지를 받고 많이 팔려서가 아니라 만화를 통해서 나에 대해 깨닫게 되고 새로운 나만의 이미지를 구축해 나간다는 점에서 제 직업에 대한 성취감을 느끼죠. 그런 관점에서 제가 만화가가 된 것에 감사하게 생각합니다. 행복함에 대해 표현을 안 하는 것은 말할 필요가 없기 때문이지 행복하지 않아서 그러는 것은 아니죠. 사실 무척 행복하죠. 일이 힘들지만 그 힘든 것보다 몇 배 더 행복합니다.

질문 저는 군복무 때문에 휴학 중인 미대생입니다. 군복무 2년을 그냥 보내고 싶지 않아서 하루도 쉬지 않고 그림을 그리고 있는데 그림이 느는 걸 느낄 수 없어서 힘듭니다. 선배는 제가 가지고 있는 틀을 깨야 한다고 하더군요. 제가 입시미술을 오랫동안 해서 그런지 고정화된 틀을 깨는 게 너무 힘들어요. 선생님께서는 어떻게 극복하셨는지 알고 싶습니다.

윤태호 저는 대중매체 연재 작가는 자리를 지키는 것이 가장 큰 덕목이라고 생각합니다. 재능 따위가 아니라 마감을 제대로 지킬 수 있는가가 프로 작가의 제1원칙이라고 생각해요. 프로 작가가 됐을 때는 재능이나 기본기보다는 그 작품이 가진 매력, 마감을 할 수 있는 체력, 여러 유혹을 이겨낼 수 있는 성실함이 승부의 관건이거든요. 그림이 매력이 없으면 사람들이 안 봐요. 그림을 아무리 잘 그려도 매력이 없으면 사람들이 외면하죠. 기본기가 필요한 이유는 슬럼프에 빠지거나 방황할 때 다시 시작할 수 있는 지점을 만들어줄 수 있기 때문이죠. 여기서부터 다시 시작을 해보자 하는 지점을 만들어주기 때문입니다. 기본기가 없으면 항상 모든 것이 초기화되어버립니다.

내가 잘하는 것이 내가 하고 싶은 것인가 생각해봐야 합니다. 미술학원에서는 계량적인 그림에 대해 배우잖아요. 그게 내가 하고 싶은 그림은 아닌데 대학에 와서는 그런 것을 강요하는 사람이 없으니까 손가는 대로 그리다 보면 자주 나오는 부분이 있어요. 그렇다면 이게 내가 원하는 그림인가 하고 생각을 해야 합니다. 내가 원하는 일이라는 문장이 있다면 내가 어떤 사람이길래 내가 이걸 왜 원하지 하고 산산조각내서 생각해봐야 해요. 나라는 사람이 어떤 사람이고 무엇을 하는 사람이고 어떤 물건으로 태어난 사람인데 이것을 왜 원하는지 그 자체에 대해 생각을 해보고 판단을 한 뒤 성취를 이루는 과정을 거치면 남들이 다 보는 유명화가의 작품전 한번 보지 않고도 유명한 화가가 될 수 있어요.

모든 창작물이 지금 당장 평가가 안 좋다고 쓰레기가 되는 건 아니잖아요. 자기 자신에게 부끄럽지 않은 작품, 자기 자신이 궁극적으로 원하는 작품을 만드는 것이 중요하잖아요. 그렇다면 '나는 나 자신의 궁극을 본 적이 있는가, 나는 나에게 궁극적인 질문을 던져본 적이 있는가'를 끊임없이 물어야 합니다. 창작자는 끊임없이 이 질문 앞에서 고민해야 하는 사람입니다. 답이 없는 질문에 대해 답을 내리려고 고민하는 그 자체가 예술인 것 같아요. 본인 스스로를 탐구하고 모색하다 보면 남의 입이 아닌 본인 스스로가 답을 얻게 되지 않을까 생각합니다.

2장
내게 '노동'은 노래였다

하종강 성공회대학교 노동아카데미 주임교수

시사IN 윤무영

고등학생들에게 받은 세 가지 질문

이블린 글레니라는 청각장애인 음악가가 있습니다. 소리가 들리지 않는 사람이 20여 년 동안 초인적인 노력을 기울여 음악가로 성공했습니다. 영국을 대표하는 음악가로 2012년 런던올림픽 개막식에서도 연주했습니다. 이 사람은 맨발로 무대에 올라가서 연주를 합니다. 왜 맨발일까요? 발바닥의 진동으로 소리를 듣기 때문입니다. 얼마나 훌륭한 사람입니까? 하지만 장애인 중에서 이렇게 성공할 수 있는 사람은 극소수에 불과합니다. 몇 십만 또는 몇 백만 명 중에 한 명만이 해낼 수 있는 일입니다. 그러니까 이러한 방식만으로는 대다수 평범한 장애인들의 행복이 보장되기는 어렵습니다.

그에 못지않게 중요한 일은 이렇게 뛰어난 능력이 있는 장애인들뿐만 아니라 평범한 보통 장애인도 인간답게 살 수 있도록 사회 구조를 변화시키는 일입니다. '장애인의 날' 청와대에서 화기애애한 시간을 보내는 장애인 대표들이 있습니다. 물론 장애인 사회에서 존경받는 훌륭한 분들입니다. 그렇지만 같은 장애인의 날, 서울 세종문화회관 앞 인도에서 광화문광장 진입을 시도하다 경찰에 가로막히자 거세게 항의하는 장애인들도 있었습니다. 그런데 만일 이러한 삶을 선택하는 사람들이 우리 사회에 없었다면 수많은 장애인용 각종 편의시설들은 아직까지 없거나 훨씬 늦게 만들어졌을 겁니다.

1981년에 교복을 입은 남녀 고등학생 두 명이 저를 찾아왔습니다. 여러 학교의 문예반원들이 모인 동아리의 대표라고 했습니다. 아주 똘

똘하게 생겼더라고요. 한동안 자기들끼리만 활동하다가 지도교사를 찾던 중에 어느 고등학교 문예반 선생님께서 저를 추천했다는 겁니다. 나중에 알고 보니 제가 잠깐 활동했던 시동인회의 여자 선배가 저를 지도교사로 추천한 겁니다. 그래서 제 "정체를 알아보려고" 그 학생들이 저를 찾아왔답니다. 질문을 몇 가지 준비해왔더라고요. 그러니까 면접시험을 보겠다고 학생 둘이 저를 찾아온 거예요.

첫 번째 질문은 문학적 관심으로부터 출발한 학생들답게 "순수문학과 참여문학의 해묵은 논쟁에 대해서 어떤 입장을 갖고 계십니까?"였습니다.

베르톨트 브레히트라는 독일 나치 시대 시인이 있습니다. 그의 시 〈후손들에게〉에 보면 아래와 같은 대목이 있습니다.

나무에 관해 이야기하는 것조차
그 많은 범죄행위에 관해
침묵하는 것을 의미하기에
부끄럽다

나치가 유대인을 몇 명이나 죽였나요? 6만 명, 60만 명도 아니고 600만 명이나 죽였다잖아요. 나치가 그렇게 온갖 악행을 저지르고 있는데 자신이 예술가라고, 시인이라고 "나무가 아름답다"는 글만 쓰고 있기에는 참 부끄럽다, 그런 내용입니다. 가난한 나라에서 봉사활동을 하는 미국의 한 단체의 의사와 학자들은 브레히트의 이 시를 읽는 것으로 세미나를 시작합니다. 바로 이런 것이 참여문학의 한 예겠죠. 예술의 순수한 가치를 부인하지 않지만 시대의 아픔을 외면하지 않는 것.

두 번째 질문은 종교적인 것이었습니다. "종교가 인간의 영혼을 하나씩 모두 구원하면 세상이 천국이 될 것이라는 개인구원론과 종교도 사회의 모순된 구조를 개선하기 위해 참여해야 하고 때론 불의한 세력과 맞서 싸워야 한다는 사회구원론에 대해서는 어떤 생각을 갖고 계십니까?"

이것에 대해서도 예를 들어 설명해보겠습니다.

"제정신을 잃은 운전기사가 난폭하게 운전하면서 수많은 사람들을 해치고 있다. 그 모습을 보면서 기도하다가 다치는 사람을 돌보는 것만이 목사로서의 나의 과제는 아니다. 미친 운전기사의 폭주를 멈추기 위해서는 부득이 폭력을 사용할 수밖에 없다. 버스에 올라타 미친 운전기사를 끌어내려 운전을 중단시키는 것도 목사로서 나의 과제다."

–본 회퍼(독일 나치 시대 목사)

독일 나치 시대 본 회퍼 목사의 설교 내용입니다. 설교에 나오는 미친 운전기사는 바로 히틀러 같은 사람이겠죠. 결국 본 회퍼 목사는 저런 주장을 계속한다는 이유로 히틀러에게 사형 당합니다. 이것이 사회구원론의 한 예라고 할 수 있겠죠. 인간의 영혼을 구원하는 종교의 역할과 함께 시대의 아픔을 외면하지 않는 입장입니다.

세 번째 질문은 좀 더 어렵습니다. "사회를 변화시키는 데 점진적 개혁과 총체적 변혁 중 어느 것이 더 옳은 방식이라고 생각하십니까? 후자를 혁명이라고 하죠"라고 학생들이 물었습니다. 이 질문에 대한 제 답은 시간 관계상 생략하겠습니다.

'아프니까 청춘이다'로 족할까?

학생들이 제게 던졌던 질문들의 요점이 뭡니까? 질문은 세 가지지만 결국 학생들이 저에 대해 궁금해한 것은 한 가지입니다. 하종강이라는 사람이 역사와 사회 문제에 대해서 '구조적 관점'을 갖고 있느냐 아니냐, 결국 그게 궁금했던 거죠.

그런데 학생들이 제 '정체'를 모르듯 저도 학생들을 모르잖아요. 1981년이 어떤 상황입니까? 세상에 아무도 믿을 수 없는 시대였어요. 광주에서 수백 명의 시민이 학살당하는 엄청난 참극이 벌어지고 불과 몇 개월 지나지 않았을 때였죠. 저도 수배가 풀린 지 얼마 지나지 않았을 때였습니다. '혹시 안기부에서 훈련받은 놈들이 아닐까?' 살짝 의심도 해봐야 하는 상황이었습니다.

저는 고민 끝에 적당히 답했습니다. 지식인들에게 아주 손쉬운 도피처가 있어요. '형식적 평등주의', '기계적 양비론'입니다.

"그것은 동전의 양면과 같다고 생각한다. 양면이 모두 있어야 온전한 동전이 될 수 있듯이 나는 그 두 가지 입장이 모두 사회에 필요하다고 생각해. '어느 한쪽만이 진실이다' 그런 편협한 태도, 다양성을 인정하지 않는 태도는 올바르지 않다고 본다."

비겁하지만 핵심을 잘 피해서 답했습니다. 하지만 학생들이 그냥 넘어가지 않더군요.

"시대의 상황과 개인의 성향에 따라서 그중에 하나를 꼭 선택할 수밖에 없다면 어떻게 하시겠어요?"라고 물었습니다. 이제 도망갈 구멍이 없어졌어요. 뭐라고 대답해야 하나…… 진땀이 흐를 정도로 긴장이 되더군요. 고심 끝에 답했습니다.

"너희들 생각이랑 똑같아. 처음 만난 사람들에게 이렇게 답할 수밖에 없는 시대의 아픔을 이해했으면 좋겠다."

학생들이 알겠다 하고 돌아갔어요. 며칠 뒤 연락이 왔어요. "합격하셨습니다."

그렇게 만난 고등학생 열댓 명과 그 뒤 몇 달 동안 씨름을 했어요. 학생들이 책을 얼마나 많이 읽어대는지 제가 진도를 따라갈 수가 없었어요. 일주일에 한 번씩 모였는데 그동안 책을 몇 권씩 읽고 와요. 제가 이틀 정도 밤을 새워야 그 모임을 준비할 수 있었습니다. 글도 얼마나 잘 쓰던지. '가족'을 주제로 시를 쓰는 날, 한 남학생이 '어머니'라는 제목의 시를 이렇게 시작했습니다.

박정희 대통령이 죽었을 때
어머니는 슬프다고 하루 종일 우셨지만
난 어머니를 존경할 수밖에 없다.

박정희 대통령과 악수 한 번 하셨다고
평생 자랑하면서 사신 분이지만
난 어머니를 존경할 수밖에 없다.

가족의 생계가 담긴 생선그릇을 머리에 이고
해어진 치맛자락에 때 묻은 종아리로
어머니가 매일 넘던 고개를
내가 오늘도 아침저녁마다 넘으면서
나는 어머니를 존경할 수밖에 없다.

이렇게 시작하는 긴 시였는데 학생들이 읽다가 다 울었습니다. 얼마나 감동적이었으면 저도 30여 년 전에 읽은 시를 아직도 기억하고 있겠습니까. "해어진 치맛자락에 때 묻은 종아리"라고 간단히 표현했지만 얼마나 마음이 아팠겠습니까?

그렇게 만났던 학생들을 지금도 띄엄띄엄 만납니다. 신부님이 된 사람도 있습니다. 청소년 쉼터를 운영하면서 청소년 사목을 합니다. 한번 찾아가 보니까, 피어싱을 여러 개나 하고 머리칼을 노랗게 염색한 청소년들과 친구처럼 지내더군요. 청소년들이 제도권 학교에서 배울 수 없는 내용들을 모여서 스스로 깨칠 수 있는 활동들을 지원합니다. 그러니까 이 신부님은 자신이 청소년 시기에 가졌던 고민을 평생 실천하면서 사는 거예요. 정말 훌륭한 분입니다.

그 청소년이 고해의 바다를 헤치고 신부가 돼 사제로 서품 받는 미사의 안내장이 우편으로 왔는데, 바로 그 무렵에 그 〈어머니〉라는 시를 썼던 친구는 큰 전자회사 노동조합 위원장으로 활동하다가 파업을 하고 구속이 됐습니다. 그 두 사람 소식을 제가 오래간만에 비슷한 시기에 들은 거예요. 그날 노동상담소에서 퇴근해 길을 걸어가는데 계속 눈물이 나더라고요. 이 친구들은 이제 막 길 위에 올라섰는데 저는 이미 그 길에서 내려섰다는 생각이 드는 거예요. 내가 이 친구들에게 할 수 있는 약속이 '최소한 너희들의 길을 막는 사람이 되지는 않겠다.' 겨우 그거라는 생각으로 길을 걷다가 울었습니다. 제가 2년 6개월 동안 〈한겨레21〉에 연재했던 인터뷰 기사를 모아 책을 냈는데 그 책 제목이 그래서 〈길에서 만난 사람들〉입니다.

열심히 공부하는 대학생이나 성실한 직장인 중에도 사회구조를 바꾸는 일에는 관심을 갖지 않는 경우가 많아요. 문제는 그런 사람들이 너무 많다는 거죠. 물론 자본주의 사회에서 돈을 많이 벌거나 출세하는 게 중요하죠. 그렇지만 구성원의 99.9% 이상이나 되는 사람들의 성취동기가 모두 그러한 것들에 맞춰져 있다면 결코 정상적인 사회는 아니죠.

〈낮은 목소리〉라는 다큐멘터리를 제작한 변영주 감독이 있어요. 〈낮은 목소리〉는 위안부 할머니들과 몇 년을 함께 생활하면서 찍은 감동적인 기록이죠. 한국 최초로 극장에서 상영된 다큐멘터리였습니다. 그 변영주 감독이 구설수에 오른 적이 있어요. 한 언론과의 인터뷰에서 "〈아프니까 청춘이다〉 유의 책을 써서 먹고사는 사람들은 쓰레기라고 생각한다"라고 말한 거예요. 그 책을 쓴 김난도 교수가 트위터를 통해 "내가 왜 쓰레기냐?"고 항의했다더군요.

좀 거친 표현이긴 하지만 사실 그런 면이 있잖아요. 우리 청소년들이 부모나 교사나 수많은 명사들로부터 듣는 교훈이 뭔가 생각해보세요. 다 좋은 말들이지만 대부분 개인의 성실한 노력이나 성공을 강조하는 내용에 치우쳐 있습니다. "적극적 사고방식을 가지세요, 강력한 리더십이 필요합니다, 불굴의 신념으로 포기하지 마세요, 노력하면 성공할 수 있습니다, 긍정적 마인드로 받아들이세요, 아프니까 청춘입니다" 등이죠. 반면에 "사회 전체의 변화를 위해서 당신은 어떤 역할을 해야 할지 고민해보세요, 그러한 것들이 죽을 때쯤 당신 인생의 가치를 결정할 겁니다" 등에 대해서는 거의 가르치지 않거든요. 김난도 교수의 책에 나오는 내용도 물론 좋은 내용들이지만 사회의 가치관이 너무 한쪽으로 치우친 것은 바람직한 현상이 아니죠.

KBS 드라마스페셜에서 〈습지생태보고서〉라는 최규석 화백의 만화를 드라마로 만들었어요. 거기 보면, 가난한 청년들이 라면을 끓여먹는데 라면 그릇 받침으로 쓰인 소품이 바로 〈아프니까 청춘이다〉 그 책이에요. 신랄한 풍자죠. 이 최규석 화백이 요즘 한 인터넷 포털 사이트에 〈송곳〉이라는 만화를 연재하기 시작했는데, 사회문제에 관심이 있는 사람이라면 꼭 봐야 할 웹툰(인터넷 만화)입니다. 프롤로그 딱 하나만 봐도 제가 왜 이 만화를 보라고 했는지 금세 아실 수 있을 거예요.

유신체제와 맞선 대학 시절

저는 1974년에 대학에 들어갔습니다. 운명적인 해였죠. 유신헌법이 1972년에 만들어졌습니다. 고3이었던 1973년 1년 동안 유신헌법을 토씨 하나까지 다 외워야 했습니다. 시험문제에 나올 테니까. 대학 신입생 때인 1974년 4월 민청학련 사건이 터졌습니다. 고등학교 문예반 동아리에서 같이 활동했던 선배들이 신문 기사 조직도에 간첩으로 나오더군요. 개인적으로 친한 착한 선배가 징역을 15년씩 받고 그러는 거예요. 당연히 고민하지 않을 수가 없었죠.

우리 때는 고등학교 졸업자의 15퍼센트 정도가 대학에 갔어요. 저는 그때 '대학에 가지 못한 85퍼센트에게 빚을 졌다'고 생각했어요. 지금 생각하면 정말 시건방진 엘리트주의죠.

어느 것이 옳은 선택인지는 자명했어요. 유신헌법에 대한 비방은 긴급조치에 의해서 징역 15년형을 받았습니다. 사흘 동안 결단을 내리지 못하고 학교도 가지 않았어요. 데모하고 잡혀가는 것도 물론 두려웠지만 제가 간직해왔던 꿈을 포기해야 하는 것이 저를 더 망설이게 했습니다. 그건 우리 가문의 꿈이기도 했거든요.

어머니가 아무 말 없이 방문을 열어보고 닫곤 하셨습니다. 씻지도 않고 양치도 안 하고 방에서 뭉개면서 '옳지 않은 일에 맞서 싸우는 것이 정말 옳은 선택인데, 내가 정말 용기가 없구나. 참 비겁하구나' 하는 생각을 하고 있었어요. 사흘째 날 아침식사를 하는데 어머니가 밥을 푸시면서 중학교 다니는 여동생에게 말씀하셨습니다.

"지금 오빠가 하는 고민의 내용을 우리는 잘 모른다. 그렇지만 오빠가 괴로워하는 모습 보면서 우리는 가족으로서 오빠가 지금 세상을 바르게 살기 위한 고민을 하고 있구나, 세상을 바르게 산다는 것이 쉽지 않은 일이구나, 그렇게 생각하자. 그런데 그동안 엄마가 너희들에게 세상을 바르게 살라고 가르치지 않았느냐? 그렇게 가르쳐온 엄마로서, 오빠가 이번에 어떤 결정을 하든 엄마는 아무 말도 하지 않기로 했다."

어머니가 그 말씀을 차마 저를 보지 못하고 동생에게 말씀하셨습니다. 사흘 동안 고민하는 아들을 지켜보시다 그렇게 말씀하신 거죠.

그런 어머니의 말씀을 듣고도 결단을 내리지 못하면 제가 얼마나 비겁한 사람이겠어요. 며칠 뒤에 등사기를 하나 구해서 밤새도록 유인물을 직접 만들었어요. 유인물을 라면박스에 담아 학교로 가지고 갔습니다. 아침 10시 반에 구호를 외치며 유인물을 뿌리고 그날 저녁 7시엔가 잡혔습니다. 저를 잡아가던 형사가 그러더라고요. "야 인마, 손에 묻은 잉크나 좀 지우고 가라." 손에 묻은 등사 잉크조차 지우지 못한 채 잡혔던 거죠.

평범한 가정주부였던 어머니가 어떻게 아들에게 그런 말을 해줄 수 있었을까, 두고두고 많이 생각했습니다. 우리 아이들이 그런 고민을 할 때, 나도 어머니처럼 그렇게 얘기할 수 있을까, 고민하며 삽니다.

1975년 제가 대학교 2학년 때, 인혁당재건위 사건이 터졌어요. 제 인생의 분기점이 된 사건들 중 하나입니다. 사회운동을 하던 사람들이 어느 날 갑자기 사라졌어요. 한참 뒤에 중앙정보부에 잡혀갔다는 사실이 밝혀졌습니다. 재판이 시작되고 사형선고를 받았습니다. 지금 대한민국은 17년째 사형집행이 없는 나라입니다. 흉악범들에게 간혹 사형을 선고하지만 집행은 하지 않습니다. 그래서 국제사회에서 대한민국은 잠재적 또는 실질적 사형폐지국가로 분류됩니다.

그런데 박정희 정권은 인혁당재건위 사건 관련자들에게 사형 판결을 하고 그다음 날 새벽에 바로 집행했습니다. 재판이 끝날 때까지 직계가족 면회조차 한 번도 허용하지 않았어요. 가족들은 '비록 사형선고는 받았지만 재판이 다 끝났으니 가족 면회는 되겠지' 생각하고 다음 날 아침 일찍 교도소에 면회를 하러 갔다가, 이미 사형이 집행됐다는 소식을 듣고 거의 실신했죠.

그런데 시신을 가족들에게 인도하지 않는 겁니다. 짐작하시겠지만 고문 흔적이 몸에 너무 많이 남았기 때문입니다. 그때 어쩌다가 가족에게 인도된 시신이 한 구 있었는데, 그 시신은 발뒤꿈치가 절반이나 닳아서 없어졌더랍니다. 손톱 발톱 중에 성한 게 단 한 개도 없었다고 해요. 경찰이 시신을 화장터로 빼돌린다는 연락을 받고 신부님들 몇 분이 달려와서 막았습니다. 경찰이 결국 포크레인까지 동원해서 시신을 빼돌렸는데 그때 포크레인에 맞섰던 신부님 중 한 분이 척추를 다치셨습니다. 수술은 받았지만 장애가 남아서 그때부터 지팡이를 짚고 다니시는데, 그분이 바로 문정현 신부님입니다. 인혁당 사건의 피해자들은 수십 년이 지난 최근 재심에서 무죄판결을 받았습니다.

그 무렵 서울 종로5가 기독교방송 2층 강당에서 기도회가 열렸는데요. 그 기도회가 그 시대에는 단 하나뿐인 집회였습니다. 종교의 우산이 없이는 그런 행사가 불가능했어요. 제가 갔던 날 인혁당재건위 사건 가족들이 왔더라고요. "인혁당 조작입니다." 그 두 마디 말을 다 못 외치고 사복경찰들에게 입이 틀어막혀 끌려가던 모습과 음성이 지금도 생생하게 기억나요.

언론이 그 엄청난 사건을 제대로 보도하지 않았습니다. 제가 학보사 기자로 활동을 하고 있었는데 학습 모임에서 동료들에게 했던 말이 지금도 기억납니다.

"월터 리프만이 언론을 뭐라고 정의했냐? 개도 매를 맞으면 아프다고 깨갱 소리를 낸다, 그것이 언론의 역할이다. 우리 사회에 지금 이런 아픔이 있다고 누군가는 외쳐야 하지 않겠냐?"

그런 생각으로 소규모지만 학생과 시민들에게 그 사건을 알리는 유인물 작업을 시작했습니다.

파업을 어떻게 볼 것인가

노동 현장에는 개인의 노력만으로는 해결할 수 없는 문제가 많습니다. 서울대병원에서 근무하다 지방의 작은 병원으로 옮긴 간호사가 서울대병원 친구에게 전화해서 하는 말이 "이 병원에 오니까 간호사가 가운을 자기 돈으로 사 입어야 돼"라고 하더랍니다. 그런데 25년쯤 전, 그러니까 87년 노동자대투쟁 이전, 대부분의 병원에 노동조합이 없던 시절에는 서울에 있는 큰 병원들도 간호사들이 자기 돈으로 간호사복을 사 입어야 하는 곳이 많았습니다. 이러한 문제는 그 간호사가 출퇴근 시간을 정확히 지키고 단 한 번도 지각하지 않는 등 성실한 직장생활을 한다고 해결되지는 않습니다. 노동법이 바뀌거나 노동조합이 새로운 단체협약을 체결해야 합니다. 즉 노사관계 구조가 바뀌어야 해결됩니다. 개인이 바뀌는 것이 아니라 사회가 바뀌어야 하는 거죠. 그걸 우리가 노동운동이라고 합니다.

제가 학생운동을 마치고 사회에 나갈 때는, 변절하지 않는 한 노동운동으로 가는 것이 정해진 순서였습니다. 그때는 진보적 지식인으로 사회생활을 한다는 것이 거의 불가능했으니까요. 단 한 개의 연구소, 방송사, 신문사에도 노동조합이 없었어요. 그러니까 진보적 지식인으로 살아갈 수 있는 방법이 눈에 잘 보이지 않았습니다. 제가 할 수 있는 선택은, 회사에 대졸 사원으로 취업해 노동자를 착취하는 자본가의 앞잡이가 되든지 아니면 꼭 뭐 노동운동을 하지 못하더라도 노동 현장에 들어가 천만 노동자에 머릿수 하나를 보태든지, 둘 중의 하나밖에 없었습니다. 요즘은 다양한 형태의 진보적인 삶이 가능하지만 그때는 그렇지 못했습니다. 그런데 한국 사회를 바꿀 수 있는 가장 강력한 '필드'가 노동 현장이었어요. "천만 노동자에 머릿수 하나 더 보태는 일조차 가치 있다"고 하니까 저를 보고 너무 감상적이라고 지적하는 후배도 있었지만, 저는 그런 '감상'이 오히려 저를 지켜주는 힘이 되었다고 생각해요.

경기도의 한 시청 앞에서 환경미화 노동자들이 파업을 할 때, 길거리에서 노동3권에 대한 설명을 한 적이 있습니다. 굉장히 더운 여름이어서 빌딩 사이 그늘에 옹기종기 모여 앉아 설명을 했습니다. 그 지역 시민단체 대표 몇 명이 그곳에 찾아왔습니다. 엄청나게 항의를 하더군요. "지금 길거리에 쓰레기가 넘치는데 청소 안 하고 뭐 하는 짓이냐? 당신들 모두 우리가 내는 세금으로 월급 받는 사람들 아니냐? 자기 할 일부터 먼저 하고 권리를 주장해야 할 것 아니냐?"고 다그쳤습니다.

바로 그 무렵에 프랑스 파리의 환경미화원이 한 달 넘게 파업을 하고 있었습니다. 파리 시민들은 쓰레기를 모아서 시장 집 앞에 버리는 운동을 했습니다. 그래서 그곳에 쓰레기가 산더미처럼 쌓였습니다. 노동자가 파업을 좋아서 하지는 않습니다. 파업은 노동자들에게 최후의 선택입니다. 임금 다 포기하고 해고되고 구속될 각오까지 하고 하는 게 파업입니다. 파업하는 노동자들에게 따질 것이 아니라 파업을 하게 만든 사람들에게 가서 따져야 합니다. 그래야 문제가 해결되고 사회도 발전합니다. 〈뉴욕 남자 파리 여자〉라는 프랑스 영화가 있는데, 집에 좀 늦게 들어온 딸과 엄마가 대화하는 장면이 나옵니다.

엄마: 기차가 9시 도착 아니었니?
딸: 데모 때문에 차 막히고 난리 났어요!
엄마: 불쌍한 노동자들이 파업도 못 하니? 여긴 미국이 아니야!

노동자 파업으로 길이 막혔다고 딸이 불평을 하니까 엄마가 야단을 칩니다. 유럽 사람들은 노동자가 파업을 해서 자신이 불편을 겪는다고 불평하는 건 천박한 자본주의라는 시각이 있습니다. 어쩌다가 영화에 그런 장면이 한번 나온 것이 아니라 그게 대중의 정서입니다. 한국교육방송 프로그램에서 주한 프랑스대사관 부대사가 나와 이런 말을 했어요. "프랑스에서는 대부분 여론이 파업에 이해심을 보이는 편입니다. 파업권이 필수적 사회권리라는 신념이 뿌리 깊게 박혀 있기 때문에 문제 삼지 않는 편입니다."

노동자가 파업을 하면 당연히 경제적 손실이 발생하고 사회 혼란이 야기될 수 있는데 공무원이 그 파업을 신성불가침의 권리라고 표현하는 겁니다. 프랑스에서 떼제베가 파업을 하면 시민들이 콩나물시루처럼 기차에 갇혀 고생을 하지만 불평하는 사람이 별로 없습니다. 우리나라에서 지하철노조나 철도노조가 파업을 하면 정의감에 불타는 시민들이 역사에서 항의하다가 유리창을 다 깨고 그러잖아요. 유럽에서는 누군가 불평을 하면 다른 더 많은 사람들이 "우리가 지금 파업하는 노동자들을 비난하면 노동자의 권리를 빼앗는 사람들이 언젠가는 시민의 권리까지 빼앗습니다"라고 그 사람을 설득합니다.

2011년 프랑스에서 250만~300만 명의 노동자가 참여하는 엄청난 규모의 파업이 잇달았을 때 조사한 통계를 보면, 시민 10명 중에 불평하는 시민이 3명이라면 설득하는 시민이 7명이었습니다. 프랑스에서 30여 년 동안 사셨던 '빠리의 택시운전사' 홍세화 선생님은 프랑스 사람들의 그러한 정서를 '톨레랑스'라는 한 단어로 표현해서 한국 지식인 사회에 유행어가 되기도 했죠. 요즘 고등학생들이 톨레랑스라는 개념을 모르면 논술 준비를 거의 안 한 거나 마찬가지잖아요.

〈빌리 엘리어트〉라는 영국 영화가 있습니다. 요즘은 뮤지컬로 더 유명해져서 미국 브로드웨이에 가면 일 년 내내 공연을 합니다. 대처 수상이 가혹한 신자유주의 정책을 선택했을 때 영국의 많은 광산이 문을 닫고 광부들이 장기 파업을 하던 시기가 영화의 배경입니다. 파업하던 광부 중 한 명이 아들을 데리고 왕립발레학교에 면접시험을 보러 가는 장면이 있습니다. 오디션이 끝나고 면접장을 나가려고 할 때, 그 학교의 교장이 파업을 하다 온 광부 학부모에게 다음과 같이 마지막 인사를 합니다. "엘리어트 씨, 파업에서 꼭 승리하세요!" 한국 사회에서는 거의 있을 수 없는 일이죠.

그런데 유럽 사람들로부터는 '천박한 자본주의'라는 비난을 받는 미국 사회에서도 노동문제를 바라보는 시각이 우리나라처럼 편협하지는 않습니다. 영화의 도시 할리우드에서 작가노동조합이 파업을 했을 때, 골든 글로브 시상식이 취소됐습니다. 작가노조의 파업을 지지하기 위해서 배우들이 시상식에 단 한 명도 참석하지 않은 거죠. 미국 드라마 〈프리즌 브레이크〉의 주연 배우인 웬트워스 밀러도 "나는 작가들을 지지합니다. 그들은 창작 작업을 함께하는 형제자매이고, 그들이 만드는 대사와 각본이 없다면 배우는 아무것도 아닙니다"라는 내용의 성명서를 발표했습니다.

한국 시나리오 작가들의 사정은 훨씬 더 어렵죠. 최고은 작가 사건 기억하시죠? 최고은 작가가 이웃집 문 앞에 쪽지를 하나 붙였습니다. 내용이 이렇습니다.

사모님 안녕하세요.

1층 방입니다.

죄송해서 몇 번을 망설였는데……

저 쌀이나 김치를 조금만 더 얻을 수 없을까요……

번번이 정말 죄송합니다.

2월 중하순에는 밀린 돈들은 받을 수 있을 것 같아서

전기세 꼭 정산해드릴 수 있게 하겠습니다.

기다리시게 해서 죄송합니다.

항상 도와주셔서 정말 면목 없고 죄송하고…… 감사합니다.

- 1층 드림

결국 이 쪽지가 유서가 되고 말았습니다. 며칠 뒤에 죽은 채로 발견되었습니다. 이 사건을 계기로 우리나라에서도 지금 작가들이 노동조합을 준비하고 있는데, 만일 우리나라에 시나리오 작가노조가 만들어지고 파업을 했더니 장동건 같은 유명한 영화배우들이 그 작가노조의 파업을 지지하기 위해 대종상 영화제 시상식에 한 명도 나오지 않는다? 아직 우리 사회에서는 불가능한 일입니다.

이제 비정규직 문제에 대해 얘기해보겠습니다. 환경미화원들이 파업하는 곳을 방문한 적이 있습니다. 쓰레기 압축 처리와 음식물 쓰레기를 분리하는 작업을 하는 곳인데 샤워시설이 없더군요. 하루 일을 끝낸 뒤에는 삼사십 명이나 되는 청소 노동자들이 수도꼭지 달랑 두 개에서 나오는 물을 세숫대야에 받아서 닦아야 합니다. 쓰레기장 귀퉁이에 있는 1.5평짜리 컨테이너 박스 하나가 그 노동자들이 사용할 수 있는 시설의 전부였습니다. 사장은 매일 골프 치러 다니느라 그곳에 일 년에 한 번도 와보지 않는다고 합니다. 먼지가 얼마나 많은지 사람들 앞에서 한 시간 넘게 떠들었더니 먼지가 입에서 씹혀 말을 못할 지경이었습니다. 2시간쯤 그곳에 있다가 집에 들어왔는데 우리 집 아이가 제 몸에서 쓰레기장 냄새가 난다고 하더군요. 그분들은 그곳에서 하루 종일 일을 해야 하는 거죠.

예전에는 이분들이 그래도 직접고용 비정규직이었어요. 정권이 바뀔 때마다 공무원 수를 줄이라고 하니까 구청이 환경미화원 일을 아웃소싱한 겁니다. 그러면 공무원 숫자가 형식상으로는 줄어듭니다. 하지만 구청에서 지출되는 예산은 그대로죠. 다만 청소 노동자들에게 지급되던 임금이 청소용역 업체에 사업비로 나가니까 회계장부상으로는 인건비가 줄고 사업비가 늘게 됩니다. 중앙정부가 지방자치단체를 평가할 때 인건비 비중이 높으면 낮은 점수를 주고, 사업비 비중이 높으면 높은 점수를 줍니다.

그럼 청소 노동자들에게는 어떤 변화가 올까요? 하던 일은 달라지지 않았는데 소속이 구청에서 청소용역업체로 바뀌면서 임금이 30퍼센트가량 줄어듭니다. 파업을 할 수밖에 없는 상황이 되는 거죠. 아웃소싱이 되면 구청에서 용역회사를 관리하는 부서가 대단한 특권을 누리게 됩니다. 막대한 이권이 형성되는 거죠. 그래서 한번 아웃소싱되면 절대로 직영으로 돌아오지 않습니다.

노동상담을 통해 만난 한국의 노동자들

제가 노동상담을 좀 이른 나이인 20대 말에 시작했습니다. 산업재해를 당한 나이 많은 노동자를 만났을 때가 제일 당혹스러웠어요. 상담소 출입문에 유리창이 있어서 안이 들여다보이는 구조였는데, 어느 날 퇴근 무렵에 누가 그 창을 한참 들여다보다가 드디어 결심한 듯 들어왔습니다. 나이가 쉰이 훨씬 넘은 분인데 술에 잔뜩 취했더군요. 식기 만드는 곳에서 일하다가 프레스에 손가락 두 개가 절단된 노동자였습니다. 고등학교 다니는 두 딸을 볼 낯이 없다는 얘기를 계속하시는 거예요. '우리 아빠는 실패한 인생이구나' 그렇게 생각하지 않겠느냐고…… 산에 올라가서 어디 목매달 나뭇가지가 없나 하루 종일 찾다가 내려왔다고 울먹거리며 말하는데, 그런 분한테 20대 새파란 놈이 노동법 좀 공부했답시고 책상머리에 앉아 뭘 설명할 수 있겠어요. 그때부터 제가 산업재해를 당한 노동자에게는 정신과 치료를 반드시 병행해야 한다고 주장했습니다. 그런 사람에게는 잘린 손가락 붙이는 것 못지않게 마음의 상처를 치료하는 것도 필요하거든요.

20년쯤 전, 산업재해노동자회가 만들어졌어요. 구로시장 허름한 건물 지하에 사무실이 있었는데, 일주일에 한 번씩 노동법 교육을 해달라는 부탁을 받았습니다. 첫날 갔더니 지하실에 습기가 얼마나 많이 찼는지 비닐 장판이 물기로 번들번들했어요. 그런 곳에 팔이나 손이 잘리거나 화상을 입은 노동자 10여 명이 앉아서 저를 기다리고 있더 군요. 구석에 앉아서 강의 준비를 하고 있는데 회원들끼리 싸움이 벌 어졌습니다. 제가 흉내조차 낼 수 없는 험한 욕설들을 주고받더군요. "야, 이 새끼야, 너 팔 잘린 거 잘된 거야. 4천만 원 받았잖아. 니가 노동 자로 평생 살면서 4천만 원 모을 수 있을 거 같아?"라고 막 소리를 지르 는 거예요. 4천만 원이면 당시 서울 변두리에 당구장 하나를 낼 수 있 는 금액이었으니 큰돈이긴 했죠. 보니까 그렇게 말하는 사람도 팔이 없어요. "나는 사고 나고 공장이 망하는 바람에 보상금 한 푼도 못 받 았어. 너는 4천만 원이나 받았잖아. 넌 니가 얼마나 행복한지 모르지?"

제가 그 장면을 보면서 뭘 느꼈겠어요. 저처럼 사지가 멀쩡한 사람 이 팔 잘리고 4천만 원 받고 절망에 빠져 있는 노동자에게 잘된 거라 며 행복하게 살라고 하면 뭇매 맞을 일이잖아요. '똑같은 말도 자격 있 는 사람만 할 수 있다. 위로는 아무나 할 수 있는 게 아니다. 더 큰 고통 을 겪었으나 그 고통을 이겨낸 사람만이 진정으로 그를 위로할 수 있 다'라는 생각이 드는 겁니다. 그런데 내가 만난 노동자의 고통을 제가 다 미리 겪어볼 수는 없잖아요. 상담실에 오는 노동자들은 제가 겪어 보지 못한 고통을 당하고 찾아옵니다. '내가 이 일을 어떻게 감당할 수 있을까?' 고민했는데, 결국 인생에 대한 깊은 성찰, 삶에 대한 진정성 외에는 답이 없었습니다.

저를 찾아왔던 노동자들이 어느 날 연락을 끊고 사라진 적도 있었 습니다. 갑자기 한 명도 연락이 안 닿는 거예요. 나중에 알게 되죠. 회사에서 큰돈을 받고 합의한 겁니다. 그러면 배신감을 느끼죠. 우리가 그동안 노동조합 만들 수 있도록 도와주고, 농성천막 제공하고, 파업 비품까지 다 제공했는데, 배신감에 잠이 안 오죠. 하지만 '우리가 그렇게 지원한 덕분에 그 노동자들이 그래도 금전적으로 보상받았다'고 생각하면서 애써 마음을 풀었습니다.

대학에서 청소하는 비정규직 노동자 한 분이 쓴 글 중에서 한 대목을 소개하겠습니다.

"그 당시 우리는 점심으로 싸 가지고 온 찬밥을 여자 화장실 맨 구석 좁은 한 칸에서 둘이 무릎을 세우고 먹었습니다. 학생들이 바로 옆 칸에 와서 '푸드득' 용변을 보면 우리는 숨을 죽이고 김치 쪽을 소리 안 나게 씹었습니다."

휴게실이 없으니까 화장실에서 식사를 하시는 거죠. 대학 건물을 설계할 때부터 청소노동자를 위한 휴게실을 만든 대학은 거의 없습니다. 노동조합을 결성한 뒤 투쟁할 때마다 조금씩 생겼어요. 건물 바깥쪽에 돌출된 계단 밑을 막아서 공간을 만들어준 곳도 있습니다. 그렇지만 그 비좁은 공간을 정말 좋아하셨어요. 눈치 안 보고 발 뻗을 수 있게 됐다고.

대학생들 중에 학교 비정규직 노동자를 위해 활동하는 소수의 학생들이 있습니다. 한 학생이 대학 정문 앞에서 들고 있는 피켓에는 이런 내용이 있었어요. "여성 인재 키우겠다는 학교가 여성 비정규직 전원 해고. 도대체 학교에서 무엇을 바라는 거냐?" 보면서 가슴이 뭉클했습니다. 어느 곳에나 항상 그런 소수가 있어요. 요즘 워낙 취직이 어려우니까 대학생들이 스펙을 높여 좋은 직장에 취직하려는 노력만 하거든요. 그렇지만 이 학생처럼 자신이 속한 대학 사회를 조금이라도 올바른 구조로 바꾸고 싶어 하는 그런 기특한 학생도 있습니다.

현대차 비정규직 노동자가 분신한 적이 있습니다. 다행히 목숨을 건졌습니다. 한 방송 프로그램에 나온 그 노동자 인터뷰 내용입니다.

"그때는 너무 절박했습니다. 왼쪽에는 정규직, 오른쪽에는 저, 똑같은 작업을 했습니다. 똑같은 작업에, 똑같은 작업 지시서에, 똑같은 공구에, 똑같은 작업재료, 다 똑같습니다. 오로지 다른 건, 정규직 앞에 '비'자 하나 붙은 것 빼고는 다 똑같습니다."

이러한 경우에는 정규직으로 봐야 한다는 것이 대법원의 판결입니다. 현대차 비정규직 노동자인 최병승 씨가 현대자동차를 상대로 7년 동안 소송을 해서 대법 승소판결을 두 번이나 받았습니다. 최병승 씨는 자신만 혼자 정규직이 되는 것을 마다하고 "같은 형태로 고용된 8천 명을 정규직으로 전환하라, 그것이 현대차가 대법원의 판결을 존중하는 태도이다"라고 주장하면서 송전 철탑에 올라가 296일 동안이나 고공농성을 하기도 했습니다. "자동차 회사가 차를 잘못 만들어 '리콜'을 할 때 자동차 한 대만 고치냐? 그렇게 하지 않지 않느냐?"라는 겁니다. 철탑 농성을 할 때 방문했더니, 먼 곳에서 왔다고 특별히 해주는 거라면서 철탑 위에서 손으로 하트 모양을 만들어 보여주더라고요. 철탑에 올라간 지 며칠 만에 저에게 트윗멘션을 보냈습니다. "반드시 승리해서 하 선생님 교육자료 사례로 들어가겠습니다. 감사합니다." 보다가 가슴이 뭉클했는데, 저는 이런 사람들과 친하게 알고 지내는 것이 대통령과 가깝게 지내는 것보다 귀한 일이라고 생각합니다.

분신을 시도해 온몸에 붕대를 감고 있는 노동자 모습을 보면 어떤 생각이 드십니까? '내 자식은 열심히 가르쳐서 저런 신세는 면하게 해야지' 생각하시겠지만, 열심히 공부해도 마찬가지예요. 석·박사 연구원들이 무더기로 해고됐다는 뉴스도 있었습니다.

우리 아이들이 석사, 박사가 된다고 해도 비정규직 신세 면하기 어렵다는 거죠. 비정규직이 많아지면 한국 사회가 수많은 시민들의 목숨을 담보로 쟁취한 민주주의까지 파괴됩니다. 사회 전체가 무너질 수 있어요.

지금 10명이 취직하면 8명이 비정규직입니다. 우리 자녀 중 80퍼센트가 비정규직이 될 거라는 얘기입니다. 중요한 것은 이러한 사실을 국제통화기금(IMF)이 한국 정부에게 몇 년 전에 문서로 통보했다는 점입니다. 국제금융자본조차 투자할 때 걱정을 해야 할 정도로 한국의 비정규직 고용은 심각한 상황이란 거죠. 세계에서 가장 보수적인 집단이 한국 사회에 들어오면 진보적 요구를 해야 할 정도로 우리 사회 비정규직 문제가 심각해졌습니다. IMF가 2012년 10월 〈한국 경제 지속 성장 보고서〉에서 '한국이 비정규직 차별을 없애면 10년간 연평균 1.1% 성장할 것이다'라는 분석을 하기도 했습니다.

물론 기업이 비정규직을 고용하는 데는 나름대로 이유가 있습니다. 출산, 질병 등으로 잠시 자리가 비었을 때, 단기적으로 존재하는 업무일 때, 시용(試用)기간이 필요할 때, 이런 경우가 본래 비정규직 고용

제도가 생긴 취지입니다. 노동법상 '사용사유제한 개념'이라고 합니다. 비정규직은 비정상적 고용계약이고 장기 지속되면 사회에 해로운 영향을 미치니까 특별한 사유가 있을 때에만 제한적으로 채용하라는 거죠.

유럽, 비정규직 임금이 정규직 임금보다 높아

유럽은 이러한 원칙을 철저히 지킵니다. 그래서 유럽의 많은 나라들에서는 비정규직이 오히려 임금이 더 높습니다. 불리한 형태의 계약이니 더 많은 임금을 지급해야 한다는 거죠. 그런데 한국은 이렇게 제한적으로 비정규직을 고용하는 것이 아니라, 정규직을 채용해야 할 자리에 인건비를 줄이기 위해 비정규직을 고용할 수 있도록 합법화한 것이 문제인 것입니다. 그 비정규직 법안이 노무현 참여정부 말기에 완성됐어요. 그래서 노동자들은 참여정부에게 입은 상처가 있습니다.

한국 사회에서 '노동자'라는 단어는 일종의 기피대상입니다. 수배전단 인상착의 란에 '노동자풍'이라고 표기돼 있을 정도입니다. 노동자라는 단어를 이렇게 부정적 용도로 사용합니다. 아파트 청소하는 분들이 요즘은 거의 환갑이 넘은 분들인데, 어떤 분이 복도 청소를 열심히 하고 있을 때, 엘리베이터 문이 닫히면서 젊은 부부가 아이에게 하는 말이 들리더랍니다. "너 열심히 공부 안 하면 나중에 저렇게 노동자나 된다." 우리 사회에서는 노동자라는 단어를 이렇게 부정적 의미로 사용합니다.

제가 우리 아파트에서 청소하는 할머니들에게 명절에 뭔가 드리고 싶어서, 몇 분이나 일하고 계시냐고 여쭤봤더니, 그 할머니 혼자 두 동을 청소하신다는 거예요. 깜짝 놀랐습니다. 제가 사는 아파트가 세대 수가 많은 편입니다. 적어도 두세 분이 한 동을 맡아 하는 줄 알았습니다. 제가 아무 소리도 못하고 그냥 나왔어요. '노동운동을 30년 넘게 했다면서 아직도 그렇게 모르냐, 하종강 너 한참 멀었다'라고 자책했습니다.

2011년 말에 한 자동차 회사에서 주 58시간 노동에, 한 달 100시간 넘는 초과근무를 하던 고등학생 실습생이 뇌출혈로 쓰러진 사건이 있었습니다. 주 40시간 근무 시대에 이런 사건이 어떻게 일어났을까요? 전문가들이 분석을 해봤는데, 그 중요한 이유 중 하나는 학교에서 노동인권교육을 전혀 하기 않았기 때문에 자신을 방어할 능력이 없었다는 겁니다.

그래서 곽노현 전 서울시 교육감은 "학교에서 노동인권교육을 해야 한다"고 주장하기도 했습니다. 물론 반대하는 분들이 있죠. 당시 한나라당 대변인은 "시대착오적 이념교육"이라며 반대했습니다. 이렇게 학교 노동교육에 대해서는 극단적 시각 차이가 있습니다. 반드시 해야 한다는 주장과 절대 하지 말아야 한다는 주장이 서로 맞섭니다. 여러분 생각도 그중의 어느 한쪽일 테지요.

이러한 문제를 객관적으로 판단해보려면 우선 다른 나라들의 학교에서는 노동교육을 어떻게 하고 있는지 살펴볼 필요가 있습니다. 미국·영국·프랑스·독일·일본 같은 나라의 노동교육 실태를 조사한 보고서가 있습니다. 정부산하 기관의 프로젝트였고 보고서 부피가

400쪽이 넘습니다. 10년쯤 된 자료지만 아직도 제가 중요한 교육자료로 활용합니다.

다른 나라들은 어릴 때부터 학교에서 노동문제를 정말 철저히 가르칩니다. 예를 들어, 독일 초등학교에서는 학생들이 특별활동을 통해서 1년에 여섯 차례 정도 모의 단체교섭에 참여할 기회를 갖습니다. 초등학생 때부터 노동조합 간부 역할도 맡아보고, 경영자 역할도 맡아봅니다. 나중에 노동자가 되거나 경영자가 될 테니까요. 한국 사회에서는 대부분 노동자가 되지만 아이들이 대부분 경영자가 될 줄 알고 자라죠. 독일 초등학교에서 단체교섭을 어느 수준까지 가르칠까요? 교과서의 목차 중 한 페이지를 보겠습니다.

협상 단계:
모든 분임조들이 모여서 교섭을 시작한다. 분임조들은
• 협상하고,
• 동맹을 형성하고,
• 편지나 요구서를 작성하고,
• 서명운동을 전개하고,
• 항의문건을 작성하고,
• 플래카드나 벽보를 만들고,
• 협약을 체결하고,
• 대중매체와 인터뷰하고,
• 연설문을 작성하고

초등학생에게 이 정도까지 가르칩니다. 한국의 부모들이 볼 때는 걱정되죠. 학교에서 아이들에게 데모하는 기술을 가르친다는 느낌이 드실 겁니다. 이런 내용을 왜 학교에서 가르치겠습니까? 사회 전체에 유익하기 때문이죠.

프랑스에서는 고등학교 1학년 시민-법률-사회 과목 시간에 3분의 1 정도의 비중으로 가르치는 내용이 단체교섭의 전략과 전술입니다. 우리나라 학부모들로서는 이상하다고 생각하는 분들이 많겠지만, 이러한 지식을 사회 구성원들이 서로 공유하는 것이 사회 발전에 유익하다고 깨달은 나라에서는 전혀 이상한 일이 아니죠. 프랑스 중학교 교과서에 나오는 문제를 하나 예로 들어보겠습니다.

"직장폐쇄에 맞선 노동조합, 이 사례를 기반으로 노조가 어떻게 노동자의 권리를 보호하는지 설명해보시오."

한국에서는 대학생들도 저 문제가 무슨 뜻인지도 전혀 모릅니다. 공인노무사나 변호사 정도는 돼야 이해합니다. 유럽에서는 중학생들의 필수 교양 지식에 해당하는데 말이죠.

한국처럼 학교에서 노동교육을 하지 않는 선진국은 거의 없습니다. 우리나라가 상당히 특이한 교육을 하고 있는 겁니다. 전형적 시장경제 자본주의 사회인 미국도 우리와 다릅니다. 미국 중학교 역사교과서에는 '노동운동사'라는 단원이 있습니다. 미국 노동운동사에서 실패한 사례와 성공한 사례들을 분석해놓았습니다. 우리 교과서에는 '노동운동사'라는 단어 자체가 없어요.

그렇지만 한국도 뒤늦게 시작은 됐습니다. 광주시교육청은 처음으로 교사용 노동교육 교재를 만들었습니다. 학생용도 지금 만들고 있습니다. 경기도교육청도 2012년 1년 동안 연구년 제도를 활용한 교사들이 초등학생 3, 4학년용, 5, 6학년용, 중학생용, 고등학생용 민주시민과목 교과서의 노동 단원 집필을 끝냈습니다. 다른 나라들보다 많이 늦었지만 시작은 된 겁니다.

장관 · 판사 · 교장도 노조 가입

학교에서 노동교육하는 나라들의 '노동자'에 대한 인식은 어떠할까요? 주한 프랑스대사관 부대사가 한국 교육방송 프로그램에서 인터뷰한 내용입니다.

"제가 원한다면 노조에 가입할 수 있습니다."

프랑스에서는 부대사도 노동조합에 가입한다는 거죠. 즉 부대사도 노동자로 본다는 뜻입니다. 유럽에서는 장관이나 차관이 공무원노동조합에 가입하는 나라들도 있습니다. 교장선생님들도 대부분 교사노조에 가입합니다. 영국에는 교장노동조합이 아예 따로 있습니다. 우리는 도저히 상상할 수 없는 일인데, 이런 차이가 어디에서 왔을까요? 학교에서 어릴 때부터 노동조합에 대해 가르치는 나라와 전혀 가르치지 않는 나라의 차이입니다.

대부분의 선진국에는 경찰노조, 소방관노조도 있습니다. 프랑스에
는 판사노조, 변호사노조도 있습니다. 판사나 변호사들도 노동자로
생각한다는 거죠. 한국 노동자들이 프랑스까지 가서 활동할 때가 있
는데 그때 찾아와서 법률 자문을 해주던 노동자들이 판사노조와 변
호사노조의 조합원들이었답니다. 직책이 높거나 공부를 많이 했다고
해서 노동자가 아니라고 생각하는 것은 한국 사회에서만 볼 수 있는
매우 특이한 현상입니다. 환경, 생태, 인권 문제 등에 관심을 갖는 한국
의 대학생, 지식인들이나 '깨어 있는 시민' 가운데도 노동운동만은 부
정적으로 보는 분들이 많습니다.

그래도 노동이 희망인 이유

지금까지는 한국 사회 현실에 대한 부정적인 얘기들이 많았잖아요.
여기서 강의를 끝낼 수는 없죠. 제가 쓴 책들 중에 〈그래도 희망은 노
동운동〉과 〈아직 희망을 버릴 때가 아니다〉라는 제목의 책들이 있는
데, 이 제목들이 제가 오늘 할 이야기의 결론입니다. 왜 그럴까요? 새로
운 직장인들이 자기가 노동자라는 것을 깨닫고 새롭게 노동운동에 참
여하는 현상이 자본주의 300년 세월 동안 이어졌고, 앞으로도 계속
될 것이기 때문입니다.

다른 나라들에서는 부대사, 장관이나 차관, 교장, 경찰, 소방관, 판
사, 변호사 들도 노조에 가입한다고 했습니다. 한국 사회도 결국 같은
방향으로 변화하고 있는 겁니다. 다만 산업사회로 진입한 근현대 역사

발전 과정이 식민지-분단-군사독재 등으로 왜곡되는 바람에 그러한 현상이 다른 나라들보다 수십 년 늦었을 뿐입니다.

지금 한국의 노동조합들도 굉장히 다양해지고 있어요. 탤런트 노동조합과 예술가 노동조합도 생겼습니다. 세계적으로 유명한 교향악단에 보면 백발이 성성한 예술가들이 있잖아요. 그 사람들도 대부분 노동조합원입니다. 우리나라 영화인들도 노동조합을 설립하고 단체협약을 체결했습니다. 영화를 만드는 스태프들은 1, 4, 8 숫자 세 개를 옷에 써 붙이고 싸웠는데요, 무슨 뜻인가 하면 "1주일에 하루는 쉬게 해달라" "4대보험에 가입해달라" "8시간을 초과하면 연장근로로 인정하라"는 요구사항들이었습니다. 몇 개월 교섭 끝에 타결됐습니다. 그래서 요즘은 이 협약을 지키면서 영화를 제작합니다. 제작비용은 늘겠지만 그래야 사회가 발전하는 겁니다. 백화점에서 명품을 판매하는 노동자들도 노동조합 활동을 통해서 노동조건을 개선합니다.

석사, 박사가 설립한 노동조합도 많이 있습니다. 어떤 노동조합은 조합원 전원이 석·박사라서 노동조합 회의할 때 서로 '김 박사', '이 박사' 이렇게 부르면서 회의를 하기도 합니다. 그런 석·박사 노동조합이 한국에 벌써 수십 개나 있는데 우리나라 대학원에서 공부하는 학생들 중에서 '내가 박사학위를 받고 연구소에 들어가면 노동조합이 날 기다리고 있을 거야, 내 연봉이나 연구 성과 평가방식이 모두 연구소와 노동조합의 논의에 따라 결정이 될 거야'라고 미리 짐작하는 학생들이 몇 명이나 있겠습니까? 다른 나라 학생들은 미리 알고 준비하는 걸 우리나라 학생들은 모르고 있는 거죠.

아나운서, 피디, 기자 들도 모두 언론노조 조합원들입니다. MBC 노조 파업할 때 가서 보니까 아나운서들도 열심히 파업에 참여하고 있었습니다. 2, 3천 대 1의 경쟁을 뚫고 아나운서가 된 사람들이 왜 파업에 참여했겠습니까? 권력의 나팔수가 되기 싫어서입니다. 그 사람들이 그렇게 치열한 경쟁을 뚫고 언론인이 되면서 정부의 입맛에 맞는 방송을 하겠다는 생각을 갖지는 않을 테니까요. 권력의 나팔수가 되라고 계속 강요받으니까 노동조합을 중심으로 저항할 수밖에 없는 거죠. 아이들이 좋아하는 〈무한도전〉의 김태호 피디도 "가슴이 울어서 파업에 동참했다"고 이유를 밝혔었죠.

KBS 노조도 파업한 적이 있습니다. 권력의 나팔수가 될 수는 없다는 같은 이유에서였죠. KBS 정문으로 올라가는 계단에서 노조가 집회를 했는데 다음 날 회사에서 집회할 수 없도록 그 계단에 키가 큰 화분을 몇 십 개나 쭉 세워뒀어요. 조합원들이 '이게 무슨 녹색성장바리케이트냐 뭐냐' 그렇게 비웃었습니다. 다른 나라들에서는 이렇게 노동조합 활동을 방해하는 사람들이 굴욕감을 느낍니다. '먹고살려니까 회사의 지시를 받고 치사하게 노동조합 탄압하는 짓까지 해야 하는구나'라고 창피해하면서 그런 일을 합니다. 그런데 우리 사회에서는 노동조합을 탄압하는 사람들이 죄책감이나 부끄러움이 없습니다. 노동운동에 대해 제대로 배운 적이 없기 때문입니다. 오히려 불순세력과 맞선다는 정의감으로 충만한 경우도 있죠.

우리나라 조종사와 스튜어디스들도 노동운동을 합니다. 한국 최초로 조종사노조를 만들고 해고된 뒤 10년 넘게 복직 활동을 하는 조종사들도 있습니다. 그런 사람들이 없었다면 대한민국은 아직도 조종사노조가 없는 미개한 나라로 남았을 것입니다. 얼마 전, 한 항공사 스튜

어디스들이 바지 유니폼도 입고 일할 수 있게 되었다는 뉴스가 나왔습니다. 그렇게 되기까지 스튜어디스 노조가 몇 년을 싸웠습니다.

청소년과 대학생들은 앞으로 선택하는 대부분의 직장에서 노동조합 또는 노동운동과 만나게 될 겁니다. 탤런트가 되어도, 예술가가 되어도, 서비스 노동자가 되어도, 석·박사가 되어도, 언론인이 되어도, 조종사나 승무원이 되어도, 공무원이나 교사가 되어도 노동운동과 만나게 될 겁니다. 그럼에도 그러한 것들에 대해서 전혀 가르치지 않는 학교 교육은 올바른 교육이라고 할 수 없습니다. 그런데 중요한 사실이 뭐냐 하면, 학교에서 전혀 가르치지 않았는데 이미 이러한 노동운동들이 진행되고 있다는 겁니다. 우리에게는 그것이 중요합니다. 거창하게 말하면 그것이 바로 '역사의 순리'입니다.

'소년·소녀 가장 서울대 정시모집 합격' 이런 제목의 기사를 볼 때 우리는 어떤 생각이 듭니까? 부모가 해주는 따뜻한 밥 먹으면서도 가기 힘들다는 명문 대학에 소년·소녀 가장이 집안 살림까지 다 해가며 틈틈이 공부하면서 합격했으니 얼마나 대단한 아이들입니까? 대부분 그렇게 생각할 테죠. 하지만 여기 모이신 분들은 그 생각에서 한 걸음 더 나아가셔야 합니다. 사회문제를 개인의 문제로 볼 것이 아니라 항상 사회 전체의 구조 속에서 보자고 제가 앞에서 강조했죠?

이렇게 성공할 수 없는 소년·소녀 가장이 수만 명이나 있다는 것을 함께 생각해봐야 합니다. 그 아이들의 행복은 누가 책임져야 할까요? 그 아이들도 똑같이 중요합니다. 사실 교육의 측면에서는 이렇게 성공할 수 있는 비범한 청소년들보다 평범한 청소년들이 더욱 중요하다고 볼 수도 있습니다. 실제로 그렇게 교육하는 나라들이 있을까요? 있습니다. '공부 꼴찌를 키워주는 나라' 바로 네덜란드 이야기입니다. '학교에서 경쟁을 금지하는 국가' 이것은 핀란드 교육 얘기입니다. 성적표는 있지만 등수가 없습니다. 학교에 '1등'이란 개념이 없기는 미국도 마찬가지입니다.

시험성적과 등수로 경쟁하지 않는데 학생들이 공부를 할까요? 공부를 즐겁게 할 수 있도록 가르치면 됩니다. 등수 개념이 없는데도 우리나라보다 학업성취도 평가가 높게 나오기도 합니다. 독일은 아예 학업성취도 평가를 중요하게 보지 않습니다. 한때 '세계 최고의 교육'이라는 말을 듣기도 했지만 그렇게 우수한 인재를 양성하는 교육이 결국 히틀러라는 괴물을 탄생시켰다는 반성으로부터 새로운 교육을 시작한 거죠.

유럽에는 대학까지 무상교육하는 나라들이 많습니다. 대학원생에게 등록금뿐만 아니라 용돈까지 지급합니다. 그러면 너도나도 대학에 다 진학할 것 같죠. 그렇지 않습니다. 그런 나라들의 대학진학률이 우리나라 절반 이하입니다. 우리나라에서는 특성화고, 예전 '실업계' 고등학교 졸업생들도 대부분 대학에 진학합니다. 2년제 대학의 공급처로 전락한 지 오래입니다. 대학졸업장 없으면 무시당하고 불행해지는 사회라고 생각하니까요.

네덜란드에서는 한 초등학생이 벽돌공이 되는 것이 장래 희망이라고 하던데, 그 이유가 음악을 크게 들으며 일할 수 있기 때문이라고 합니다. 그 꿈이 충분히 실현 가능한 이유는 벽돌공의 임금이 대학교수와 비슷하기 때문입니다. 이렇게 노동자가 존중되는 사회에서는 우수한 인력이 노동자가 됩니다. 남들과의 경쟁에 뒤져서 마지못해 노동자가 되는 것이 아니라요.

　스웨덴에서 2년 동안 공부하고 온 치과의사 친구가 "스웨덴에서는 경력이 10여 년쯤 된 노동자와 의사 월급이 비슷해"라고 말하더군요. 이웃에 배관공 노동자 남편과 대학교수 부인이 살았답니다. 그 배관공도 억지로 공부를 열심히 해서 대학교수를 할 수는 있었을지도 모르죠. 그렇지만 배관 일이 재미있었고 배관공 노동자로서의 삶을 충분히 즐거워하며 살더랍니다. 역사와 사회에 대한 지식도 많고 독서량도 풍부하고 와인에 대해 해박한 지식도 갖고 있고…… 대학교수 부인과 노동자 남편이 썩 보기 좋게 어울려 살더랍니다.

　2012년 런던올림픽 때 느낀 점인데, 한국 선수들은 금메달을 따면 얼마나 기뻐합니까? 저렇게 좋아하다가 실신하지 않을까 걱정될 정도로 기뻐합니다. 그런데 유럽 선수들은 기뻐하기는 해도 그 정도 반응은 아니더라고요. 왜 그런 차이가 생겼을까요? 우리나라에서는 금메달리스트냐 아니냐에 따라서 운동선수의 인생이 달라지지만 유럽은 그렇지 않기 때문입니다.

　〈개그콘서트〉라는 프로그램에 '왕비호'라는 캐릭터가 있었어요. 주로 연예인들에게 무안 주는 말을 하는 캐릭터였는데 어느 날 아이돌 그룹이 나왔을 때, 아주 대놓고 물어보더군요. "너네들 인수분해는 할 줄 아냐? 학교는 다니냐?" 그거 할 줄 모르면 어떻습니까? 그래도 행복할 수 있잖아요. 그런데 한국 사회에서 인수분해 할 줄 모르면서도 불행해지지 않으려면 아이돌 가수나 박태환, 김연아 정도는 돼야 해요. 그렇지만 유럽에서는 그 분야에서 꼭 일인자가 되지 않아도 충분히 행복할 수 있습니다. 평생 동안 정부나 지방자치단체가 만든 수많은 체육 시설에서 자신이 좋아하는 체육을 가르치면서 사는데, 체육 코치 월급이 대학교수와 큰 차이가 없습니다. 그러면 충분히 일등 하지 않고도 행복해질 수 있죠.

그러면 이런 나라에서는 학생들이 대학에 왜 진학할까요? 여러분들 중에 학창 시절에 '인수분해가 너무 사랑스럽더라, 방정식이 너무 아름답더라' 그렇게 생각하신 분들이 몇이나 될까요? 그런데 드물게 그런 아이들이 있어요. 수학 공식이 너무 아름다워서 집에 가서도 문제를 계속 풀고 싶어 하는 학생들이 있어요. 그런 아이들이 대학에 가는 거예요. 학문에 대한 열정으로, 배우고 익히는 기쁨이 그만큼 크니까 대학에 가는 거예요. 그렇게 돼야 합니다.

'사교육 걱정 없는 세상'은 노동자 권리가 제대로 보장되는 세상

독일에서 상사주재원으로 있던 한국 사람이 받은 아이들 취학통지서에는 이런 글귀가 있었답니다. '귀댁의 자녀가 취학 전에 글자를 깨우치면 교육 과정에서 불이익을 받을 수 있습니다.' 사교육 전혀 없이 그대로 공교육에 보내라는 뜻이죠. 독일에는 사교육 기관이 아예 없습니다. 그래도 걱정이 돼서 그 아버지가 직접 독일어 알파벳과 덧셈 뺄셈만 가르쳐서 학교에 보냈답니다. 며칠 뒤, 담임교사가 전화하더니 "왜 그렇게 부도덕한 일을 하셨냐? 당신 아이만 100미터 달리기를 50미터 앞에서 뛰게 하고 싶었냐?"고 엄청 화를 내더랍니다. 그 아이만 수업시간에 산만하고 건방져서 만일 인격 형성에 문제가 생기면 부모님께서 책임지실 거냐고 따지는데 아무 말도 못하겠더랍니다. 영국에서도 '선행학습은 시험 부정행위보다 부도덕하다'고 가르칩니다. 프랑스는 취학 전 아동에게 학원이나 유치원에서 글자를 가르치는 등 외우는 공부를 시키면 규제하고 처벌합니다. 유치원 과정 몇 년 동안 노래 부르고 그림 그리며 재밌게 놀기만 하는 것처럼 보인답니다. 그런다고 그 아이들의 창의력이 떨어질까요? 아니잖아요.

어떻게 벽돌공과 대학교수 임금이 같아졌을까요? 바로 노동운동의 영향입니다. 활발한 노동운동을 통해 저임금과 비정규직 차별을 해소했기 때문이죠. 일하는 사람들, 곧 노동자의 권리가 제대로 보장돼야 교육문제도 해결됩니다. 그래서 '사교육 걱정 없는 세상'은 '노동자 권리가 제대로 보장되는 세상'과 무관하지 않습니다.

제가 고속도로에서 운전을 하다가 라디오를 들었는데, 고3 아들을 둔 주부가 보낸 사연을 소개하고 있었습니다. 아들이 고3이 되더니 동네 학원에라도 보내달라고 그렇게 떼를 쓰더랍니다. 아무리 생활비를 쪼개 봐도 학원비가 안 나오더래요. 그래서 결국 못 보냈답니다. 아들 녀석이 몇 달을 조르는 통에 3개월쯤 지났을 때 적금 하나를 깨고 동네 학원에 한 과목을 겨우 등록시켰대요. 아들이 학원 가는 첫날, 밥을 차려주고 밥 먹는 아들을 보면서 엄마가 쓴 글이었어요. 우리 아들은 스스로 공부하려고 노력하는 훌륭한 아들인데, 부모는 무능해서 동네 학원에도 못 보내주는구나, 그런 생각으로 우울해서 눈물이 나오더래요. 아들 녀석은 아무 소리 안 하고 밥만 먹더라는 거죠. 밥을 다 먹은 아들이 학원 간다며 나가다가 현관에서 돌아서더니 이렇게 말하더랍니다. "엄마, 내가 가서 그 돈보다 더 많이 배우고 올게." 그 아이도 엄마 마음을 다 느낀 거죠. 이게 우리가 아이들 키우는 모습이잖아요.

노동자의 권리가 존중되어야 사교육 없는 세상, 경쟁하지 않고도 행복한 세상이 됩니다. 경쟁하는 교육도 나름 일리가 있어요. 다만 그 경쟁이 승자뿐 아니라 사회구성원 전체에 유익하려면 두 가지 원칙이 있어야 합니다.

첫째, 그 경쟁이 공정해야 합니다. 핀란드 교육의 특징은 한마디로 극단적인 평준화입니다. 우리나라로 치면 강남 8학군 학교나 저 시골 분교나 학교 시설, 교사 수준, 수업 내용 모두가 극단적으로 균일하다는 말이죠. 다른 말로 하면, 부잣집에 태어났다는 이유로 남보다 유리할 수 있는 조건을 모두 없앤 겁니다.

두 번째, 탈락자에게 계속 패자부활전 기회가 보장되어야 해요. 시험을 봐서 공부 잘하는 1등을 뽑을 수도 있죠. 그러면 나머지 학생들 중에서 노래를 잘하는 학생, 운동을 잘하는 학생, 마음이 따뜻한 학생, 이웃의 불행에 대해 관심이 큰 학생 들에게도 1등 기회를 줘야죠. 그래서 한 반 30명 모두가 1등이 되지 말라는 법이 어디 있습니까. 누구는 공부를 잘하고, 누구는 노래를 잘하고, 누구는 운동을 잘하고…… 이걸 어떻게 비교합니까?

제가 서울대 법대에 강연을 갔었는데 학생들이 '현장에서 치열하게 활동하는 변호사 하종강'이라는 타이틀이 적힌 포스터를 붙였어요. 서울대에서 일하는 친구가 전화하더니 "너 언제 변호사 됐냐?"고 묻더라고요. 하종강 변호사 온다고 현수막과 포스터가 수십 장 붙었다는 겁니다. 우리나라에서 제일 똑똑하다는 학생들이 제가 변호사일 거라고 넘겨짚는 실수를 한 거예요.

저를 변호사로 오해하는 사람들이 가끔 있습니다. 변호사들도 같이 있는 노동문제연구소의 소장이었으니까, 사법연수원 노동법 세미나에서 노동법을 가르친 적도 있었다니까 똑똑한 사람들이 '저 사람 최소한 변호사겠지' 그런 짐작을 마음대로 하는 겁니다. 이게 얼마나 심각한 편견이에요. 변호사란 말을 공짜로 듣고도 썩 기분이 좋지 않았습니다.

한국민족예술인총연합(민예총) 진보학교에서 철학 강의를 한 적이 있었어요. 첫날 참석자들이 돌아가면서 자기소개를 했습니다. "대학교 학생회에서 활동하고 있습니다. 한총련 소속입니다"라고 소개하는 사람이 있었습니다. 그날 강의가 끝나고 버스 타는 곳까지 그 청년이 저를 배웅하길래 나란히 걷다가 제가 물었습니다. "어느 학교 다니세요?" 우리 사회에서 그런 질문을 할 때는 '혹시 우리 학교 후배는 아닐까?' 그런 궁금증이 있는 겁니다. 마침 같은 학교라면 얼마나 반갑겠어요. 뭐 하나라도 더 잘해주고 싶겠죠. 그 청년이 이렇게 답했습니다. "학벌 없는 사회를 지향하기 때문에 말씀드리지 않겠습니다. 제가 그 단체에서 활동을 하거든요." 물어본 제가 얼마나 부끄럽던지요.

장하준 교수가 〈그들이 말하지 않는 23가지〉의 속표지에 쓴 글입니다.

200년 전에 노예해방을 외치면 미친 사람 취급을 받았습니다.

100년 전에 여자에게 투표권을 달라고 하면 감옥에 집어넣었습니다.

50년 전에 식민지에서 독립운동을 하면 테러리스트로 수배 당했습니다.

단기적으로 보면 불가능해 보여도 장기적으로 보면 사회는 계속 발전합니다.

그러니 지금 당장 이루어지지 않을 것처럼 보여도 대안이 무엇인가 찾고 이야기해야 합니다.

누군가 200년 동안 포기하지 않았기 때문에 노예제도가 철폐되었고, 누군가 100년 동안 포기하지 않았기 때문에 여성이 참정권을 가지게 되었고, 누군가 50년 동안 포기하지 않았기 때문에 해방이 된 겁니다. 그러면 그 사회에서 200년 동안, 100년 동안, 50년 동안 포기하지 않고 노력한 사람들은 어떤 사람들이었을까요? 제가 볼 때는 바로 여러분과 같은 사람들이었습니다. 눈앞의 이익만 좇는 것이 아니라 미래의 꿈을 보는 사람들, 어느 시대에 어느 사회에나 여러분 같은 사람들이 있었던 겁니다. 그러한 생각으로 조금 어렵더라도 사교육 걱정 없는 세상이 올 때까지 포기하지 않고 나아가는 우리들이 되기를 바랍니다. 고맙습니다.

3장
정신과 의사, 대안학교 교장 되다

김현수 정신과 전문의, 성장학교 별 교장

시사IN 윤무영

실패가 내면화된 아이들

한국 사회는 참 살기 힘든 사회입니다. 한국 사회에서 살아가는 한 사람으로 이 사회가 조금 원망스럽기도 하죠. 이런 사회에서 한 사람, 한 사람 정말 별일 없이 살아가기 위해 노력한다는 것은 대단한 일입니다. 그래서 우리 모두는 각자가 참 훌륭한 일면들을 가지고 있다고 생각합니다.

우리 사회가 살기 힘들다는 것은 국제적으로 발표되는 여러 통계지표들을 보면 금방 알 수 있습니다. 자살률은 거의 10년 가깝게 경제협력개발기구(OECD) 가입 34개국 중 1위이고, 산업재해 사망도 1위, 사교육비 및 공교육 민간 부담도 1위, 노인 빈곤율도 1위, 성형수술 건수도 1위일 뿐만 아니라, 최장 근로시간과 최장 학습시간 국가이기도 하고, 반면 여가시간도 부족하고, 아이들과의 대화시간도 부족하며, 어린이와 청소년의 행복지수는 34개 국가 중 꼴찌에 해당되는 사회가 우리 사회입니다. 이런 지표를 가지고 한국 사회를 조금 거리를 두고 바라보면 어떤 느낌일까요? 사람들이 숨 막히고, 각박하고, 불행한 삶을 살아가는 사회로 비춰질 수도 있지 않을까요?

특히 그중에서 아이들에 대한 통계는 더 마음이 불편합니다. 행복하지도 않고, 학업에 대한 흥미도 없고, 가족과는 지낼 시간도 없고, 칭찬받고 격려받으면서 성공하기보다는 아주 일찍부터 수많은 실패와 낙오라는 환경 속에서 성장하고 있다는 증거들이 너무 많으니까요. 조금 더 심하게 말하면 한국 사회는 수많은 아이들을 실패시키는 사회라는 생각도 듭니다. 많은 아이들이 실패와 실패를 거듭하면서 실패가 내면화된 삶을 살아가는 데 익숙해져 있습니다.

제가 대안학교를 시작하게 된 계기는 그런 아이들의 삶에 주목하는 데서 출발했습니다. 이 숨 막히는 사회에서 연속되는 실패로 인해 낭패감과 좌절감에 고개를 떨구는 아이들의 손을 잡기 위해 시작했다고 할까요. 많은 분들이 제게 왜 이런 일을 시작했냐고 자주 묻기에 그 이야기를 본격적으로 시작해볼까 합니다.

사람은 자기 문제를 해결하기 위해 살아간다

사람은 살면서 여러 난관과 장애물에 부딪히게 마련입니다. 누구나 그렇죠. 아주 어렸을 때부터 일생에 걸쳐 해결해야 할 도전들과 마주하게 됩니다. 사람들은 그런 문제들을 해결해가면서 살아갑니다. 그리고 그런 문제 중에 아주 크고 더 도전적이고, 자신의 인생에 큰 영향을 주는 문제가 생기게 됩니다. 사람들은 그런 문제에 더 오랜 시간 머물고, 성찰하고, 해결하기 위해 나섭니다. 문제를 해결하고 나면 혹은 문제를 해결해가는 과정에 자신과 비슷한 사람들의 문제가 보이고, 그래서 자신을 위한 문제해결이 사회적 문제해결의 기회로 연결되거나 확장되곤 합니다.

저도 그런 과정을 비슷하게 겪었습니다. 제가 청소년과 관련된 일을 하게 된 동기는 여러 가지이지만 그중에 첫 번째는 바로 제가 매우 어려운 청소년기를 보냈기 때문입니다. 어려운 청소년 시기는 그래서 제

문제이기도 하고 또 많은 청소년들 자신의 문제이기도 합니다. 제가 어려운 청소년기를 보낸 이유는 아버지가 사업에 실패하면서 가족과 지내지 못했던 것에서 비롯되었죠. 가족들과 많은 시간을 보내지도 못했고, 그러다 보니 가족관계가 원만할 수도 없었습니다. 중학교 2학년 때부터 자취, 가족과의 재결합, 얹혀살기 등을 반복했습니다. 부모 없이 형제들끼리만 지내보기도 하고, 빚쟁이에 시달려보기도 하고, 자취를 하면서 돈과 쌀이 없어서 애를 끓여보기도 했습니다.

그때 빈곤에 대한 설움을 조금은 느껴보았죠. 그렇게 지내는 과정에서 몸에 밴 습관이 지금까지 남아 있기도 해서 가끔 문제가 되기도 합니다. 불규칙하게 살기, 되는대로 하기, 외박을 불편하게 생각하지 않는 것, 씻고 먹는 것이 불편했기 때문에 잘 씻지 않고, 라면이나 3분 조리 음식 등 가공음식 먹기 등등, 많은 좋지 않은 습관이 이때 들었죠.

그런데 이 어려운 청소년기에 부모님이 물려주신 문화적 유산 이외에 가장 큰 힘이 되었던 것은 교회였습니다. 요즘 말로 하면 지역사회 자원이라고 할 수 있겠죠. 교회 중고등부, 청년부가 제게는 정서적인 지지뿐만 아니라 다양한 학습의 기회도 제공했습니다. 교회에서 제공해준 장학금도 큰 도움이 되었죠. 당시 목사님이 참 훌륭한 분이었다고 생각합니다. 교회는 일종의 지역사회 방과 후 학교, 주말 학교와 같은 역할을 하면서, 저같이 떠도는 청소년에게 중요한 품이 되어주었다고 생각합니다.

또한 저는 학교 선생님들에게도 큰 힘을 받았습니다. 과거에 비해 요즘 아이들은 학교 선생님들과 깊은 관계를 맺는 경험이 부족한 것 같습니다만, 제게 학교 선생님들은 참 중요한 지지자이자, 지원자였습니다. 학업으로도 그렇고, 관계로도 그렇고 중학교 때 선생님들의 지원을 참 많이 받았습니다. 그런 점에서 청소년기 학교는 매우 중요한 기관이라고 생각합니다. 하지만 학교에서의 제 생활은 비행 청소년은 아니지만 경계선에 있었다고나 할까요. 학교 규칙을 자주 어겼지만 아주 큰 문제를 일으키지는 않았어요. 저는 교복 세대였는데 교복을 얌전하게 입고 가지 않아 자주 혼났고, 수업시간에도 얌전하지를 못했어요. 산만하고, 질문이 많고 그랬죠. 특히 중학교 때 그랬던 것 같습니다. 상담실에서 상담을 받아야 하는 학생이었는데, 그때의 상담선생님이 정말 엄마 같은 분이었어요.

고등학교에서 열심히 공부를 한 끝에 의과대학을 가게 되었습니다. 그리고 의과대학에 들어가서는 폭넓게 사회를 이해하기 위해서 여러 활동에 참여하기도 했습니다. 의료와 관련된 신문사를 만드는 일에 참여해서 편집 일을 하기도 했죠.

의사면허증을 따고 사회활동을 유지하기 위해서 가장 조건이 좋은 근무지로 고른 첫 번째 장소가 소년교도소였습니다. 소년교도소에서 근무를 하면서 생생하게 교도소를 경험했어요. 16세에서 20대 초반의 중범죄자들이 수용된 곳이었죠. 제가 속한 의무과에서 저를 도와준 간병 죄수는 특수절도범이었어요. 그는 오토바이, 자전거 따위를 훔치는 잡범들과 자기를 비교하지 말아달라고 했어요. 그 소년은 차량 절도범이었거든요. 다른 간병 죄수는 강간범이었죠. 그는 초범이 아니라 중범이었어요.

소년교도소에 가서 더 확실히 안 게 있어요. 소년교도소에 재소하는 많은 소년 범죄자가 빈곤과 장애에 시달린다는 것이었죠. 소년교도소 재소자 전원의 가족사항을 상세히 알 수는 없었지만, 제가 진료한 아이들 중 유복한 가정 출신은 하나도 없었어요. 빈곤으로 인해 파생되는 여러 문제가 아이들을 범죄와 만나는 길로 인도하기가 쉽다는 것을 확실히 이해했죠. 그리고 뜻밖에 장애 혹은 정신과적 질환을 가진 청소년이 많았어요. 당시 저는 아직 정신과 전문의는 아니었지만 주의력결핍 과다행동장애를 앓았던 아이들이 상당히 많다는 것과 학습부진이나 지적 장애로 인지적 문제를 가진 아이들이 많다는 것을 알게 되었습니다. 문제 해결 능력이 없고 언어 표현 능력이 부족한 아이들이 범죄에 더 쉽게 노출될 수 있다는 이론을 현실에서 확인한 것이죠.

소년교도소에서 만난 여러 소년범들은 제게 가난하고 공부하기 싫어하던 아이가 어떻게 비행 청소년이 되는지를 잘 알 수 있게 해준 계기가 되었습니다. 그리고 한편으로 그런 아이들에게 세상이 어떠한 곳인지, 그리고 세상은 그런 아이들을 어떻게 대하고 돌보는지를 알게 해준 계기도 되었습니다.

이후 정신과 전문의가 되기로 결심하고 정신과 전공의 수련을 아주대병원에서 받게 되었습니다. 수원에 있는 아주대병원 전공의 시절부터 보호관찰을 받는 청소년들을 수원보호관찰소를 통해 만나려고 했습니다. 그래도 보호관찰을 받는 아이들은 교도소에 있는 아이들보다는 조금이나마 가정환경도 낫고 부모님들도 더 나은 분들이었어요. 그러던 중 수원보호관찰소에서 가정폭력 가해자 프로그램에 참여할 기회를 얻기도 했습니다. 청소년이 치유되는 과정에 매우 중요한, 학대하는 아버지의 변화와 관련된 프로그램이었죠.

우리가 만나는 사람에 의해 우리 삶이 변화된다

환자에 따라 의사의 삶이 많이 변합니다. 수원보호관찰소에서 학대하는 아버지에 대한 상담 프로그램을 진행하고 있을 때 자살시도로 아주대병원에 입원한 한 아이를 만나게 되었습니다. 자살시도의 원인은 아버지의 가혹한 가정폭력이 결정적이었죠. 그 아이에게 많이 배웠어요.

알고 보니 그 아이는 경기도 어느 도시의 일진 중에서도 이른바 '짱'이었어요. 여자아이인데 싸움을 진짜 잘한다는 거예요. 어떻게 싸움을 그렇게 잘하게 됐느냐고 물었어요. "어릴 때부터 하도 맞아서 맞는 게 겁이 안 나요. 겁이 안 나니 싸움이 무섭지 않죠." 따귀 한 대 맞았다고 난리를 치면 더 화가 난다고 하는 그 아이의 삶에 대해 듣고 느끼고 알게 되었습니다. 아버지가 머리를 짓밟아도 이를 악물고 버티고, 밤새 시달리고도 학교는 갔다고 하는 그 아이를 보면서, 상처받은 청소년과 함께해야겠다는 생각이 더 강렬해졌습니다. 가정폭력으로 인해 얼마나 많은 아이들이 상처받고 온전한 가정을 체험하지 못하는지 알게 됐기 때문에 가정폭력 가해자 집단 상담을 더 열심히 하기도 했습니다. 가정폭력 행위자 프로그램이라고 불리는 집단상담은 제가 비교적 젊은 시절부터 시작해서, 아마도 경험이 가장 많은 편에 속한다고 할 수 있을 겁니다.

전공의 시절도 끝나고 정신과 전문의에 합격하고 나자 2000년부터 본격적인 정신과 전문의로서의 생활이 시작되었습니다. 현재 진료와 방송으로 모두 유명한 김병후 선생님의 많은 배려로 그 선생님의 병원에서 일을 시작하게 되었죠. 그리고 김병후 선생님도 여러 사회활동에 참여하셔서서 제가 옆에서 보고 배울 수 있었습니다. 특히 제가 관심이 많았던 청소년 분야와 관련하여 한국청소년재단의 '도시속 작은 학교'라는 곳을 만나게 되었습니다. 2000년부터 중도탈락한 학생을 돕는 대안교육 움직임이 서서히 일고 있었는데, '도시 속 작은 학교' 또한 그 일환으로 만들어진 학교였죠. 학교를 그만둔 아이들을 모아서 검정고시 준비를 돕거나 생활에 따른 어려움을 해결하는 데 도움을 주면서 개인적으로 희망도 갖게 되었지만 동시에 아픔도 생겨나기 시작했습니다. 이 학교에 참여하는 아이들 중에 빈곤, 왕따, 정서적 장애의 어려움을 겪는 아이들이 많았으니까요.

이 학교에서도 여러 아이들을 보았습니다. 그리고 이 아이들에게 이런 교육만으로는 무언가 부족하다는 느낌을 크게 받기도 했습니다. 그러던 차에 지인들을 통해서 성공회 신부님과 지역 활동가들을 만나게 되었고, 김병후 선생님 병원에서도 할 일이 많았지만, 제가 새롭게 해야 할 일을 찾았다는 생각에 제가 유년기와 청소년기를 보냈던 관악구 봉천동에 병원을 차리기로 결단을 내렸습니다.

2001년 대학교 때 제가 만들었던 동아리 이름인 '사는기쁨 신경정신과'라는 이름과 빈곤 지역 가족치료를 많이 했던 해리 아폰테라는 분이 쓴 책 이름인 '빵과 영혼'이라는 이름의 지역상담센터를 세우면서 본격적으로 제 일을 시작하게 되었습니다. 그리고 신부님과 실무자들이 일하는 여러 기관들의 환자도 함께 돌보기 시작했습니다. 가출청소년 쉼터에서 오는 아이들, 노숙가정 쉼터에서 오는 아이들, 그룹홈에서 오는 십대 여성들과 지역 아동센터나 종교기관에서 보내주는 아이들을 본격적으로 진료하기 시작한 것이죠.

　병원에 오는 지역 아이들 중에는 가슴 아픈 사연을 가진 아이들이 참 많았고, 학교를 다니지 않는 아이들도 적지 않았습니다. 이때 자주 오던 아이 중 하나가 기억납니다. 어머니는 안 계시고 아버지는 일용 직 노동자로 자주 집을 비우는 환경에서 지내던 아이인데, 진료하지 않는 날도 병원에 와서 노닥거리곤 했습니다. 학교에 가는 대신 병원에 출석을 한 것이죠. 학교에 가봐야 수업 내용을 도무지 알아들을 수 없으니 따분해서 학교는 가지 않고, 할 일이 없으니 병원에 온다는 이 친구가 또 저에게 그렇게 지내는 자신과 친구들에 대해 많은 것을 가르쳐주었습니다. 이 아이가 제가 대안학교를 운영하도록 만든 안내자 같은 역할을 일부 한 셈이죠.

　이 아이가 이렇게 시간을 허비하는 것을 보니 마음이 아파오기 시작했습니다. 그래서 2002년 2월에 이런 고민을 함께 나누던 사회복지사, 자원봉사자 4명과 함께 과감하게 결단을 내려 치유적인 학교를 열게 되었습니다. 그 학교가 바로 '성장학교 별'입니다. 2002년 학교를 세울 당시의 이름은 '치유적 대안학교 별'이었죠. 처음 신입생으로 찾아오거나 소개를 받은 학생 4명은 모두 만만치 않은 아이들이었습니다. 일고여덟 살 때부터 술을 마셨다는 알코올 남용 청소년부터, 좀처럼 가까이 하기 어려운 성격을 가진 가출 여학생, 사회생활이 쉽지 않던 남학생, 우울해서 집에만 박혀 있던 학생 등과 함께 성장학교 별을 시작했습니다. 그야말로 교육과 동시에 치유와 돌봄이 필요한 아이들이었습니다. 제가 만나는 청소년들의 현실과 그들과 나눈 대화, 그리고 거기서 느낀 아픔이 제가 할 일을 만든 셈입니다. 지금도 그렇지만 의사는 환자들로 인해 변하기 마련입니다.

청소년기에 품은 꿈이 삶의 원동력

청소년기는 정말 중요합니다. 예전에 제가 출연한 EBS 라디오 방송에서 아주 유명한 교수님이자 연출가인 분이 항상 옛 음악만 들으시길래 '왜 옛 음악만 듣느냐'고 물은 적이 있습니다. 청소년기에 즐겼던 음악이 지금도 여전히 좋다고 하셨죠. 그러면서 그때 감성이 나이 든 지금보다 더 나았다고 하셨습니다. 그때의 가슴 뛰던 그 열망과 감정이 인생을 이끄는 엔진이죠. 저도 청소년기에 들었던 음악이 지금도 좋습니다. 나름대로 성공을 이룬 사람들의 공통점은 저마다 청소년기 때부터 꿈을 가졌다는 것 아닐까요.

사람은 청소년기에 가졌던 꿈의 힘으로 살아갑니다. 그래서 청소년기의 꿈이 중요하다는 것이죠. 누구나 청소년기 때 가졌던 꿈을 실현하며 살지는 못하겠지만 그렇기 때문에 청소년기 때 아무런 꿈이 없으면 의미 있고 재미 있는 삶을 살기가 더 어렵다는 얘기입니다. 청소년기에 시험 문제만 풀어야 한다는 것은 정말 끔찍한 일이에요. 제 청소년 시절 꿈 중 하나는 세계 청소년 연대를 만들어서 아주 형식적인 이상한 학교들을 없애는 거였어요. 중학교 3학년 한문 시간에 한자가 들어간 작문을 하라기에 '학교는 죽었다'라는 글을 쓴 적이 있어요. 한문 선생님한테 죽도록 혼났죠. 사실은 중학교 때부터 공교육 체계가 정말 싫었습니다. 꽉 짜인 시간표, 생각할 힘을 길러주지 않는 수업들, 아무

토론도 없고, 다양성이 없는 상태에서 단지 강요와 의무 그리고 체벌과 압박만으로 가득한 것이 학교라는 생각이었죠. 저는 고등학교 때 교련, 국가에 대한 지나친 충성 요구, 애국가 제창 등에도 많은 회의를 가졌습니다. '국가가 어떻게 인간 위에 있느냐, 국가보다 인간이 우선이다', 뭐 이런 생각을 했던 것 같습니다.

청소년기의 개똥철학은 한 개인의 사상적 단초 혹은 씨앗과도 같습니다. 청소년기 때 사유하고 상상하고 경험하고 만나는 풍부한 경험을 하지 못하면 마음은 황무지처럼 되고 맙니다. 저는 다행히 학교가 아닌 교회를 통해서 다양한 경험을 할 수 있었습니다. 특히 교회에서는 중고등부에서 다양한 토론을 할 수 있었죠. 성경에 관한 주제뿐 아니라 사회적 주제에 대해서도 여러 의견을 나눌 수 있었어요. 개인적으로는 참 다행스런 일이기도 합니다. 그런 영향으로 청소년기 때 많은 생각을 하고 일기를 쓰면서 꿈을 가질 수 있었으니까요. 그때의 꿈 중 하나를 꺼내, 학교를 없애는 것이 문제가 아니라 새로운 배움을 만들어내야 한다는 생각으로 그런 학교를 세우게 되었죠. 결국 청소년기 때 가졌던 고민이 씨앗 역할을 했다고 볼 수 있습니다.

하루 종일 혼나는 게 일인 아이들

성장학교 별(별학교)에 오는 아이들은 이 사회가 분류하는 방식대로 따지면 부적응 아이죠. 공교육 적응에 실패한 아이들이란 뜻입니다. 일부러 불행해지려고 애쓰는 사람은 없습니다. '나의 목표는 사랑

받지 않는 것이다'라고 정한 사람도 없어요. 사랑받고 인정받고 싶어
하고 일부러 실패하려고 하지 않는데도 실패에 익숙할 수밖에 없는 아
이들도 있습니다.

학교 선생님이나 부모님들이 자녀나 학생들에게 '잘한다, 괜찮다, 지
금으로도 충분하다. 그만하고 놀아라.' 이런 얘기를 얼마나 하나요?
'모자란다, 더 해야 한다, 지금으로는 부족하다, 부끄럽게 여겨라.' 이런
이야기를 더 많이 하지 않나요? 우리는 누군가가 성공했다는 것을 인
정하지 않는 데 익숙해져 있는 듯해요. 우리 아이들도 그래요. 별학교
학생이 아닌 우리나라 아이들 대부분이 하루 종일 혼나는 게 일이에
요. 어떤 아이의 일기장을 보니 이렇게 쓰여 있더군요.

'아침에 집에서 나갈 때 엄마한테 혼나고, 학교 가서 1교시에 혼나고,
2교시에 뒤에 나가 서 있고, 3교시 때 태도가 불량하다고 야단맞고,
점심시간에 만날 혼나는 아이라고 따돌림당하고, 5교시 때 자다 한소
리 듣고, 6교시 끝나고 집에 오니 엄마가 학교에서 연락받았다며 또 혼
내고, 학원 갔더니 학원 선생님이 학원 물 흐린다고 오지 말았으면 좋
겠다고 하고, 그래서 잠깐 피시방 갔다가 집에 가니 엄마한테 다 들었
다며 아버지가 두들겨 패 울면서 잠들었다.'

선생님이나 부모님은 자신의 과거를 잘 잊어요. 기억하고 싶은 대로
기억합니다. 그러니 선생님이나 부모님은 예전에 다 잘했다는 거죠. 한
반 30명 중에 주목받지 못하는 20명에 대해서 선생님이나 부모님은
잘 모르는 경우가 많은 것 같아요. 강의하다가 아이들한테 들은 이야

기인데요, 선생님은 잘하는 아이 다섯, 못하는 아이 다섯 이렇게 10명만 기억하는 뇌구조를 가졌대요. 그래서 중간의 20명은 작년에 자기 반이었는지도 잘 모르는 선생님도 있다는 거예요. 한 반에 공부 잘하는 5명을 빼놓고 25명은 인정받지 못했다는 경험, 성공하지 못했다는 경험, 실패했다는 경험을 느끼고 살아요. 많은 아이들이 성공하지 못하면서 갖게 되는 섭섭함, 인정받지 못하거나 중요한 사람들이 나를 모르는 슬픔을 견디며 삽니다.

가출 청소년들 중에도 자기를 돌봐줬던 기관을 떠나면서 고마웠다고 얘기하지 않는 아이들이 꽤 있어요. "네가 거기서 먹고 자고, 선생님들이 너 돌봐주려고 애썼는데 왜 맘에 안 들어 하냐?" 하고 물었어요. "좋은 분들인데, 내가 어떻게 살아왔는지 잘 모르고 너무 기준이 높다"는 답을 하더라고요. 간혹 그곳에 있는 선생님들이 아이들에게 많은 것을 주고 싶다는 뜻에서 '머리부터 발끝까지 문제투성이기 때문에 너를 인간으로 만들어주겠다'고 말하는 분들이 계시다고 합니다. 그러나 듣는 아이에게는 '너는 문제투성이다. 네가 인간이 되려면 많이 변해야 한다. 내가 처음 만났을 때 너는 인간이 아니었다'라고 들린다는 것이죠. 나를 돕겠다는 것은 나를 바꾸겠다는 것인데 그게 기분이 나쁘다고 합니다. 그런 섭섭함, 미움 받는 느낌, 혼자라는 느낌을 가지고 아이들이 살아갑니다.

뜻밖에도 가출 청소년뿐만이 아니라 평범한 청소년들도 혼자라고 많이 느껴요. 저도 대단한 자수성가는 아니지만 부분적 자수성가를 하면서 살다 보니 혼자라는 느낌을 가질 때가 참 많습니다. 청소년기에 거쳐야 하는 중요한 과정 중 하나가 혼자라는 것을 견디는 겁니다.

실제로 불우한 가출 청소년들, 집과 관계를 깊게 맺지 못하는 청소년들은 혼자라는 감정이 매우 깊어요. 저는 선생님이나 사회복지사 등에게 "미움을 좀 받아보셨느냐? 혼자라는 느낌에 얼마나 익숙하냐?"라고 물어봅니다. "누군가에게 위로나 격려를 받아본 적이 있느냐?"고도 물어봅니다. 우리는 위로와 격려가 필요할 때 혼내는 경우가 많아요. 그래서 아이들 마음에 상처를 줍니다.

학교에서 평가를 받고 뭔가를 성취하려고 했는데 실패하면 본인이 더 속상할까요? 부모가 더 속상할까요? 본인이 더 속상하죠. 하지만 많은 어른이 이렇게 얘기합니다. "넌 아무 생각이 없는 것 같다. 나는 그렇게 개판 쳤으면 속상해서 죽을 것 같은데 넌 아무 생각이 없는 것 같다." 아무 생각이 없는 것일까요? 아니면 티 안 내려고 노력하는 걸까요? 그렇게 마음을 몰라주니 아이들의 마음이 엇나가기 시작하는 겁니다. 하루 종일 혼나면서 하루 종일 성공하지 못한 기분으로 살아요. 우리 사회는 거꾸로 가고 있습니다. 잘하는 사람은 더 잘하게 하고, 못하는 사람은 더 못하게 해요. 잘하는 사람에게는 더 많은 기회를 주고 못하는 사람에게는 기회를 안 줘요. 우리는 오랫동안 이런 식으로 살았어요. '승자독식' 사회에서 말이죠.

학교의 실패는 없고 아이들의 실패만 있다

학교의 실패는 없고 아이들의 실패만 있다. 이 말은 프랑스에서 오신 선생님에게 들은 말입니다. 별학교에는 기회를 얻지 못했던 아이들이 많이 와요. 어떤 곳이든 청소년들이 모이는 집단은 잘하는 것 기준으로 줄 세우는 식이잖아요. 그러니 아이들이 자기에게 어떤 재능이 있는지 발견하기 어렵고, 다른 사람들이 발견해주기도 어려워요. 자기 가치를 찾을 길이 없는 거죠. '부모는 나를 사랑한다는데 시간이 지나면서 점점 나를 사랑하지 않는 것 같아. 학교에서는 내가 누군지도 몰라. 가만히 내가 나를 보니 나도 내가 큰일이야. 돈도 없고, 외모도 별로고, 백도 없고, 부모도 안 받쳐주고, 키도 별로 안 크고……' 이러면서 아이들이 낙인찍히고 배제되고 열외되는 경험을 합니다. 더 억울한 건 열심히 잘했더니 그 공이 모두 어른들에게 가는 거예요. 선생님이 잘 가르쳐서, 교장선생님이 잘해서 네가 잘하게 된 것이라고 하죠. 잘 못하면 네가 노력을 안 하기 때문이라고 하고요. 잘하면 교장선생님을 포함한 어른들 덕이고 못하면 아이들 탓인 거예요. 학교의 실패는 없습니다. 아이들의 실패만 있을 뿐이죠. 그래서 아이들은 억울합니다. 이 사회와 제도 때문에 억울하죠. 하지만 그냥 참고 살아요.

사실은 아이들의 실패는 없고 학교와 교사의 실패만 있을 뿐입니다. 아이들에게는 실패가 권리예요. 젊은이들에게 실패는 권리죠. 실패는 우리의 권리고 실수는 기회입니다. 실패와 실수는 우리의 친구예요. 좀 더 정의롭고 훨씬 더 따뜻한 사회라면 실패와 실수를 환영합니다. 청소년과 청년에게 있는 재능을 어떻게든 찾으려고 다 같이 노력해야 해요. 재능이 없다는 것을 확인시켜주고 열외시키는 것이 아니라 어떻게든 그 아이의 재능을 찾아주는 게 사회가 할 일이고 어른이 할 일입니다.

제가 최근에 〈공부상처〉라는 책을 냈어요. 별학교의 경험과 아이들을 상담하면서 얻은 경험이 책의 배경이 되었죠. 한 아이가 제게 이렇게 얘기했어요. "저는 꾸중 들은 것밖에 없는데 왜 제가 잘되기를 바라죠?" 그 아이의 입장에서 봤을 때 총꾸중량이 총격려량보다 많은데 잘될 수가 있겠어요? 학부모 교육장에 가서 아이에게 몇 번 격려하고 몇 번 칭찬했느냐고 물어보면 칭찬은 한두 번 하거나 거의 안 했는데 혼내기는 열 번 이상 했다고 해요. 이러니 아이가 잘될 수 있겠어요? 아이가 잘되려면 총꾸중량 이상의 총칭찬량이 있어야 합니다.

또 하나 저는 아이들의 재능을 발견하고 진로에 숨통을 틔어주기 위해서 초등교육부터 가정교육까지 다 바꿔야 한다고 생각합니다. 첫째, 아동과 청소년에게 "못한다"라는 말을 가급적이면 사용하지 말아야 합니다. 둘째, "틀리다"라는 말을 사용하지 않아야 합니다. 두 단어 모두 아이들을 평가하는 말이에요. '잘한다', '못한다'라는 말은 필요 없고 각자 취향의 차이를 인정해야 합니다. 잘하느냐, 못하느냐의 문제는 없어요. 사람은 다 각자의 속도와 감각이 다르기 때문에 '잘했다', '못했다'의 기준으로 평가하지 말고 '열심히' '진실하게' 했느냐를 가지고 평가해야 합니다.

초등학교 3학년 아이가 그림을 그려왔어요. 위대한 예술가의 그림을 주로 봐왔던 부모들은 초등학교 3학년짜리의 그림을 보고 "이게 그림이냐? 손으로 그렸냐? 발로 그렸냐? 아무리 초등학교 3학년이 그린 그림이라도 그렇지 좀 너무하지 않냐?" 하는 부모가 있습니다. 반면에 "와, 멋지다. 선생님이 어떤 주제를 주셨는데 이런 그림을 그렸어? 이 색깔을 어떻게 고르게 되었어? 그 주제를 이런 소재로 표현할 생각은 어떻게 하게 되었어?"라고 반응해주는 부모가 있습니다. 앞의 부모 밑에서 자란 아이와 뒤의 부모 밑에서 자란 아이의 길은 당연히 다르겠죠? 다음에 그림을 그렸을 때 어떤 아이가 엄마에게 그림을 보여줄까요? 흥미진진하다고 반응했던 엄마에게 그림을 보여주겠죠? 그림을 보여주면서 자신의 상상력에 대해 얘기하고 엄마가 아이의 얘기에 추임새를 넣어주고 하다 보면 엄마와 아이의 이야기가 길어지겠죠? 엄마랑 얘기하는 것이 즐거워지겠죠? 긍정적인 반응을 받지 못한 아이는 다시는 엄마에게 그림을 보여주지 않거나 어른 흉내 내는 그림을 그려 자기 상상력을 펼치지 않겠죠? 모든 아이의 그림은 잘 그린 것과 못 그린 것이 따로 없어요. 열심히 자신의 상상을 펼친 아이와 그렇지 못한 아이의 차이만 있을 뿐이죠.

아이가 문제를 풀었을 때 왜 그렇게 많이 틀리냐고 타박하는 부모나 선생님이 있고, 어떤 과정으로 풀었기에 내가 생각하는 답과 다른지 문제를 푼 방식을 좀 보여달라는 부모나 선생님이 있어요. 어떤 아이가 자기가 문제를 푼 과정을 솔직하게 보여줄까요? 그래서 자기가 어떤 문제가 있는지 빨리 알 수 있게 될까요? 과정을 보여주는 것을 부끄럽게 느끼지 않아야 발전합니다. 프로젝트를 진행하는데 어떻게 되고 있는지 보여달라고 하면 완성해서 가져다 드린다고 하는 직원은 별로 발전이 없어요. 항상 질문이 많고 과정을 보여주면서 함께 토론할 수 있는 사람이 발전합니다. 아이들에게는 진정성의 문제가 가장 중요해요. 우리는 진정성의 미학을 지지합니다. 아이들과 청소년의 세계에서 기량과 기술보다 진정성을 더 중요하게 여겨요.

가장 중요한 성공은 진실과 사랑에 대해 아는 것

우리 삶에서 또 중요한 것이 무엇일까요? 진실과 사랑에 대해 아는 것이 가장 중요한 성공입니다. 별학교가 빌려온 모토 중 하나가 '우리의 목표는 성공이 아니라 사랑이다'입니다. 성 프란체스코 수도회의 모토를 따왔어요. 여기서 말하는 성공은 세속적인 성공을 말하는 겁니다. 가장 중대한 장애는 진실하지 못한 것, 진실할 능력이 없는 것, 사랑할 능력을 배우지 못하는 것입니다. 실패를 배움으로 만드는 것 자체가 가장 중요해요. 그래서 우리는 아래와 같이 '실패를 배움으로 만드는 학교'를 지향합니다.

〈실패를 배움으로 만드는 학교〉
모든 시도를 환영한다.
모든 시도는 아름답다.
모든 시도의 과정에는 교훈이 있다.
어떤 시도의 결과도 하나의 기준으로 평가될 수 없다.
어떤 시도의 결과든지 아름답다.
실패가 있다면 새로운 시도에 대한 초대이다.

왜 아이들이 무기력해지고 동기를 갖지 못할까요? 왜 아이가 자기주도적이지 못할까요? 어떻게 자기주도적으로 변하게 할 수 있을까요? 아이들에게 너는 왜 자기주도적이지 못하냐고 혼내는 것으로 될까요? 잘하고 못하고 맞고 틀리고의 세계에서 벗어나서 아이가 시도하는 모든 것을 환영하고 실패조차 새로운 시도에 대한 초대라고 해줘야 아이들이 이것저것 시도합니다. 비난받는 것이 예고되어 있는데 어떻게 시도하겠어요? 혼날 줄 알면서 어떻게 시도하겠어요? 어떤 인간도 자기 삶에 실패보다 성공이 더 많았다고 말하는 사람은 없어요. 우리는 항상 실패를 더 많이 합니다.

학교에서 성공과 실패를 따지지 않고 불필요한 경쟁 없이 어떻게 지낼 수 있을까요? 좋은 경쟁도 있고 나쁜 경쟁도 있다고 해요. 저희 성장학교 별은 비교를 허용합니다. 단 자신의 과거와 현재와 미래에 대해서만 비교를 허용해요. 우리가 싸워야 할 대상은 우리 자신이지 남이 아니니까요. 남이 아니고 우리 자신과 싸우는 것이고 비교의 대상은 과거의 나와 현재의 나입니다. 또 미래의 내 모습과 비교하는 것은 가능해도 타인과 비교하는 일이 우리의 원천적인 동기가 될 수는 없어요.

별학교에서는 아이들에게 이렇게 이야기해요.

"자신과의 싸움에서 이겨본 사람들은 안다. 그것이 남과의 경쟁에서 이기는 것과 얼마나 다른 가치를 가지고 있는지."

이것은 한 신문의 칼럼에 쓰인 말을 인용한 것입니다. 청소년 소설에 관한 서평에 쓰인 글이었어요. 제가 강의를 하다 청중들한테 물어봅니다. "여러분은 자신과 싸워서 이겨본 적이 있습니까?"

현재 청소년들의 생활지도 등 상담의 양대 주제는 무기력과 분노조절에 관한 것입니다. 많은 어른들이 '현재의 원인' 때문에 아이가 무기력하다고 생각해요. 현재 아이가 무기력한 이유는 어떤 것의 결과라는 뜻이죠. 지금 무기력한 이유는 과거의 반복된 경험 속에서 지금 시도하는 것이 무의미하다는 사실을 아이가 알게 되었기 때문이에요. 아주 쉬운 예로 일을 벌이고 혼나는 게 나을까요? 안 하고 혼나는 게 나을까요? 한국 아이들은 안 하고 혼나는 게 낫다는 것을 일찍 깨닫습니다. 한국 아이들이 혼났을 때 하는 대표적인 변명이 머리는 좋은데 노력을 안 한다는 거예요. 노력은 하고 싶은데 노력이 힘들지 않았으면 좋겠다고 해요. 아이들이 뭔가를 시도하지 않는 것은 결과이지 원인이 아닙니다.

제가 상담하는 아이들 중 하나가 '교실은 실패의 무덤'이라고 얘기해줬어요. 아무도 '잘한다, 재능 있다'고 얘기해주지 않고 '멀었다, 못한다, 모자라다, 부족하다'고만 얘기한다는 겁니다. 그 아이들이 겪는 교실은 실패의 무덤이에요. 실제로 아이들에게는 성공한 경험이 필요해요. 아이들에게 더 많은 성공 경험을 줘서 성공의 축제장으로 나올수 있게 해줘야 합니다.

'여인숙 가족' '공지사항 가족' '채권 가족'

한국은 근로시간이 세계에서 가장 길어요. 고달프고 힘든 사회예요. 나 하나 살기도 힘들어요. 우석훈이라는 분이 〈1인분 인생〉이라는 책을 내기도 했죠. 상담하러 온 청년에게 '결혼은 안 하냐'고 물으면 '나 하나 책임지기도 힘든데 결혼을 어떻게 하느냐'고 고백하는 경우가 많습니다.

한국 사회는 여러 가지로 힘든 사회입니다. 할머니 주장, 엄마 주장,

10대 주장, 10대 미만의 주장이 다 다르고 각각의 문화가 무척 달라요. 문화가 정말 빨리 변합니다. 한 집에 전근대, 근대, 현대, 초현대 세계의 세대들이 모두 살고 있죠. 그래서 서로 공감하기가 어려울 수밖에 없어요. 기본적인 사회 환경이 우리보다는 더 천천히 변해온 유럽은 할아버지, 아버지, 아들이 한 학교를 다닌 경우가 많은데 반해 우리는 할아버지, 아버지의 학교는 없어졌고, 아이가 다니는 학교는 신설된 곳인 경우가 허다해요. 공감할 이야기 소재가 없는 것이죠. 그런데다 사회 분위기도 매우 급격하게 변합니다. 과거에는 우리가 자살률 1위 국가는 아니었습니다. 현재 한국은 OECD 가입 국가 중 자살률 1위를 9년째 하고 있습니다. 어찌 보면 과거보다 살기 힘든 사회로 바뀌었다는 증거인 셈이죠.

어른들은 지금이 살기가 더 좋다고 생각하시지만 실제로는 그렇지 않아요. 자살률도 문제지만 우리 사회는 고위험 음주사회이고, 저출산 사회이고, 무정한 사회입니다. 예전과 같은 확대가족, 마을, 지역공동체는 존재하지 않고 가족 또한 기능이 점점 축소되어가고 있습니다. 지금의 아이들이 더 풍요할 것이라는 어른들의 기대는 어찌 보면 세대 간 소통의 어려움을 더 가중시키는 요인입니다. 가정이 기획되고, 입시가족이 되거나, 각자의 역할이 세밀하게 분화된 프로젝트 가족처럼 되다 보니까 사실은 소통이 더 어렵습니다. 대화 자체가 매우 부족한 상태의 가정이고 사회입니다.

최근의 한 상담 사례는 세대간 소통의 어려움을 보여주는 전형적인 경우에 해당됩니다. 대학생 아들이 주말마다 집에서 잠만 자는데 병인지 아닌지 물어본 분이 있었습니다. 자수성가한 50대 아버지의 눈에는, 주말에 오후 한두 시까지 퍼질러 자는 20대 초반의 젊은 아들이 병이 있는 것으로밖에는 보이지 않았던 것입니다. 혈기왕성한 그 나이에, 나가서 봉사를 하든지 알바를 하든지 할 그 나이에 대낮까지 자니 제정신이 아니라는 거예요. 아들은 학교에 안 가는 것도 아니고 수업을 제대로 안 듣는 것도 아니고 단지 전날 밤새 놀고 다음 날 늦게까지 잔 것뿐인데 이걸 병이라고 하는 아버지가 정상이 아니라고 보았어요. 그래서 누가 이상한지 검사하자며 두 부자가 함께 온 거예요. 사실 누구에게도 문제는 없습니다. 하지만 가치관의 충돌이 서로 문제라고 여기게 만듭니다. 서로 이해가 안 되는 거예요.

현재의 세대도 걱정이고 앞으로의 세대도 걱정이에요. 아이들은 우리가 생각하는 것보다 훨씬 더 외롭습니다. 요즘엔 '원자가족, 나노가족'이라는 표현을 쓰는 신문사도 있더군요. 3인 가족, 4인 가족이 기본 모델이에요. 가족이 매우 작아졌어요. 그러면서 가족 형태가 '여인숙 가족'화하고 있습니다. 밥은 안 먹고 잠자고 썻고 나가는 가족을 일본에서 '여인숙 가족'이라고 했는데 우리나라도 여인숙 가족이 늘고 있어요. '공지사항 가족'도 있어요. 제 환자가 자신의 가족에 이름붙인 것인데, 집에서 나누는 정서적 대화는 없고 엄마가 공지만 한다더군요. 또 어떤 아이들은 자신의 가족을 '채권 가족'이라 불러요. 상담하러 온 아이에게 부모님과 나누는 대화 형태가 무엇과 가장 비슷하냐고 물었더니 빚쟁이와 돈 빌린 사람이 나누는 대화와 가장 비슷하대요. 그리고 '했냐, 안 했냐' 대화라는 것이 있는데, 저는 이런 대화를 '압박 대화'라고 부릅니다.

아이가 유치원이나 학교에 들어가면 엄마가 하는 말은 주로 '했냐?'

입니다. 부모님이 만날 "했냐, 안 했냐? 왜 아직도 안 했냐? 맞고 할래, 그냥 할래? 빨리 해. 저리 가서 다 한 다음에 와. 너 잠깐 공부하는 척 하더니 게임하냐? 다 했어? 그럼 씻고 자." 이런 말만 하죠. 아침에는 "다 챙겼어? 밥 먹고 가. 다 먹어. 학교 빨리 가." 학교 갔다 집에 오면 "오늘 공부 잘했어? 또 혼났어? 빨리 학원 가?" 학원 갔다 오면 "학원에서 잘 했어? 숙제 다 했어? 가져와봐. 컴퓨터 조금만 해. 씻고 자." 이러죠. 이런 대화로 초등학교 시기를 보내고 중학교 들어가면 달라질까요? 아니에요. 엄마는 중학생 아이한테도 여전히 "공부 잘했어? 또 혼났어?"를 반복하죠. 아이들이 좀 커서 엄마를 이길 것 같으면 반항하기 시작합니다. 그러면 엄마 버전이 '아빠한테 이른다'로 달라집니다. 이런 대화를 '압박 대화'라고 하고 이런 가족을 '채권 가족'이라고 합니다. 그래서 아이들은 '내가 전생에 엄마한테 공부로 빚졌나?' 하는 생각도 한대요. 엄마는 "세상에 오르지 않는 것 두 가지가 있는데 아빠 월급과 네 성적"이라고 한답니다. 아이들을 과잉보호하면서도 정서적으로는 방임하는 셈이죠. '했냐' 다음에는 '안 하면 죽인다'로 나가죠. 부모와의 대화가 주로 이런 식이에요. 학교에서 돌아왔을 때 "오늘 기분은 어땠니?"라고 물어보는 부모가 별로 없어요.

부모와 얘기할 때 찬스를 써야 하는 경우도 있다고 해요. 맞벌이 가족이 절반 정도로 늘어나면서 엄마가 집에서 아이를 볼 시간이 별로 없어요. 어느 날은 엄마가 먼저 잠들고 어느 날은 애가 먼저 잠들고. 카톡 날리면 집에서 얘기하자고만 하고, 실제로는 대화할 시간이 없어요.

이런 상황이기에 아이의 마음을 알아주는 것이 특히 중요합니다. 마음을 알아주지 않으면 나와 관계가 없는 사람이라고 생각하는 아이들이 있어요. 마음 나누는 것이나 얘기 들어주는 것보다 일이 중요하다고 생각하고 살아온 사람이 요즘 부모 세대예요. 나중에 나이 먹고 내가 놓쳤던 것들을 깨닫고 챙기기 시작하죠. 요즘 아이들은 마음이 중요해요. 우리는 일이 더 중요한 시절에 살았기 때문에 마음을 중요시하면 좀 사치스러워 보이죠. 부모 세대는 결과가 중요하다고 배웠어요. 모로 가도 서울만 가면 된다고 배웠죠. 하지만 요즘 애들은 서울을 가더라도 멋지게 가야 한다고 생각합니다. 그냥 가는 것은 의미가 없고 폼 나야 해요. 그런 점에서 자기 세대의 입장만 고수하면 부모 자식 간에 계속 싸움이 나요. 요즘 애들이 힘들겠어요? 부모 세대가 힘들었겠어요? 2005년쯤까지는 요즘 애들이 뭐가 힘드냐는 시선이 대부분이었지만 요즘은 아이들이 더 힘들다는 게 대세예요.

애들은 마음이 중요하다고 하는데 우리는 마음을 보살필 줄을 몰라요. 아이를 낳았을 때 엄마는 3개월 휴가 주고, 아빠는 며칠 휴가를 주잖아요. 부모가 돌아가셨을 때는 일주일 휴가를 주죠. 어머니가 돌아가셔서 마음을 수습하는 데는 시간이 많이 필요해요. 한국 사람들은 애도할 기회도, 시간도 없어요. 장례 끝나면 바로 일해야 해요.

중국에서는 소황태자 증후군이 문제라고 합니다. 외둥이 늘어나면서 아이들이 전부 왕자 아니면 공주예요. 아버지 세대들은 왕자로 크지 않았지만 지금 교실에 앉아 있는 애들은 전부 왕자, 공주님들이에요. 자기만 독점적으로 왕자, 공주로 인정받던 가족구조 속에 있다가 여러 아이들이 한 명의 선생님에게 인정받아야 하는 구조에 들어오니 힘들어하죠. 상대적 박탈감도 굉장히 커졌어요. 요즘 아이들은 모든 아이들이 하는 건 자기도 다 하고, 거기에 자기가 튀는 하나가 더 있어야 해요. 다른 애들이 입은 옷은 자기도 다 입어야 해요.

한 여고생이 와서 푸념처럼 이야기를 털어놓았어요. 엄마랑 옷을 사러 갔는데, 엄마의 기준과 자신의 기준이 너무 달라 짜증이 났다는 이야기였죠. 엄마들 기준은 유행 안 타고 질기면서 싼 옷이죠. 그래도 유행을 따지니까 백화점에 가서 옷을 보고 딸을 데리고 아웃렛에 갔어요. 엄마는 아웃렛에서 백화점에서 본 옷과 비슷한 옷을 고르더니 점원에게 바느질이 튼튼하냐고 물었다고 합니다. 그러자 아이가 엄마한테 소리를 질렀대요. "엄마랑은 옷 사러 다닐 수가 없어." 요즘 애들은 한 번 입는 옷도 최고로 좋은 것을 사고 싶어 하는 경우가 많습니다.

제가 지금 옳고 그름을 얘기하는 것이 아니에요. 외둥이들도 외동에 대한 부담이 커요. 엄마, 아빠는 둘이 벌면서 자기 하나 보험금만 내지만, 자기는 혼자 벌어서 엄마, 아빠 두 명의 보험금을 내야 한다며 억울해하는 아이도 있어요. 이것이 외둥이의 입장이에요. 어떤 외둥이는 가족을 기쁘게 해줄 사람은 자기 하나인데 엄마, 아빠, 할아버지, 할머니, 외할아버지, 외할머니의 기대가 다 달라요. 여섯 명의 기대를 받고 있어서 좋지만 각각 다른 기대에 어떻게 다 부응하느냐가 문제죠. 외둥이로 사는 건 힘들고 외롭습니다. 고군분투예요. 어떤 날은 엄마 기쁘게 해주고, 어떤 날은 아빠 기쁘게 해주고. 요즘은 많은 시간을 또래와 보내니 또래양육이라는 말도 나오고, 지나치게 컴퓨터나 스마트폰을 하니까 기계애착이라는 말도 나오고, 컴퓨터 엄마, 사이버팸이란 말도 나오죠. 이러면서 세상 살기가 어렵고 부모가 사는 것도 어려워 보이자 자기는 국가를 부모 삼아 지내겠다는 아이들도 있어요.

현실을 파악하면서 무기력해지고 비관적으로 변해서 장래희망이

- **사는 게 모두 스트레스다: 69.6%**

통계청과 여성가족부의 2012년 청소년 통계에서는 15~24세 청소년의 69.6%는 전반적인 생활에서 스트레스를 받고 있다고 응답했다(2012년 통계청 2013 청소년 통계).

- **사는 게 우울하다: 30.5%**
- **자살하고 싶다는 생각을 자주 한다: 18%**
- **스트레스를 경험하고 있다: 41.9%**

질병관리본부가 2012년 11월 초순에 발표한 2012년 청소년건강행태 온라인조사는 우리나라 청소년(중1~고3)들의 심각한 상태를 보고하고 있다. 특히 성인과 비교할 경우 청소년의 스트레스 인지율은 성인보다 13.2% 포인트 높은 41.9%, 우울감 경험률은 성인보다 17.3% 포인트 높은 30.5%를 나타내 청소년의 정신건강이 우려된다.

- **친조부모는 우리 가족이다: 23.4%**

여성가족부가 2012년 발표한 '가족실태조사'에 따르면 가족 범위를 묻는 질문에 23.4%만이 친조부모를 가족이라고 응답했다. 이는 2005년 63.8%에 비해 크게 감소한 것이다. 또한 청소년정책연구원 조사에 따르면 친부모가 가족이 아니라는 아이들도 10%에 이르는 것으로 드러났다. 청소년에게 가족은 매우 제한적인 범위에 속하며 이 제한적인 관계 속에서도 유대감은 더욱 떨어졌다.

- **매일 인터넷을 한다: 97.8%**

2011년 여성가족부 청소년 종합 실태조사에 따르면 97.8%의 아이들이 하루 1회 이상 인터넷을 접속했다. SNS를 활용하는 비율도 90%를 넘는다. 이러다 보니 당연하게도 인터넷 중독률이 줄어들지 않는다. 10~19세 청소년의 인터넷 중독률은 10.4%다. 이들은 잠재적 위험 7.5%, 고위험 2.9%로 나타났다. 고등학생 12.4%, 대학생 11.0%, 초등학생 10.0% 순이다.

기초생활 수급권자 1종이라는 아이들도 있어요. 이 사회에서 노력해서 어디까지 갈 수 있을지 생각해봤는데 안 되겠더라는 거예요. 아빠는 만날 술만 먹고 들어오고, 엄마는 일하러 바깥으로 돌고, 학습지 몇 개 하고, 지역아동센터 나가고, 대학생 과외 해가지고는 해외연수 다녀오고, 외국에서 살다 오고, 초등학교 들어오기 전에 책을 1천 권 읽은 아이들보다 공부를 잘할 수 없다는 겁니다. 사회복지공무원이 하는 얘기를 주워듣고 와서는 자기는 국가가 제공하는 1인 최저 생계비 40만 원으로 충분히 먹고살 수 있다고 말해요. 8, 9평짜리 임대아파트 관리비 10만 원 내고, 인터넷 비용은 사회가 발전하면 싸질 테고, 자기는 정신과 진료 오래 받아서 장애인증 받을 것이니 40만 원으로 사는 데 문제없다고 말해요. 도덕적 해이라고 볼 수도 있고, 영혼의 결핍까지 온 너무나 무기력한 상태로 볼 수도 있습니다.

아이들은 위기 속에서 살고 있다

요즘 아이들의 상태는 여러 면으로 보아 위기입니다. 우리는 우리 자신과 자라나는 아이들이 별 차이가 없다고 생각하지만 아이들은 우리와 차이가 크다고 생각해요. 실제로 보면 의식의 차이가 굉장히 커요. 가족에 대한 의식도, 소통에 대한 의식도, 성에 대한 의식도 차이가 큽니다. 그렇기 때문에 생겨나는 여러 문화적 차이로 대화의 장벽이 생길 수밖에 없습니다.

힘든 가족 상황과 사회 상황이 아이들에게 여러 가지 결핍을 남깁니다. 저희 세대는 '아버지가 없는 성장'을 했다고 생각하죠. 40대 이상 중년 중에 아버지를 충분히 느껴본 사람이 많지 않아요. 돌아가신 아버지에 대해 이렇게 이야기합니다. "살아 계신 동안 아버지와 가깝지 못했다. 멀리서만 봤다. 같이 지냈지만 말은 많이 못 나눴다. 워낙 무뚝뚝하고 말씀이 없는 분이어서 다가서지 못했다. 돌아가신 뒤에 생각해 보니 원래 따뜻하고 자상한 마음을 가지셨던 분이었다. 하지만 아버지가 어떤 분이었는지 깊게는 알지 못한다." 이런 고백이 많아요. 그런 시대를 살다가 1980년대 이후 아이를 적게 낳자고 하면서 형제 없는 사회로 변했죠. 외동 아니면 두 명만 두다 보니 형제가 없는 사회가 됐습니다. 공동체가 상당히 깨졌다고 봐야죠. 교통사고로 형과 형수가 죽고 조카만 살아남았을 때 조카를 자신 있게 데려다 키울 수 있는 사람이 얼마나 될까요? 아이들이 형제 없이 자라고 있어요. 사촌은 중학교 들어가면 다들 바빠져서 안 만나죠.

대한민국 교육제도가 가족을 해체시키고 있습니다. 사교육, 선행학습이 가족을 파괴합니다. 사교육을 교육문제로만 볼 사항이 아니에요. 주말에도 가족끼리 밥 한 끼 먹기 힘들어요. 미리 스케줄을 물어봐야 해요. 할아버지, 할머니들이 중간고사가 추석 전이냐 후냐에 따라서 희비가 갈려요. 추석 전에 중간고사가 있을 경우는 공부할 것을 바리바리 싸서 할머니 할아버지한테 가야 할까요? 아니면 엄마 아빠만 다녀와야 할까요? 많은 엄마들은 아빠만 갔다 오기를 바라죠. 엄마는 애 공부 챙겨야 하니까. 그렇게 할아버지, 할머니를 몇 년 동안 못 보니 '조부모는 가족이 아니다'라고 답하는 학생이 늘어나게 된 것 아닐까요?

서양 영화를 보면 사춘기에 들어선 아이가 자꾸 갈등하고 방황하자 부모님이 방학 동안 알래스카에 있는 삼촌한테 한 달만 갔다 오라고 합니다. 아이가 알래스카에 있는 삼촌하고 사냥도 하고 눈썰매도 타고 이것저것 하면서 아빠가 어떻게 살았고 할아버지는 어떻게 살았다는 이야기를 들으며 깨달아요. 집으로 돌아와서는 아빠가 어떤 분인지 이해하게 됐다면서 포옹하고 열심히 살겠다고 말합니다. 청소년 성장영화가 주로 이런 내용이잖아요. 우리나라에서는 사춘기 방황이 심하다고 지방에 있는 삼촌집에 가서 한 달만 있다 오라고 할 가족이 없어요. 삼촌도 "미쳤어요? 한 달 동안 학원도 안 보내고 왜 내려보내려고 해요? 안 돼요"라고 말하죠. 그냥 하룻밤만 자고 가라고 합니다. 삶에 닥쳐온 위기를 성찰할 여유도 없습니다.

공동체 안에서 멘토가 되어줄 친척이나 선생님, 혹은 선배가 없는 겁니다. 제가 성장할 때 교회 형들이나 전도사님이 없었으면 큰 혼란에 빠졌을 겁니다. 중·고등학교 이상이 되면 모든 문제를 엄마, 아빠와 얘기하기는 힘들어요. 제3의 대화 상대가 꼭 필요합니다. 하지만 그럴 만한 상대가 없이 견뎌내죠. 그런 결핍 속에서 하루하루를 실패한 기분, 성공하면서 살기 어렵다는 기분, 내 존재가 희미하다는 기분으로 살아요. 특별히 관심 받는 아이들을 제외하고는 대부분 통하는 사람 없이 지내는 거죠. 아이들이 정서적으로 많이 힘들어졌어요. 그러다 보니 정서적 어려움이 병이 되는 아이들도 늘었습니다. 우울증, 주의력결핍장애, 외상후스트레스장애, 조기정신증, 지적장애, 인터넷게임중독이 굉장히 많아요. 전보다 확실히 늘었습니다.

아이 망치는 '가정 안에서의 신자유주의'

20세기 후반에 가족의 변화, 공동체의 변화가 빠르게, 혹은 다양하게 일어나고 있습니다. 공동체가 붕괴된 결과 자살도 많이 늘어났다고 볼 수도 있죠. 같은 형제라도 왜 그렇게 힘들게 사는지 모르는 경우가 허다한 것 같아요. 우리보다 자살률이 높았던 서양의 여러 나라가 공동체 회복 정책을 펴서 효과를 보았다고 합니다. '공동체 회복'이라고 하면 거창하지만 쉽게 생각하면 우리 동네에서 힘들게 사는 사람이 누구인지 빨리 알아내고 돕는 겁니다. 그게 바로 자살예방지킴이, 게이트키퍼들이 하는 일이에요. 누가 많이 우울한지, 누가 죽고 싶어 하는지, 서로 알고 도움을 받을 수 있도록 게이트키퍼가 도와주는 거죠. 게이트키퍼를 많이 키우면 동네 사람이 어떻게 사는지 서로 알게 됩니다. 그래서 자살률이 감소하게 되죠.

아이들은 성적이나 또래들 사이의 인기 때문에 굉장히 많은 압박을 당합니다. 그러면서 갈수록 공감능력, 문제해결능력, 충동조절능력을 발달시킬 기회를 갖지 못하죠. 아이들에게 만연한 폭력을 불러일으키는 감정은 좌절감인데, 자기가 관심 받지 못하고, 인정받지 못하고, 존재감 없다는 좌절감이 커요. 겉으로 드러난 상처보다 속으로 난 상처가 더 깊죠. 학교 폭력이나 아이들의 무기력은 아이들의 잘못이 아니에요. 어떤 면에서는 길러진 거예요. 우리가 그런 결핍된 상태에서 분노와 무기력으로 문제를 해결하려는 아이들을 길러내고 있는 거죠.

학교 폭력의 가해 아동이 무서운 아이 같지만 사실은 대단하지 않은 그저 평범한 아이인 경우도 종종 있어요. 이런 아이들의 특성은 대체로 다음과 같이 설명되곤 합니다. '겉보기에는 아무 문제가 없어 보이고, 건실한 면도 있고, 편안해 보이는, 순진하기도 한 면이 있지만, 그러나 주관적인 삶의 의미는 별로 없고, 성찰적인 면도 없으며, 주관적인 감정과 사고의 세계는 없는, 창조성이 결여된 인격, 도덕적 판단이 없는 인격.' 책에 나온 법규나 규칙을 문자로는 이해하는데 그것을 실천하고 실행할 생각은 별로 없는 거죠.

중학교에 학교 폭력이 빈번한 이유가 뭘까요? 사람을 때리는 게 나쁜 일이라는 것을 몰라서 학교 폭력 문제가 생기나요? 아이들이 어떤 행위가 옳은지 그른지 이론적으로는 다 알아요. 문제는 아는 것과 아무 연관성이 없이 생활한다는 점이에요. 겉보기에는 정상적으로 보이지만 도덕성·정의 등을 정서적으로는 전혀 이해하지 못하는 아이들이 있어요. 자기 욕심대로 이기심대로 살아도 큰 문제가 없는 것처럼 키워지는 아이들이 있습니다. 아이 얘기를 잘 안 들어주는, 감정적인 소통이 전혀 이루어지지 않는 부모 아래서 이런 아이들이 생긴다는 주장도 있어요. 부모가 아이와 감정적 교류를 하지 않아서 생기는 문제라는 거죠.

부모가 결과로서의 성적만 따지는 것이 바로 가정 안에서의 신자유주의예요. 가정에서조차 성과가 중요한 것이 되어버렸어요. 아빠는 얼마나 돈 잘 벌어오는지, 애들은 공부를 얼마나 잘하는지, 엄마는 얼마나 잘 서포트하고 잘 기획하느냐만 따져요. 얼마나 훌륭한 가정인지는 아이들이 다니는 학교로 결정돼요. 그러다 보니 공부 잘하는 아이가 학교 폭력 가해자가 되면 일어나서는 안 될 일이 일어났다고 난리죠. 반면 성적이 낮은 아이가 학교 폭력 가해자가 되면 일어날 일이 일어난 것으로 받아들입니다. 왜 학교 폭력을 성적과 연관시켜야 해요? 그 아이의 도덕성을 거론한다면 모를까.

'도덕적 판단이 없는 인격'을 가진 아이들이 점점 늘어나고 있어요. 사회가 제시하는 생산적 성과를 잘 이루어내면 허물도, 범법 사실까지도 다 용서할 정도로 이 사회가 변질되었습니다. 아이들은 아이들대로 돈이나 외모, 주먹, 성적 등 '힘'이 필요하다고 생각하게 되죠. 학교는 때때로 이 힘의 현실이 그대로 반영되는 현장인 듯합니다.

민주주의가 해결책이다

어떻게 우리가 더 나아질 수 있는가? 무엇이 가능한 해결책인가? 고민을 많이 했어요. 특히 별학교 10주년 때부터 고민을 더 많이 했습니다. 그래서 결론을 찾았어요. 제가 찾은 해결책은 별로 재미는 없지만 매우 중요한데, 답은 민주주의였어요.

아이들이 별학교에서 행복해합니다. 도대체 이유가 뭐냐고 물었더니 별학교에는 자유가 있대요. 별학교는 자기를 존중하고 의견을 물어본대요. 별학교 선생님들의 상담 능력이 뛰어나서 아이들이 좋아진 건아니래요. 물론 선생님들이 따뜻하게 잘해주시지만 학교 시스템이 자기들을 행복하게 만들었다고 해요. 그 시스템이 뭘까요? 별학교는 담임선생님, 동아리, 교과목, 학생회 부서를 학생들이 선택하고 학교의 규칙도 본인들이 만들어요. 학생들이 학교의 주체가 되도록 해주죠.

학생들 스스로가 이 공동체가 운영되기 위해서는 자기가 있어야 한다고 생각해요. 학생들에게 직접민주주의적인 과제를 실천하게 한 것이 효과를 본 것입니다. 학교에서 학생들이 스스로의 배움을 조직하고 결정하는 과정에 더욱더 많이 참여하도록 하는 자주학교 시스템이 효과를 본 것이죠.

아이들이 어른보다 못한 게 무엇일까 생각합니다. 다른 게 무엇일까 생각해요. 어른이 항상 옳을까요? 거짓말은 누가 더 많이 할까요? 돈 낭비는 누가 더 많이 할까요? 별학교를 운영하면서 이런 것을 배웠어요. '어른이 항상 당연히 옳지는 않다', '아이들과 어른이 크게 다르지 않은 면들도 많다', '아이들의 참여가 보장될수록 아이들은 좋아진다.' 여러분들이 속한 조직에서 여러분들의 참여를 늘린다면 여러분들도 행복해지고 더욱 좋아질 겁니다. 자기가 더 중요한 존재라는 느낌을 갖게 될 겁니다. 내가 속해 있는 조직이 얼마나 민주적인지가, 내가 그 조직에서 얼마나 민주적으로 행동하는지가 우리의 행복은 물론 우리의 치유와도 관련이 있어요.

공동체를 회복하는 것도 우리가 민주주의를 어떻게 하느냐에 달려 있습니다. 자살예방을 위해서 지역에서 주민토론회를 개최했습니다. 열심히 홍보를 해서 주민 160명이 참가했어요. 다들 새로운 체험이었죠. 우리 지역에서 자살을 줄이자는 어젠더를 주민들이 내요. 그리고 비오는 날 우울한 주민을 위해서 부침개를 부치자는 엄마들 모임이 자발적으로 만들어지기도 했어요. 그렇게 해서 그 동네 자살률이 줄어들고 있습니다.

어떤 형태의 직책이 될지, 어떤 형태의 진로일지는 모르겠지만 이런 일상과 직접적인 민주주의를 위해 일하는 사람의 수가 더 많이 늘어나야 한다고 생각합니다. 주민을 조직하고, 직접민주주의를 위해 토론회를 개최하고, 사회자본과 공동체 형성에 더 기여할 수 있는 여러 형태의 직업과 조직을 창출해야 자살률이 줄어요.

응급실에 실려 온 자살 시도 환자들의 사례를 의사들이 관리한다고 해서 자살률이 줄지 않습니다. 마을이 치유예요. 마을이, 공동체가 사람을 치유하고 그것의 핵심은 민주주의입니다. 사람들은 민주주의를 다 알고 이미 실천한다고 생각하지만, 우리는 민주주의를 더 깊게 가깝게 세심하게, 그리고 세련되게 확장해야 합니다.

제 이야기, 별학교 이야기, 요즘 만나는 청소년들과 어른들의 이야기를 했습니다. 짧은 시간이라 제가 잘 전달했는지 걱정이 됩니다만, 못다 한 이야기는 또 다른 자리가 있을 것입니다. 민주주의는 제각각 정의되겠지만, 제가 경험해온 공간과 시간들에서 매우 효과가 있는 결론이 민주주의였습니다. 우리 삶을 향상시키기 위해 선택할 수 있는 여러 대안 중에 민주주의를 통해 신뢰, 실패로부터 성공으로, 불통에서 소통으로 옮겨가야 한다고 생각합니다. 들어주셔서 감사합니다.

"실패는 기회고, 실수는 친구다"

질문 현직 교사입니다. 학교 현장이 많이 붕괴되었다고 하셨는데, 학교 시스템 안에서 이를 해결할 방법을 말씀해주십시오.

김현수 제 개인적인 견해인데요. 마음이 맞는 선생님들끼리 학교의 새로운 전형을 만들어야 한다고 생각해요. 혁신학교보다 더 혁신적인 학교, 대안학교보다 더 대안적인 공립학교가 늘어나서 그런 학교의 영향이 다른 학교에 퍼지도록 하고 학교에 대한 새로운 상상력을 보여줘야 합니다. 수업개혁과 학교개혁이 동시에 이루어져야 하지만 현재 수업개혁은 많이 일어나잖아요. 최근에 수업개혁과 관련된 책이 많이 나왔습니다. 학교를 바꾸는 더 직접적인 개혁이 필요하다고 보기에 공립형 대안학교나 좀 더 혁신적인 학교들이 더 많이 생겨났으면 좋겠어요. 그렇게 하기 위해서는 선생님들끼리 함께 이야기하고 만들어가는 형식과 구조가 강화되어야 한다고 생각합니다. 민주적인 구조와 형식 말입니다.

질문 '여인숙 가족'이 되는 것을 막으려면 어떻게 해야 할까요?

김현수 몇 년을 같이 살아도 내적인 소통이 안 된다면 먼 사이죠. 부모와 자녀 사이에 대화가 안 되는 이유는 서로 먼저 급한 마음으로 이해받기만을 바라기 때문이에요. 우리 팀은 공개 대중 캠페인으로 '힘그괜' 대화법 캠페인을 벌이고 있어요. '힘들었지, 그랬구나, 괜찮아. 그리고~' 이렇게 대답하는 대화법인데 그 한마디 자체가 크게 마음을 열고 무장해제를 시켜요. 서먹하게 지내던 사람과 대화를 하고 싶을 때 내면을 열어주는 위로와 격려의 말을 한 번만 던져도 어떤 사람은 확 무너집니다. 먼저 이해를 시도하면 대화가 더 잘될 수 있어요. 우리는 가족이라는 것을 넘어서 내면적으로 연결되어 있음을 느끼면 많은 힘이 됩니다. 다양한 방식으로 내적인 연결을 만들어야죠. 가족이어도 그런 내적 연결이 없으면 물질적이거나 형식적 필요 외에 감성적·내적 필요가 없어지니까요. 가족마저 성과로 이야기하는 현실이 줄어들어야 할 것 같아요.

질문 성장학교 별에는 10대와 20대가 섞여 있다고 하셨는데 특별히 그렇게 한 이유가 있나요?

김현수 10대를 위한 학교와 20대를 위한 학교가 섞여 있지는 않고 따로 있어요. 10대와 20대가 교류를 하는 것이지 완전히 섞여서 지내지는 않아요. 저희도 반이라는 용어를 쓰는데 '무학년 다연령제'예요. 학년제를 사용하지 않고 한 반을 구성할 때 다양한 나이의 아이들을 뒤섞죠. 일종의 형제들처럼 느끼도록 도와요. 교육과정이 궁금하시죠? 교육과정은 '부모가 아이들이 배웠으면 좋겠다는 것' 3분의 1, '학생들이 배우고 싶다는 것' 3분의 1, '교사들이 아이들이 배웠으면 하는 것' 3분의 1로 구성되어 있어요. 교육과정도 매 학기 새로 짭니다. 그렇게 해서 아이들에게 자유도 주고 책임도 줘요. 누가 누구를 자꾸 책임지려고 하면 문제가 생겨요. 스스로 책임지는 기회를 줘야 해요. 벌을 주지 않고 규칙을 정해서 함께 정한 규칙을 지키지 않으면 자신이 책임을 져요. 선생님이 학생을 혼내는 것이 아니라 우리가 함께 정한 규칙을 어겼다면 본인이 책임을 져야 한다는 것이죠.

질문 기존의 방식과 다르게 아이들을 대하는 것이 아이들에게 도움이 될지 모를 때 어떻게 기준을 잡아야 할까요?

김현수 모든 새로운 시도에는 두려움이 따르죠. 가보지 않은 길을 갈 때 가장 중요한 것은 기준이 아니라 함께 가는 것입니다. 현재 이 길이 옳다고 확신하고 그 길을 가는 게 아니라 과정을 함께하는 사람들이 있기 때문에 갑니다. 그리고 그 길이 틀렸으면 고치면 됩니다. '실패는 기회고 실수는 친구다'라는 말은 학생들만이 아니라 교사에게도 적용돼요. 혼자 가면 고치기 어렵지만 여럿이 가면 고치기 쉬워요. 어떤 길로 가자는 결정을 혼자 내리는 경우는 거의 없어요. 학생회, 교사회, 학부모 모임에서 토론을 통해 결정되어 가는 길이어서 새로운 길이라도 두려움이 덜하죠. 같이 가려고 하니 결정이 느려지는 불편함이 있지만 더 안전합니다. 저는 꿈은 있었지만 특별히 구체적으로 계획하고 살지는 않았습니다. '내가 오늘 만난 사람의 문제를 함께 해결하겠다'는 생각이 더 컸죠. 제가 청소년을 많이 진료했기 때문에 청소년 문제를 해결하기 위해서 대한학교를 세웠어요. 대안학교를 운영하다 보니 교육철학이 필요했고, 교육철학을 공부하기 위해서 공부 모임을 만들었습니다. 제 환자가 가정폭력에 시달리는 것을 보고 이를 해결해보고자 가정폭력과 관련한 일도 하게 되었고요. 현장이 사람을 진보적으로 만든다고 생각해요. 그래서 생생한 삶으로부터 멀어지는 것을 두려워해야 한다고 생각합니다. 만나서 듣고 이야기를 나누면 반드시 좋아지는 것이 있는데, 우리는 만나지 않고 듣지 않고 해결하려고 하는 경우가 많습니다. 책도 매우 중요하지만, 책은 간접적입니다. 있는 그대로의 현실을 변화시키고자 하는 것이 중요하다는 솔 앨린스키(미국의 시민운동가)의 말이 언제나 중요한 지침이라고 생각합니다. 그래서 자기 삶의 현장에서 변화시킬 수 있는 많은 것들을 여러 사람이 함께 생각하면 곳곳이 좋아질 것이라고 믿습니다.

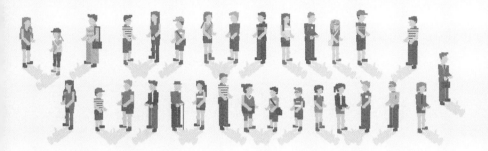

4장
내 꿈은 협동조합이었다

최혁진 한국사회적기업진흥원 기획관리본부장

시사IN 조남진

사회적 기업가가 되려는 청소년들에게

협동조합과 사회적 기업이 우리 사회의 여러 문제를 해결할 수 있는 대안으로 떠오르고 있습니다. 예전에 어느 분이 사회적 기업에서 일하는 사람들이 사회적 기업가가 아니라, 사회적 기업가 정신으로 충만한 사람들이 운영하는 기업이 사업적 기업이라고 말한 적이 있습니다. 조직을 어떤 목표와 가치로 운영할까를 고민하고 성찰하는 사람들이 기업 본래의 가치를 실현한다는 뜻입니다. 그런 자기변화가 동반되지 않은 사람들이 사회적 기업이나 협동조합을 설립해서 빛나는 가치를 실현할 수 있을지는 의문입니다.

오늘 강의가 사회적 기업가가 되고 싶은 청소년들에게 조금이나마 도움이 됐으면 하는 바람인데요. 사실 자식이 사회적 기업가가 되려고 하면 먼저 부모님들이 걱정하실 겁니다. 아직 인프라가 부족한 우리 사회에서 사회적 기업가가 되거나 사회적 기업에서 일하려면 자기 결단과 희생이 필요하기 때문에 그렇겠죠. 아주 부유한 가정에서는 자식이 가치 있는 일에 도전해보겠다고 나서면 기특한 일이라며 격려하겠죠. 하지만 이 강의를 주로 들을 중산층이나 그 이하 가정의 자녀들은 별다른 기반 없이 혼자 개척해나가야 할 과제가 많기에 무언가 남과 다른 삶을 지향하면 아무래도 부모 입장에서는 걱정이 앞서게 됩니다.

그런데 너무 염려하지 마시란 말씀을 드리고 싶습니다. 오늘날 사회적 기업가가 되는 길이 일반적인 직장에 다니는 평범한 사회인이 되는 길과 별반 다르지 않습니다. 내 취향, 적성, 성향과 맞는다면 과감히 도전해볼 만합니다. 지난 수년 사이에 사회적 기업을 운영하려는 이들을 위한 정부 차원의 다양한 지원과 민간 비영리 재단, 기업들의 후원체계가 많이 만들어진 덕분에 얼마든지 이 길을 걸어갈 기회가 열려 있기 때문입니다. 그러니 자제분들과 함께 편안한 마음으로 이 강의를 들어주셨으면 합니다.

저는 협동조합·사회적 기업 현장에서 일을 하다가 지금은 관련된 공공기관에 와서 협동조합이나 사회적 기업을 지원하는 일을 맡고 있습니다. 저 혼자의 힘으로 이런 삶을 선택한 것이 아닙니다. 저를 협동조합이나 사회적 기업으로 이끌어준 수많은 인연과 보살핌 덕에 여기까지 온 것이죠. 협동조합이나 사회적 기업에 관심이 많은 사람들을 자주 접하다 보니 자연스럽게 저 또한 관심을 갖게 된 것입니다. 어려움을 겪더라도 그런 분들과 함께 가고 싶다는 마음 또한 갖게 되었습니다.

고모님이 운영하던 고아원에서 지낸 어린 시절

저도 평지풍파가 많은 어린 시절을 보냈습니다. 부모님은 성실하고 정직한 분들이었어요. 어머니는 새벽부터 저녁까지 땀 흘려 일하시고 가족을 보살폈죠. 정의감이 투철했던 아버지는 과거의 연좌제 때문에 직업 활동을 하기 어려웠는데 그 때문에 가족들은 줄곧 경제적인 곤경을 겪었습니다. 제가 아주 어렸을 때는 저희 집도 상당히 넉넉했다더군요. 지금 상지대학교의 전신이 청암학원인데, 제 고모부가 설립한 학교였어요. 아버지가 그곳에서 일을 하셨기 때문에 제가 태어날 무렵에는 생활이 그렇게 어렵지 않았다고 합니다. 청암학원이 부당하게 다른 분에게 넘어가고 난 뒤 오늘날까지 상지학원 문제가 시끄러운데, 그 과정에서 집안이 많은 어려움을 겪었습니다.

그때 저는 몇 년간 독특한 체험을 했습니다. 당시 고모님이 운영하시는 고아원 단칸방에서 5년 가까이 지낸 것입니다. 고아원에서 살면서 어릴 때의 환경이 인간 심성에 얼마나 많은 영향을 미치는지 직접 겪었습니다. 그곳 아이들 입장에서 저는 부모가 있고 더군다나 고아원 원장님이 고모잖아요. 원장님에게 잘못해서 혼나면 저한테 분풀이를 했어요. 매일 골방에서 복싱경기를 여는데 저도 종종 복싱경기에 참여해야 했죠. 맞으면 맞는다고, 공격하면 감히 동료들을 때린다고 또 맞았어요. 하지만 그 친구들이 저를 괴롭히기만 한 것은 아니었어요. 제가 다른 동네 아이들에게 맞기라도 하면 몰려와서 저를 도와줬습니다. 어디선가 음식을 훔쳐오면 저하고도 나눠 먹었고요. 그곳 누나들은 만날 이를 잡아주었죠. 나름대로 행복했던 시간이었어요.

당신 고아원에서 겪었던 일들은 지금도 좀처럼 잊을 수가 없습니다. 평소에는 육두문자를 쓰면서 거칠게 놀던 아이들이 누군가 기부물품을 들고 나타나면 가련한 표정을 짓곤 했어요. 그런데 "감사합니다" 하고 가져온 먹을거리를 받아 건물 뒤에 가서 먹을 때는 "이까짓 것들을 선물이라고 가져왔냐"고 욕을 했죠. 그러고는 그분들이 가실 때는 또 공손하게 인사를 합니다. 그러한 환경 속에서도 저를 보살펴주려고 애쓰고, 제가 고아원을 떠날 때는 저를 부러워하면서도 축하해주던 원생들의 모습을 잊을 수가 없어요. 그때의 기억이 인간이란 어떤 존재일까 하고 늘 물어보게 하고, 그런 친구들이 훨씬 더 인간다운 삶을 누릴 수 있는 기회를 갖게 할 방법은 무엇일까 고민하게 했습니다.

고아원을 떠난 뒤에도 경제적으로 풍족하지 못한 사람들 속에서 살아왔는데 그런 상황이 제게는 오히려 축복이었다고 생각합니다. 왜냐하면 힘들게 사는 분들은 술 먹고 다투기도 하고 별것도 아닌 일 가지고 옥신각신하지만 잔정이 많고 서로를 도우면서 살아가려고 하니까요. 그런 면에서 바닥살이를 하는 사람들이 그렇게 가련하지 않다는 사실을 깨달은 것은 저에게는 매우 중요한 체험이었죠.

그 사람들은 어떤 가르침의 대상이 아닙니다. 그들은 어떻게 살아가야 할지를 잘 알지만 현실적인 조건이 그들의 삶을 무너뜨리죠. 장사를 해서 어떻게든 살아보려고 하는데 장사가 조금 되니 건물주가 나가라고 한다든가, 임대료를 갑자기 올려서 더 어려워지는 일이 비일비재해요. 자식들을 유학 보내려고 새벽까지 장사를 합니다. 저희 어머니도 장사를 하셔서 제가 고등학교 때부터 도와드렸어요. 술에 취한 사람들이 주는 모멸감 같은 것을 감내하면서 열심히 일했지만 외환위기로 큰 곤경에 처하게 되고 부채에 시달렸죠.

이때 저는 부모님과 주변 분들이 밤새워 성실하게 일하는데 왜 경제적 수준이 나아지지 않는가 하는 의문을 가졌어요. 땀 흘리면서 성실하게 살아가는 것만으로도 사회에서 인정받고 존경받고 존중받을 수 있다면 얼마나 좋을까? 언젠가 제가 정책과 관련한 일을 한다면 어렵게 살지만 성실하고 열심히 땀 흘려 일하는 분들이 행복하게 살아갈 수 있는 사회를 만드는 것이 바른 방향이 아닐까 하는 고민도 많이 했습니다.

　돌아가신 제 할머니는 빈궁한 삶에 이골이 나셔서 제게 항상 개같이 벌어서 정승같이 쓰는 사람이 되라고 하셨어요. 네 뜻을 펼치고 선하게 살아가려면 큰돈이 있어야 하는데 착한 마음만으로는 큰돈을 못 번다는 말씀을 그렇게 하신 것이죠. 그 말씀을 듣고 "개같이 벌어서는 개같이 쓰던데요" 했다가 꿀밤을 맞은 적도 있어요. 성실하게 열심히 땀 흘려 사는 사람들이 더 존경받고 성공하는 기업 모델을 만들고 싶은 욕구가 그때부터 생겼어요. 주변에 장사하는 몇 분을 모아서 그들의 비즈니스 모델을 협동조합 방식으로 잘 키우면 훨씬 더 좋은 사업 모델을 만들 수 있고, 그들의 수익구조도 바뀔 것이며, 서로 협력해서 일하니 더 재미있게 사실 수 있겠구나 하는 생각도 들었고요. 저 스스로도 골방에 처박혀서 고시 공부를 하거나 누군가를 속여 장사를 하거나 부동산에 관심을 갖는 것과는 완전히 다른 길을 걸어보겠다는 마음을 가졌습니다. 그런 마음을 가꿀 수 있는 계기들이 있었던 것이 제게는 큰 축복이었어요.

　사실 누구나 제가 품었던 생각과 비슷한 생각을 갖고 있습니다. 제 주변에도 그런 순수한 열정을 가진 친구들이 많이 있었어요. 고등학교 때 순수하고 착했던 친구들을 지금도 많이 만나는데 그중에는 나이 때문인지는 몰라도 어느새 세속적으로 변한 친구들도 있어요. 젊은 날의 꿈, 열정, 미래에 대한 희망은 어느덧 잊고 살아가죠. 그것이 잘못이라고 생각하지는 않습니다. 삶의 사이클이라고 보니까요. 그 친구들도 그 사이클 속에서 언젠가는 새롭게 자기 성장을 하게 되리라고 믿습니다.

고교 시절 만난 장일순 선생님의 가르침

고등학교 2학년 때쯤 장일순 선생님을 만났어요. 어느 날 장일순 선생님이 어머니가 운영하시는 식당에 밥을 드시러 오셨는데, 약속한 분이 늦게 오시는 바람에 혼자 앉아 계시다가 저를 부르셔서 이런저런 얘기를 하시는 거예요. 그것이 인연이 돼 가끔 밥 드시러 오실 때마다 제가 밥상을 들고 들어가서 손님 오실 때까지 앉아 선생님 말씀을 들었죠. 선생님 말씀을 듣고 그간 제가 품어왔던 생각들을 조금씩 다듬을 수 있었습니다. 제게는 너무나 큰 행운이었죠. 선생님이 제게 하셨던 얘기 중에 기억나는 이야기 몇 가지를 소개하겠습니다.

문 열고 아래로 흐르라

'문 열고 아래로 흐르라'고 하셨어요. 공부를 하고 지식인이 된 사람들이 어떻게 살아가야 하는지에 대해 얘기를 하시면서 한 말씀입니다.

"높은 위치까지 올라간 사람들이 왜 저런 짓을 하죠?"라고 선생님께 여쭈었더니 "밑바닥 사람들하고 어울리면 오류가 없다"라고 하셨어요. 높은 위치에 올라가서 자신이 생각하는 가장 낮은 위치의 사람들과 함께 눈높이를 맞추고 어울리면 부정에 빠지지 않는다는 말입니다. 그렇게 하지 않아서 높은 사람이 저 꼴이라고 웃으면서 얘기하셨어요.

저는 어렵게 살아왔기 때문에 그 말씀이 무척 좋았어요. 예수님이 말씀하신 대로 낮은 자리에 앉아 있어도 존경받을 사람은 존경을 받습니다. 학교에서 학부모와 선생님들이 모여서 회의를 하는데 교장선

128

생님이 조용히 들어오셔서 뒤에서 흐뭇하게 지켜보시고 조용히 나가세요. 회의 끝나고 학부모들이 교장선생님이 참 겸손하시다고 얘기합니다. 문 열고 아래로 흐르라는 얘기는 이런 것이죠.

군고구마

장일순 선생님은 제게 정말 소중한 것이 무엇인가를 일깨워주셨어요. 장일순 선생님은 붓글씨의 대가이고 추사 이후 문인화가의 대부 격으로 인정받는 분이었습니다. 전국에서 글 좀 쓰는 사람, 예술 한다는 사람, 사회운동을 하는 사람들이 원주에 와서 장일순 선생님께 정말 훌륭한 글씨가 무엇이냐고 물었습니다. 선생님은 "세상에서 제일 잘 쓴 글씨는 저거다"라고 하셨어요. 그것은 군고구마 장수가 드럼통 앞에 매직펜으로 쓴 '군고구마'라는 글씨였어요. 생존을 위해서 절박한 마음으로 쓴 글씨가 가장 잘 쓴 글씨라는 이야기죠.

저는 선생님의 그 얘기가 '지금 네가 잘난 척하고 떠들고 앉아 있는 이 시각에 너 먹여 살리려고 부엌에서 설거지하고 밥 팔고 있는 네 엄마가 최고'라는 뜻으로 들렸어요. 고결하고 위대한 것이 무엇인가 찾고 있던 제게 무엇이 진정 소중한 것이고 앞으로 제 삶을 어떻게 가져가야 할 것인가를 깨닫게 해준 큰 계기가 되었죠.

부처님의 49가지 얼굴

제가 나중에 협동조합과 유사한 일을 하고 싶다고 말씀드렸더니 선생님은 그런 일을 하는 리더가 되려면 어떻게 해야 하는지 이야기를 해주셨어요.

"그런 일을 하려면 사람들의 마음을 바꿔야 하지 않겠니? 그럼 어떻게 해야 사람들의 마음을 바꿀 수 있을까?" 저는 대답을 할 수가 없었어요. 그러자 선생님이 "부처님은 마흔아홉 가지의 얼굴이 있다"라고 하시면서 도둑은 부처를 부처로 보지 않고 도둑으로 본다는 것이에요.

"부처님은 도둑을 만나면 도둑의 얼굴이 된다. 도둑은 같은 도둑놈이 아니면 마음을 안 여니까." 그래서 도둑이 부처님을 만나면 교화가 되는데 어떻게 교화가 되느냐. 같은 도둑이니까 자기가 도둑질한 이야기를 모두 한대요. 도둑이 선비를 만나면 도둑질한 이야기를 하겠어요? 도둑이 경찰을 만나면 내가 도둑이오 하겠어요? 안 합니다. 도둑의 얘기를 듣고 부처님이 도둑한테 이렇게 얘기를 한답니다. "나도 도둑이지만 가만히 들어보니 내가 너보다는 상수인 것 같다. 나는 말이야 적어도 소득수준이 얼마 이하인 사람들의 물건은 안 훔친다. CC TV가 10개 이상 달려 있는 집이 아니면 들어가지 않아. 내가 그 집에서 훔친 물건의 80퍼센트는 우리 동네 배고파하는 사람들한테다 나눠주고 나는 나머지 20퍼센트 가지고 살지." 그러자 도둑이 부처님께 이렇게 묻습니다. "너는 도둑계 최고다. 어떻게 하면 너처럼 될수 있니?" "지금부터 노력을 해. 훈련을 해. 애먼 사람 등치고 훔쳐 먹지 말고."

이 도둑은 가르침을 받으려고 부처님을 계속 만나고 싶어 해요. 그렇게 두 달 정도 만나다 보면 도둑이 도둑질을 청산하고 불제자가 된다는 것입니다. 노숙자를 위하려면 노숙자랑 친숙해져서 그 사람들의 입장에서 그 사람들의 마음을 움직일 수 있어야죠. 그 사람들의 입장에 설 수 있어야 그 사람들과 뭔가를 해나갈 수 있겠죠. 그 바닥에는 그분들에 대한 신뢰, 인간에 대한 신뢰가 기본적으로 깔려 있어야 됩니다.

흙탕물을 맑게 하려면

어느 날 문득 선생님께서 제게 이렇게 물어보셨습니다.

"큰 비가 와서 시냇물이 흙탕물이 되어 막 내려가는데 물을 맑게 하고 싶으면 어떻게 해야 되겠니?"

왜 만날 복잡한 것만 물어보시냐고 난 모르겠다고 했더니 웃으시면서 하시는 말씀이 "세상에 세 부류의 사람이 있다. 하나, '물이란 언젠가 때가 되면 맑아지나니' 하고 앉아서 관망하는 사람. 둘, 댐을 세워서 물을 멈춰버리게 하는 사람. 셋, 흙탕물에 뛰어들어가 같이 흘러가며 맑아지는 사람." "그럼 선생님은 어떤 사람입니까?" "난 세 번째. 흙탕물에 뛰어들어가서 나도 같이 흘러가면서 맑아질 거야."

그때 저는 종교에도 많은 열정을 가지고 있었습니다. 그런 제게 장일순 선생님이 하신 이 말씀은 엄청나게 큰 충격으로 다가왔습니다.

일본 에스코프생협의 가와시마와 야마구치에게 배우다

저는 대학교 때부터 협동조합에 관심을 갖고 학교협동조합에 참여하기 시작했어요. 그러면서 저 나름의 길을 찾아가기 위해 여러 가지

도전을 했습니다. 장일순 선생님의 말씀을 과연 협동조합 현장에 적용할 수 있을까? 협동조합은 경영을 하는 조직이고 사람들이 모여서 움직이는 조직인데 장일순 선생님이 생각하는 가치만 가지고도 운영할 수 있을까? 그것을 현장에서 실현하는 사람들은 어떨까?

장일순 선생님이 이야기하는 가치를 경영에서 실현해가고 있는 협동조합을 별로 보지 못했어요. 저도 실천하지 못했으니 할 말은 없지만 후배들을 위해서 그 가치에 관한 이야기를 하고 싶습니다. 일본에서 장 선생님이 말씀하신 가치를 실현하는 사람들을 만난 적이 있으니까요. 그래서 그런 가치를 실현하는 일이 가능하겠다는 자신감을 가질 수 있었습니다.

일본 오사카에 있는 에스코프생활협동조합 가와시마 전 전무와 야마구치 전 이사장과의 만남은 제게 또 다른 변화의 계기가 됐습니다. 에스코프는 조합원이 3만 명 가까이 되고 연 매출액도 상당합니다. 우리가 볼 때는 큰 협동조합이지만 일본에는 조합원이 50만~80만 명인 협동조합도 많기 때문에 에스코프는 작은 편이라고 합니다.

원주에서 일할 때인데 당시 원주 지역의 다양한 협동조합에서 일하는 이사장 및 임직원들과 에스코프를 방문한 적이 있어요. 원주 지역의 협동조합을 다 합친 것보다 규모가 큰 에스코프의 야마구치 전 이사장님이 안내를 하는데 이상한 회의실로 가는 거예요. 동행한 이사장 한 분이 야마구치 전 이사장에게 이사장실에 가서 이야기하자고 했어요. 그런데 야마구치 이사장님이 당황하시면서 우리 조합에는 이사장실이 없다고 하는 거예요. 이사장은 직원과 조합원을 대표해서 협동조합의 비전을 제시하는 사람인데 책상머리에 앉아 있으면 협동조합이 망한다고 말하더군요. 책상도 없고 이사장실도 없다, 이사장은 늘 길 위에, 조합원과 직원들의 삶 속에 있어야 한다는 겁니다. 같이 갔던 원주의 협동조합 이사장님들은 많이 당황하셨죠.

가와시마 전무의 책상은 직원들 책상과 함께 있는데, 사무실 맨 구석에 30년은 묵어 보이는 가장 낡은 책상이었어요. 컴퓨터도 가장 낡은 컴퓨터였죠. 이사장은 조합원 중에서 선출한 명예직이지만 전무이사는 경영을 총괄하는 실세인데 사무실 맨 구석에 있는 가장 낡은 책상에서 가장 낡은 컴퓨터를 사용하는 거예요. 100명 가까이 되는 젊은 직원들은 깨끗한 책상에 좋은 컴퓨터를 놓고 일하는데 말이죠. 골동품을 좋아하셔서 이렇게 사시냐고 물어봤어요.

"전무이사는 조합원을 만나는 직원들이 열정적으로 일할 수 있도록 뒤에서 뒷받침해주는 사람이니까 책상이 좋을 이유가 없다. 내 자리에는 조합원이 올 일도 없다. 책상과 컴퓨터가 좋아야 할 사람은 마케팅과 조합원 교육사업 담당자들이어야 한다. 그들은 찾아오는 조합원들과 지역주민들을 전면에서 만나야 하니까 가장 좋은 자리에 있어야 한다. 뒤에서 뒷받침하는 전문이사는 구석에 있어도 아무 상관이 없다."

야마구치 이사장이 제게 이런 말씀을 하셨어요. "한 사람의 꿈은 몽상으로 끝날 수 있지만 여럿이 함께 꾸는 꿈은 현실이 됩니다. 우리는 모두 꿈을 꿉니다."

야마구치 이사장이 젊은 시절에 중요한 결정을 한 일이 있다고 하더군요. 에스코프생협은 여성들이 중심이 되어 만든 협동조합이에요. 여성들이 아이들에게 안전한 먹을거리를 먹이려고 공동구매를 위한 협동조합을 만든 것이죠. 비용을 줄이고 협동조합 직원들에게 충분한 급여를 지급하기 위해 선택한 방식이 여러 가정이 한꺼번에 식품을 공급받는 것이었어요. 열다섯 집이 구매한 물품을 한 집에 한꺼번에 공급하면 구매자들이 알아서 나눠 가져가는 방식이라 유통비용을 줄일 수 있고, 직원들의 처우를 개선할 수 있는데다, 좋은 제품을 저렴하게 구매할 수 있었죠. 그런데 맞벌이 부부가 점점 늘어나면서 일본 사회가 변하기 시작했어요. 남편만 벌어서는 가계를 꾸려나가기 힘들어서 부인들도 점점 밖으로 나가 일을 하게 되었죠. 처음에는 협동조합이 오랫동안 지켜왔던 가치와 원칙이 훼손될 수 있으니 공동체 모임에 나오지 않는 개인들에게는 공급을 해주지 말자고 결정을 했대요. 맞벌이 부부가 본인들이 나오기 싫어서 참석 안 한 건 아니잖아요. 직장일과 가사를 겸하기 때문에 못 나오는 것뿐이죠. 야마구치 이사장은 밤새 고민을 하다가 맞벌이 부부들을 떠나보내면 협동조합의 미래가 없다고 결정하고 "모임에 참석하지 못하는 사람들의 물품은 내가 직접 배달할 테니 그 사람들 것까지 우리 집으로 갖다주세요"라고 했답니다. 그는 저녁에 어린 아이를 업고 조합 트럭을 운전해서 조합원 한 사람 한 사람의 집에 물품을 공급해주었어요. 그것이 오늘날의 에스코프생협을 만든 것입니다. 결국 에스코프생협은 중요한 결정을 할 때마다 사람을 최고의 가치로 여겼기 때문에 성공한 것이죠.

가와시마 전무와 야마구치 이사장처럼 비전을 갖춘 리더들, 사람을 소중히 여기는 리더들이 조직이 제대로 성장하는 데 얼마나 중요한 역할을 하는지는 또 다른 사례를 통해 확인할 수 있습니다.

일본 방문 때 친환경 감귤 생산에 관해 강의하신 농부 할아버지가 에스코프생협과의 인연을 말씀해주셨어요. 할아버지가 젊은 시절 감귤 농사를 짓다가 부인이 농약중독으로 쓰러진 뒤부터 농약을 쓰는 농사는 절대 하지 않겠다고 결심하셨답니다. 농약을 치지 않고 감귤 농사를 지으면 감귤 껍질에 때 같은 게 생기고 크기도 들쑥날쑥해요. 유기농으로 재배하면 맛은 기가 막히지만 팔리지가 않는 거예요. 결국 할아버지는 차를 몰고 2시간 거리에 있는 오사카 외곽까지 가서 확성기를 들고 감귤을 팔았답니다. 하지만 사람들은 귤 모양이 이상하다며 안 사더라는 거예요. 나중에는 화가 나서 농약을 치지 않은 유기농 감귤이니까 좀 사가라고 고래고래 소리를 질렀대요. 그런데 우연히 지나가다 이 모습을 본 에스코프생협의 와다 전무(가와시마 전무 이전의 책임자)가 이사들하고 내일 감귤 농장을 방문해도 되겠느냐, 우리가 한 번 팔아봐도 되겠느냐고 제의했답니다.

별다른 기대는 안 했는데 다음 날 에스코프생협에서 온 사람들이 두 가지 얘기만 했답니다. "우리는 당신 감귤을 믿습니다. 어제 당신 얘기를 듣고 당신은 절대 남을 속일 생산자가 아니라는 걸 알았습니다. 당신이 얼마나 양심적으로 생산한 물품인지 우리가 눈으로 확인했습니다. 당신 제품을 우리가 받겠습니다. 단, 20킬로그램 포장 단위가 지금의 가족 형태에는 좀 버거우니 4킬로그램 포장 단위로 해주실 수 있습니까?" 할아버지께서 포장 단위는 얼마든지 가능하고 농약을 치지 않아서 모양이 들쑥날쑥하니 좋은 것을 골라서 주겠다고 했더니 "좋은 것 빼고 나머지 폐기하면 뭘 먹고 사시려고요. 그냥 다 섞어서 보내주세요" 하더랍니다. 에스코프생협에서는 결국 전량을 다 받은 겁니다. 시간이 흘러 동네에서 네 가구가 친환경 농사에 참여했고 물량이 엄청 늘었는데도 에스코프생협에서는 다 받아주었답니다.

그러던 어느 날 할아버지와 네 가구가 몇 년간 그들의 생존을 지켜준 에스코프생협에 감사하는 뜻으로 네 농가 사이에 있는 밭 수백 평을 기증하고, 그곳에 조합원들과 협동의 집을 설립하자는 구상을 했답니다. 농민과 소비자가 마을을 지켰다는 상징물로서 우리의 영원한 미래를 보장하는 협동의 집을 건립하고 언제든지 조합원 가족들이 쉴 수 있는 공간을 생산자, 소비자가 함께 건설하기로 한 것이죠. 그래서 땅문서를 들고 생협을 찾아갔는데, 생협에 도착해 전무님을 찾았으나 직원들이 전무이사 소재지를 가르쳐주지 않더래요. 할아버지와 마을 분들이 알려줄 때까지 안 가겠다고 버티자 직원들이 마지못해 일러주는데 찾아가봤더니 전무와 이사들이 노점에서 확성기를 들고 감귤을 팔고 있었다고 해요. 에스코프생협은 규모가 작아 감귤을 다 소화하지 못하니까 전무이사가 직접 노점에서 좌판을 연 것이죠. 하지만 직원들에게 당부하여 할아버지에게는 절대 알리지 못하게 한 것입니다. 마음에 짐이 될까 봐. 할아버지와 마을 분들이 감동해서 대성통곡을 하며 당신들과 영원히 함께 가겠다고 하셨다더군요. 그리고 자신들은 친환경 농업으로 전국적으로 유명해져 팔 곳이 많아졌으니 에스코프 생협에는 필요한 만큼만 납품하겠다고 말했답니다.

그곳 우정의 집에서 이틀을 잤어요. 우리가 이런 기업가가 된다면 세상을 변화시키겠죠. 이런 사람들이 많아지면 세상이 분명히 바뀌겠죠. 이런 꿈을 꾸는 사람이 많아지면 꿈은 현실이 될 테고, 현실이 상식이 된다면 세상은 많이 바뀌겠죠. 상식이 된다는 것은 흔한 일이 된다는 뜻이죠. 흔한 일이 되면 누구든 협동조합을 직장으로 선택하는 것도 별일이 아닌 게 되겠죠.

자립이란 서로 기대어 서는 것

가와시마 전무가 저희에게 물었습니다. 협동조합과 사회적 기업이 중요하게 생각하는 '자립'이 뭐라고 생각하느냐고요. "스스로의 힘으로 서는 것이겠죠"라고 했더니 "당신은 지금까지 스스로의 힘으로 섰습니까?" 하고 다시 묻더군요. 스스로의 힘으로 선 게 있다면 하나라도 얘기해보라고 하는데 말문이 막혔어요.

내가 소리 내서 하는 말도 우리 조상님께서 개발한 말이지 내가 스스로 가지고 태어난 것이 아니잖아요. 내가 나를 표현하는 언어도 내 스스로 만들어낸 것이 아니라 역사적인 산물로 배운 거예요. 내가 사고하는 능력도 선생님이나 동료, 책을 통해서 배운 것이죠. 제가 협동조합이라는 조직에 참여하게 된 것도 많은 사람의 영향 속에서 가능했고, 부모가 낳고 키워주지 않았다면 지금의 모습으로 살 수 없었겠죠. 제가 경제적으로 어렵게 살던 어린 시절 우리 이웃들이 제 어머니가 장사할 때 관심을 가지고 저를 보살펴주셨기 때문에 제가 지금 여기까지 올 수 있었던 거죠. 생각해보니 제가 온전히 저 혼자의 힘으로 이룬 것은 하나도 없어요.

가와시마 전무는 "협동조합이 자립해야 한다고 하는데 자립이 무슨 뜻인지를 정확하게 이해해야 합니다. 자립은 서로 기대어 서는 것입니다"라고 말했어요. 서로가 서로의 버팀목이 되면서 성장해가는 경제조직을 만들어가는 것, 조금 더 버텨야 하는 사람에겐 다른 여러 사람이 모여 지지해줄 수 있는 사회와 경제라는 시스템이 조화를 이루고 균형을 맞춰나가는 것이 협동조합이 자립하는 길이라는 뜻이죠.

협동조합이나 사회적 기업이 돈을 벌어서 '이 돈은 우리의 수익이니 우리끼리 나눠먹자'고 하는 것은 협동조합의 자립정신을 지키는 것이 아닙니다. 경제적으로 창출한 이익으로 버팀목이 필요한 새로운 조직의 기반이 되어주고 함께 공생의 길을 만들어가는 것이 바로 협동조합이 가야 할 길이죠. '자립이란 서로 기대어 서는 것이다'라는 말에서 장일순 선생님의 '흙탕물에 뛰어들어가 같이 맑아진다'라는 가치가 협동조합 안에서 어떻게 재해석될 수 있는지 알 수 있었습니다.

한 사람의 만 걸음이 아니라 만 사람의 한 걸음

한신의료생협의 나카무라 이사장님도 제가 존경하는 분입니다. 이 분은 1950년대 말 청년 시절에 의료운동에 뛰어들어 천막병원을 설립하고 동료 의사들과 함께 지역사회 의료운동을 시작한 분입니다. 나카무라 이사장이 활동한 곳은 재일조선인 징용노동자들이 집단으로 살던 한신 지역이었어요. 그곳은 일제 때 끌려가서 징용노동자로 살다가 해방 이후에 귀환하지 못한 한국 사람들이 많이 모여 사는 빈민 지역이었는데요. 당시 한신 지역의 조선인들은 태평양전쟁 때 미군이 떨어뜨린 폭탄 파편들을 고철로 팔아서 생계를 유지하곤 했는데 일주일이 멀다하고 불발탄이 터져서 사지절단으로 고통 받는 사람들이 많았다고 합니다. 그래서 나카무라 이사장이 "한신 지역을 외면하고 어떻게 우리가 인간으로서의 양심을 지키겠는가? 우리가 가서 천막병원을 짓고 의료 서비스를 하자"고 나서서 동료들과 작은 천막병원을 지은 것이 한신의료생협의 시작입니다.

그 천막병원이 지금은 조합원 수만 명에 지역 여러 곳에 의료센터를 운영하는 이른바 의료분야의 협동조합형 사회적 기업으로 성장했습니다.

한국 어머니들이 교육열이 높잖아요. 일본의 재일조선인 어머니들도 자식들을 열심히 뒷바라지해서 아들을 의과대학에 보내고 의사를 만든 분들이 많습니다. 하지만 재일조선인이라는 이유로 일반 병원에서 고용이 잘 안 되곤 했대요. 그런 의사들을 한신의료생협과 같은 의료협동조합들이 많이 고용해주었답니다. 그래서인지 일본 의료생협의 원로 의사들 가운데에는 재일조선인들이 많습니다. 나카무라 이사장 같은 분들의 노력 덕분이겠죠.

나카무라 이사장은 제게 새로운 깨달음을 주셨어요. 협동조합은 '한 사람의 만 걸음이 아니라 만 사람의 한 걸음'이라고 이야기하잖아요. 만 사람의 한 걸음이라는 말이 잘못하면 한 사람을 하찮게 여기는 논리가 되기도 합니다. 하지만 이분은 한신의료생협을 통해서 한 사람이 얼마나 중요한지 보여주신 분이에요.

빈민들이 단순히 의료혜택을 받는 위치에 있기만 하면 자존감이 높아지지 않는다고 보고 지역민 모두가 출자하게 했습니다. 주민을 교육해서 조합의 이사가 되게 했고, '이 병원은 내가 경영하는 병원'이라는 생각을 갖게 함으로써 지역에 대한 애정을 불러일으켜 결국 지역의 변화를 몰고 왔어요. 지역사회가 다 함께 협력해서 지역사회 복지 문제를 해결한 겁니다.

일본에서 고베 대지진이 발생했을 때 고베 지역으로 들어가는 다리가 끊겨 공무원들이 투입되지 못했어요. 그처럼 어마어마한 지진 속에서 고베 주변에 있는 협동조합원 수만 명이 직장에 휴가계를 내고 배낭 속에 구조물품을 가득 채워 달려갔습니다. 불타는 건물로 들어가 사람들을 구출해내고, 배고픈 사람들에게 먹을 것을 주고, 의료생협의 의사들은 긴급 구호소를 차렸어요. 사회적 기업이 사회에 뿌리내렸을 때 어떻게 사회를 지켜나가는지 보여주는 좋은 예입니다.

후쿠시마 지진 때도 마찬가지였습니다. 의료생협 의사들이 휴직계를 내고 후쿠시마 원전으로 갔습니다. 의사들이 서로 가겠다고 하는 바람에 각 의료생협에서 제비뽑기를 했다는 말도 있습니다. 수많은 사람이 자원봉사에 나섰습니다. 이런 시민들의 힘이 없다면 정부의 힘만으로 여러 가지 재난과 어려움을 어떻게 극복해 나가겠습니까?

나카무라 이사장을 정말 다시 보게 된 일화가 있어요. 한신 대지진 때 이재민들의 천막촌에 자식과 부인을 잃은 할아버지 한 분이 계셨대요. 그 할아버지가 계속 술 마시고 통곡을 하는 거예요. 억장이 무너졌겠죠. 소리를 지르고 비명을 질러대니까 나중에는 봉사자들도 다 외면했어요. 그때 나카무라 이사장이 그 노인에게 다가가 "힘들죠? 자꾸 눈물이 나고 소리를 지르고 싶죠? 뭘 하면 잠시라도 슬픔을 잊겠어요?" 하고 물었어요. 할아버지 대답이 "파친코 기계라도 있음 그거라도 돌리며 슬픔을 잊겠다"였대요. 파친코 기계를 달라는 말에 다른 이들은 어이없어 했지만 나카무라 이사장은 폐허 속에서 도박기인 파친코 기계를 하나 들고 와서 노인의 울음을 멈추게 했답니다. 다른 무엇보다 실의에 빠진 한 사람의 아픔을 치유하는 것이 재난 구호에서 정말 중요하다고 생각한 것이죠.

모든 협동조합이 나카무라 이사장 같은 리더십 아래에서 일할 수는 없겠죠. 하지만 그런 지도자가 있기에 협동조합과 사회적 기업에 가치를 부여하는 것입니다. 중요한 점은 그런 리더들은 유전적으로 그렇게 태어난 것이 아니라는 사실입니다. 우리 아이들을 나카무라 이사장 같은 눈을 가진 사람으로 키워야 한다고 봅니다. 그런 리더의 눈을 가진 아이들은 어디에서 어떤 일을 하든 상관없어요. 공무원이 되든 대기업에 가든 사회적 기업에서 일하든 반드시 무엇인가 이루어내죠.

호세 마리아 신부와 장일순 선생

사람을 중요하게 생각하는 이러한 가치들을 경영 측면에서 어떻게 실현할 것인가에 대한 해답을 준 분은 몬드라곤협동조합의 호세 마리아 신부님입니다.

호세 마리아 신부님은 1956년 스페인 바스크 지역에 몬드라곤 기업을 만든 분이에요. 그 기업은 동네 실직 청년 다섯 명을 모은 뒤 폐업한 난로공장을 인수해 노동자가 소유하고 경영하는 형태의 협동조합 방식으로 운영되었어요. 오늘날의 가장 대표적인 협동조합이자 사회적 기업의 롤모델이라고 하는 몬드라곤 기업을 호세 마리아 신부님께서 만들어낸 거죠. 다섯 명으로 시작해서 지금은 10만 명 가까운 사람이 일하는 기업이 되었습니다. 지난 60년 동안 단 한 사람도 해고하지 않았고 모든 퇴직자에게 죽는 날까지 연금을 보장하는 놀라운 성과들을 만들어냈습니다. 몬드라곤은 커뮤니티 기업으로서 빈곤했던 바스크 지역을 완전히 바꿔놨고 기업의 수익을 교육과 복지에 투자해서 많은 청년이 새로운 도전을 할 수 있는 기회를 제공했습니다. 최근에는 수천 개의 청년 벤처 기업에 투자하고 있습니다. 우리 주변에 몬드라곤 같은 큰 기업들이 여러 개 있다면 얼마나 행복할까요?

호세 마리아 신부님은 "좋은 생각이란 그것을 현실화하는 방법을 우리가 알고 있는 생각이며, 좋은 말이란 그것을 행동화하는 방법을 모든 사람들이 알고 있는 말이다"라고 하셨어요. 장일순 선생님께서도 이와 비슷한 말씀을 하셨죠. 선생님이 협동조합 조직을 이끌 때 그렇게 많은 조직의 많은 사람을 어떻게 모아냈을까 궁금했습니다. 선생님께서 "많은 농민들이 동학에 참여했던 이유가 뭘까?"라고 물으셨어요. 저는 학교에서 배웠던 동학에 대해서 얘기했죠. 장일순 선생님이 보시기에는 그게 아니라고 하셨어요. 동학의 창시자인 해월 최시형 선생님께서 썼던 언어들은 정말 농민들이 알아들을 수 있는 언어였다는 것이었어요.

동학에 입교하는 종교의식은 매우 간소하지만 가슴 뭉클한 행사였어요. 천도교의 초기 모델인 동학의 입교식은 간단해요. 내가 노예로 부리던 사람의 노예 신분을 없애고 동학의 교우와 같은 밥상에서 밥을 먹으면 모든 의식이 끝나요. '당신과 나는 동등한 입장이고 한 밥상에서 밥을 마주하고 먹습니다'라는 것으로 모든 의식이 끝났어요. 반상

(斑常)의 법도 속에서 살아온 농민들에게 그것만큼 가슴 뭉클한 것이 없었겠죠. 동학의 지도자가 와서 동학의 뜻이 어떻고 농민의 삶이 어떻고 설교만 하는 게 아니라 같이 앉아서 밥 먹는 것으로 같은 동학 교우가 된다니 얼마나 감동했겠어요. 그래서 농민들이 벌떼같이 몰린 겁니다.

장일순 선생님과 호세 마리아 신부님은 비슷한 신학관을 가지셨어요. 천주교인으로 열심히 살아가던 청년 시절 저는 하느님이 정말 계신지, 하느님을 어떻게 확인해야 하는지 궁금해서 장일순 선생님께 여쭈었더니 해월 최시형 선생님의 이야기를 해주셨어요. 베드로가 "하느님을 보여주십시오"라고 얘기한 것처럼, 해월 선생님의 제자 한 사람이 "한울님 한울님 하는데 한울님이 누군지 보여주세요. 한울님을 어떻게 만나고 어떻게 이해할 수 있어요?"라고 물었답니다. 해월 선생님께서 "너 한울님 저기 뒤에 있는데 안 보이니?" 하고 말씀하셨다네요. "저 뒤에 있는 건 우리 집인데, 어디에 있어요?" "집 골방 안에 계시다." 제자가 골방 안을 보고 와서는 "지금 장난하세요? 마누리가 베를 짜고 있던데요. 날도 더운데 선생님은 왜 쓸데없는 말씀만 하세요" 하고 성질을 내니 해월 선생님께서 "이 무더운 여름날에 너 먹여 살리려고 베틀 짜는 사람이 너의 한울님이 아니면 도대체 한울님은 세상 어디에 있겠니?" 하고 말씀하시더래요. 제자가 깜짝 놀랐죠. 자기는 부인을 만날 구박하고 무시하고 해월 선생님 모신다고 늘 술 먹고 돌아다녔으니 신앙생활을 잘못한 것이죠. 제자가 "그럼 이제 어떻게 종교생활을 해야 할까요?"라고 묻자 선생님께서 "지금 가서 의관을 곱게 차려입고 마눌님께 일곱 번 큰절을 올린 다음에 '앞으로 한울님을 정성

껏 모시고 살겠습니다' 하면 너도 이제 도인이 되는 것이다. 그 외에 다른 것이 무엇이 있겠느냐"라고 하셨대요.

호세 마리아 신부님도 비슷한 생각을 하셨죠. 천주교는 인간이 하느님의 모상(模像)이라고 가르치죠. 모상이라는 얘기는 하느님을 닮은 존재라는 뜻입니다. 신부님이 살던 동네 청년들은 초등학교도 못 나와 인간 대접을 제대로 못 받았어요. 신부님은 '인간이 하느님을 닮은 존재라고 신앙 활동을 하려면 저 청년들이 하느님다운 노동을 하면서 행복하게 살아갈 수 있는 사회를 만드는 데 관심을 가져야 하는 것 아닌가?'라고 질문을 던졌어요. 신부님은 하느님의 모상을 닮은 자들의 일터를 만들고, 그런 일터에서 일을 하면서 가족의 생활을 유지하고 행복한 미래를 꿈꿀 수 있게 하는 것이 대단히 중요하다고 생각하셨어요. 신부님은 기업에 관심을 가졌습니다. 기업은 사람들이 경제활동을 하는 곳이므로 기업에서 가장 존중받아야 할 존재는 노동자이기에 그들이 존경받을 수 있는 구조와 문화와 경영의 가치를 고민하기 시작했습니다.

신부님이 처음 만든 사회적 기업은 청년 다섯 명의 이름 앞자를 따서 만든 ULGOR(울고)였습니다. 직원 다섯 명이 누군가의 지시를 받아서 움직이는 것이 아니라 스스로 판단하고, 스스로 자금을 마련하고, 스스로 정한 규칙에 따라 운영하는 협동조직을 만들도록 했습니다. 호세 마리아 신부님은 직접 경영에 개입하지 않았지만 경영의 중요한 전환기마다 결정적인 도움을 주었어요. 당시 사회적으로는 인간의 노동문제와 빈곤문제에 대해서 이념적으로 접근하는 것이 일반적이었는데, 이와 달리 신부님은 굉장히 놀라운 접근을 했어요. 현실의 삶이 대단히 중요하다고 보고 미래는 오늘 우리의 노력에 의해서 창조되리라고 생각한 것입니다. 또 신부님은 이념은 우리를 분열시킬 수 있지만 비즈니스는 우리를 일치시킨다고 했어요. 먹고사는 문제에서 시작하면 우리는 모두 공통의 목적을 가진다는 뜻이죠.

장일순 선생님도 비슷한 말씀을 하셨어요. 생명운동을 협동운동의 소중한 가치로 이야기할 때 밥 한 그릇의 가치를 이해하는 것으로는 부자나 가난한 자나 모두 똑같다고 했어요. 그 가치를 이해하면 협력할 수 있다는 얘기예요. 우리가 먹는 밥 한 그릇은 인간의 소중한 땀방울과 자연의 조화와 미생물들의 협력으로, 즉 우주 자연 모두가 협력해서 생산되는 것이죠. 그 이치를 깨달으면 부자도 나 혼자 사는 세상이 아니라는 사실을 알고 빈곤한 사람들은 그런 삶을 통해서 자신이 어떤 일을 하면서 자립할 수 있는지 깨달을 수 있는 기회가 온다고 봤어요. 호세 마리아 신부님의 생각과 비슷하죠.

새로운 일을 시작하면 고난이 있을 수밖에 없습니다. 가끔 사회문제 해결에 관심 있던 친구들이 어려움에 처하면 이렇게 얘기하면서 떠나는 것을 봤어요. "인생이라는 게 재미가 있어야 하는데, 정말 좋아하는 일을 해야 하는데 난 즐겁지 않아." 자신이 정말 원하는 일을 하는 것이 항상 즐겁지만은 않습니다. 자신이 정말로 원하는 일이 상식과 편안한 일상이 되기까지, 즉 그 일이 내가 즐길 수 있을 정도로 확산될 때까지는 많은 시간이 필요합니다. 호세 마리아 신부님은 사람들이 일자리가 없다고 떠날 때 그러지 말고 우리가 기술학교를 만들고 우리 스스로 기업을 세워서 일자리를 창출하면 된다고 하셨어요. 사람들이 볼 때는 이게 너무 지난한 일이에요. '언제 일자리를 만들고 돈을 벌어서 성공하냐. 그러다 내 청춘은 다 없어져버려 어디에서도 일자리를 못 얻을지 모른다'고 생각하는 것이죠.

호세 마리아 신부님은 그렇게 생각하는 사람들을 설득하고 자신의 생각을 실천하기 위해서 밭품을 팔았어요. 관련 자료를 보니 1년에 소그룹 모임과 세미나를 2천 회나 했대요. 하루에 평균 여섯 번을 한 거예요. 오죽하면 해당 지역의 담당 교구에서 신부가 미사에 충실하지 않고 뭐 하는 것이냐고 지적했겠어요. 아침 미사가 끝나면 자전거를 타고 마을 사람들이 모여 있는 곳에 가서 신앙을 얘기하는 것이 아니라 동네 청년들이 일할 수 있도록 기금을 모아야 한다고 설득하며 주민 전체를 일대일로 다 만났어요. 신부님에 '질린' 마을 사람들이 기금을 모아서 기술학교 설립을 도와줬고, 그곳에서 훈련시킨 청년 다섯 명으로 노동자를 위한 사회적 기업, 몬드라곤협동조합을 만든 겁니다.

이렇게 시작한 청년들이 수백 명 이상을 고용할 정도의 기업으로 커져 매너리즘에 빠지려고 할 때 얼마나 현실적인 전략을 짰는지 몰라요. 호세 마리아 신부님은 공장을 네 개로 분화할 것을 권유합니다. 당시 공장에서는 전기난로를 생산했는데 부품생산에서 완성품 조립까지 다 할 수 있는 구조였어요. 공장을 분할해서 부품생산 라인을 여러 전문화된 협동조합기업으로 나누면 몬드라곤협동조합이 아닌 다른 관련 회사에도 부품을 납품할 수 있죠. 하나의 완성품을 만드는 완결구조로서의 기업이 아니라 각각 특성화된 네 개의 산업군으로 쪼개는 것이 더 많은 성장의 기회를 가져올 수 있었습니다. 이런 기업들이 재성장해서 더 많은 사람들을 고용할 수 있는 규모로 성장했을 때 호세 마리아 신부님이 일생일대의 사기를 칩니다. 다음 단계로 성장하려면 금융이 필요하다고 생각한 것입니다.

기업을 성장시키려면 돈이 있어야 하는데 스페인에는 노동자들이 소유하고 경영하는 기업에 돈을 빌려줄 금융기관이 없었어요. 결국 시장경제의 가혹한 구조 속에서 금융문제를 해결하지 못하면 머지않아 도태될 운명이었습니다. 신부님은 은행을 만들어야 한다고 얘기했어요. 사람들은 미칠 노릇이었죠. 회의에서 우리가 은행을 어떻게 만드느냐며 전부 반대했어요. 그런데 얼마 뒤에 스페인 정부에서 은행 설립 인가증을 내준 거예요. 은행 설립 인가를 받으려면 최소한 다섯 개 법인의 사인이 필요한데 법인 대표자의 사인이 다 들어가 있었답니다. 법인 대표자들은 사인을 한 적이 없었어요. 신부님이 사인을 위조해서 인가를 받았다는 이야기가 있습니다. 사람들이 "신부님이 얼마나 은행을 만들고 싶었으면 그랬겠는가. 생색이라도 내드리자"며 협동조합 기업들의 순이익 중 일정액을 적립하고, 노동자들도 그 은행에 출자해 은행이 커나가기 시작합니다. 신부님은 자전거 타고 돌아다니면서 왜 이 은행에 당신들이 저축을 해야 하는지, 저축한 돈으로 새로운 자금을 만들어서 어떻게 하면 우리가 새로운 일자리를 얻을 수 있는지 계속 설명하고 다녔어요. 그 은행이 지금은 스페인 주요 은행으로 인정받을 만큼 성장했고, 오늘날의 몬드라곤을 만들어냈습니다.

몬드라곤은 127개의 협동조합기업으로 10만 명을 고용하고 있어요. 은행이 어느 정도 성장하자 지역주민들이 10퍼센트의 자본금을 모으면 나머지 자본금 90퍼센트는 은행이 투자해서 노동자 소유의 새로운 협동조합기업이 만들어졌습니다. 그렇게 시작한 기업이 손익분기점을 넘을 때까지는 은행에서 컨설턴트를 지원해서 기업을 키웁니다.

이상과 현실을 접목해서 진정한 협동을 이루다

호세 마리아 신부님을 알지 못했다면 저는 딜레마에 빠졌을 겁니다. 협동조합을 현실의 문제로 전환시키지 못했을 수도 있고, 고고한 비즈니스 모델을 꿈꾸는 이상한 협동조합을 생각했을지도 모르겠어요. 우리는 유기농 먹을거리를 취급하지 않으면 협동조합 정신을 훼손한다고 생각합니다. 저는 이런 생각을 해봤어요. '독거 할머니 몇 분이 순대국밥 협동조합을 차려서 중국산 농산물로 만든 순대국을 한 그릇에 3천 원에 팔며 신나게 살면 뭐가 문제일까?' 할머니들이 행복해지는 일 이상으로 이러한 협동조합에 가치를 요구하는 것은 폭력적이라고 생각합니다.

이런 대목에서 장일순 선생님을 다시 생각하게 됐습니다. 선생님은 싸구려 다방에 가서 티백녹차를 마셨습니다. 선생님을 찾아온 환경운동가가 티백녹차는 농약이 잔뜩 들어간 것이라고 하자 호통을 치셨어요. 선생님께는 그 싸구려 다방에서 일하는 분들이 유기농 녹차 이상으로 소중했고, 또 유기농 이전에 농민 자체가 중요하다는 생각이 마음 깊이 자리하고 있었던 것입니다.

호세 마리아 신부님과 장일순 선생님의 공통점은 사람에 대한 믿음을 바탕으로 그들의 능력을 키워주기 위해 현실적인 프로세스를 만들어낸 것이라고 생각합니다.

우리나라에도 자활을 돕는 집수리 사업단이 있어요. 빈곤취약 계층 분들이 결손가정 아이들이나 독거노인들의 집을 고치면 집수리 비용을 정부가 지불합니다. 지불된 비용의 20퍼센트 정도가 수익이 됩니다. 그분들이 열심히 일하는데 수익이 변변치 않습니다. 몬드라곤에서 청년 실직자들을 모아 만든 건설협동조합은 바르셀로나 올림픽 주경기장을 건설했고, 세계적인 구겐하임 미술관을 지었어요. 그런 에너지가 어디서 나올 수 있는지 많이 고민했습니다. 그 같은 고민을 통해서 우리가 협동조합을 운영해나갈 때 현실과 이상의 균형을 어떻게 맞춰나가야 할지 많이 생각하게 되었습니다.

개별적인 작은 협동조합, 개별적인 작은 사회적 기업만 가지고는 비즈니스 측면에서 성공하기가 쉽지 않고, 효과적인 모델을 만들어내기 어렵습니다. 개별 협동조합이라는 장벽을 허물어서 서로 네트워크를 구축하고 상호 성장할 수 있는 힘을 키워야 한다는 사실을 호세 마리아 신부님을 통해 배웠습니다.

몬드라곤은 1956년부터 지금까지 단 한 명도 해고하지 않았습니다. 127개의 협동조합기업들은 가혹한 글로벌 시장구조에서 높은 경쟁력을 키우기 위해 노력하고 있습니다. 물론 일부 기업은 경쟁에서 뒤져 도산하기도 합니다. 그런데 어떻게 한 사람도 해고하지 않을 수가 있었을까요? 몬드라곤은 독특한 시스템을 만들어냈어요. 몬드라곤 기업은 한 협동조합의 사업이 부진해지면 나머지 기업들이 보조하면서 5년간 기회를 줍니다. 그리고 그곳에서 구조조정한 노동자들을 해고하지

않고 다른 협동조합의 동일한 업무를 보는 부서로 보냅니다. 구조조정
한 기업이 5년 뒤에도 쇠락하면 파산처리하는데, 그때 대부분의 근로
자들은 다른 기업에 정착해 있습니다. 다른 기업으로 바로 전환이 어
려운 사람들에게는 기술교육을 받을 수 있는 기회를 부여합니다. 교육
받는 동안 그 사람이 받던 임금의 80퍼센트를 보장해주고 안정적인 새
로운 기술을 익혀서 다른 기업으로 옮길 수 있도록 돕습니다.

외환위기 이후 고향인 원주에 갔을 때 제가 특별히 한 일은 없었습
니다. 이미 선배들이 만들어놓은 많은 협동조합이 있었고, 협동조합
과 조화를 이루며 살아가는 주민들이 있었고, 협동조합에 일자리를
얻으려는 후배들이나 청년들이 있었습니다. 협동조합을 통해서, 좀 더
보람 있는 일을 통해 생계를 유지하고 싶어 하는 사람이 많았습니다.
하지만 외환위기로 많은 협동조합이 경제적인 타격을 입던 때였어요.
많은 자영업자가 파산해 신용협동조합들의 부실 대출이 쌓여가고 있
었고, 협동조합들도 감원하던 시기였습니다. 2000년대에 지역에 내려
가 제가 꾸준히 했던 일은 다른 것이 아닙니다.

지금 우리는 글로벌 환경 속에 있습니다. 글로벌 환경은 기존의 시
장보다 훨씬 더 가혹한 경쟁구도를 가지고 있습니다. 막강한 자금을
유치할 수 있는 큰 기업들은 시장만 형성된다면 세계로 확장해갈 수
있습니다. 과거에 우리가 원주 지역에서 경제적으로 어려운 서민들을
보호하고 일자리를 만들기 위해 여러 지역에 조그맣게 섬처럼 만들었
던 개별적인 협동조합들은 경쟁력을 상실하고 무너질지도 모릅니다.
이 문제를 해결하기 위해서 선택할 수 있는 방법은 몬드라곤이나 이탈
리아 협동조합을 벤치마킹하는 것입니다. 즉 커뮤니티 안에 있는 협동

조합들이 서로 협업 시스템을 강화하고, 자원과 핵심 인원을 공유해 나가면서 글로벌 자본에 대항할 수 있는 하나의 네트워크망을 구축해야 했습니다.

글로벌 기업에는 없는 강점이 우리에게는 있습니다. 예를 들어 서울에서는 걸핏하면 배추가 3천~3천500원으로 올라서 배추 파동이 일어나지만 원주 지역에서는 유기농 배추를 늘 1천700~1천800원에 공급받아 먹습니다. 이것이 어떻게 가능할까요? 원주 선배들이 일궈놓은 토양에서 많은 생명농업 생산자들이 유기농 배추를 생산합니다. 그분들은 지역의 소비자들과 계약재배를 하고 있습니다. 다른 지역에서는 배추 생산자가 울며 겨자 먹기로 500원에 판 것을 소비자가 3천500원에 사먹지만, 원주 지역 유기농 배추 생산자들은 무농약 배추를 900~1천100원 정도에 팔아 생계가 유지됩니다. 유통에 참여하는 직원들의 임금을 줘도 포기당 1천700~1천800원에 공급이 가능합니다. 유기농 절임 배추도 2천~2천200원에 공급합니다. 이것은 기존 경제 조직이 만들어내기 어려운 구조예요. 우리는 그런 구조를 구축할 수 있는 경험을 쌓았고, 그 경험을 희망을 가지고 공유하면 지역사회를 바꿀 수 있고 지역에 새로운 일터를 만들 수 있습니다. 이렇게 접근하면 할 수 있는 일이 무궁무진합니다.

친환경 쌀 중에서 질이 좀 떨어지는 쌀로 과자를 만드는 공장을 세우면 한편으론 물엿과 조청을 생산하는 지역 소농들과 연계가 되고, 그런 과정을 통해 생산한 제품을 한살림 등에 납품합니다. 우리가 학교 급식 사업의 조례를 가장 먼저 만들고 확산했어요. 학교에 안전한 급식을 제공하는 사회적 기업을 만들고 농민들과 제휴했죠. 그런 구조를 만들어내는 사람들이 사회적 기업가입니다. 자원과 아이디어는 넘쳐나고 시장은 무궁무진한데 이 일에 열정을 가지고 도전하는 사람들이 아직 부족합니다. 아무리 친환경 쌀이라고 해도 질이 떨어지는 쌀을 급식에 쓰면 아이들이 맛이 없다고 안 먹겠죠. 하지만 과자나 술을 만드는 데는 아무 문제가 없습니다.

기본적으로 가장 밑바닥에 있는 사람들을 하나의 작은 경제조직으로 모으고 그 조직들이 모여 사회적 기업이나 협동조합 같은 기업이 됩니다. 이렇게 조직들을 연결해나가다 보면 새로운 가능성을 갖춘 기업들이 끊임없이 생깁니다. 오히려 투입해야 할 청년 인력과 기업가가 부족해서 많은 어려움을 겪습니다. 지방 청년들이 서울로 가 지방 도시에는 인력이 부족하죠. 지금은 정부가 협동조합을 자유롭게 설립할 수 있는 법안을 성안했고, 사회적 기업을 지원할 수 있는 정책적인 틀을 갖췄어요. 협동조합이나 사회적 기업을 기존의 경제조직과 차별하지 않는 제도적 환경을 마련하겠다는 방침까지 세웠습니다.

공유와 협력의 가치가 경쟁력이다

협동조합을 통해서 나뿐만 아니라 많은 사람에게 새로운 비전을 제시해주고자 하는 동료들의 자원을 공유할 수 있는 네트워크를 어떻게 만들어야 할지가 고민입니다. 이탈리아 트렌토에 갔더니 '우리가 지역 사회를 지켜내자, 지역에 일자리를 만들자, 지역에 기업을 만들어내자, 지역 경제를 부흥시키자'고 야단들이에요. 제 동료들은 트렌토를 지역적으로 벤치마킹하고 있습니다. 원주 지역의 많은 협동조합 후배들이 트렌토를 방문한 뒤 원주를 제2의 트렌토로 만들어보겠다고 열심히 일하고 있어요.

트렌토는 인구 50만 명의 도·농 통합지역입니다. 1890년대 초반에 로렌조 신부가 지역을 살리기 위해 협동조합기업과 협동조합은행을 설립했어요. 농민들과 지역주민들을 조직해서 농업협동조합과 소비협동조합을 만들었고요. 지금은 인구 50만 지역에 570개의 협동조합과 사회적 기업이 지역협동조합연맹체를 구성하고 있습니다. 전체 20여 만 명이 농민 가구인데 농민의 90퍼센트 이상이 협동조합을 통해 경제적으로 자립했고, 1만 6천 개 이상의 새로운 일자리가 생겼습니다. 협동조합은행들은 트렌토 외곽지역까지 확산되어 전체 지역주민들의 자산 60% 이상을 관리하고 있습니다. 여기서 얻은 수익은 지역사회에 투자됩니다. 장애인들의 기업도 만들어냈습니다. 중증장애인들이 가내수공업으로 만든 물건을 지역협동조합이 모두 가져다 판매해서 그 수익을 장애인들에게 돌려주는 시스템까지 구축했습니다. 자신들의 일자리도 만들고 장애인과 거동불편자의 돌봄 서비스도 운영하고 있습니다.

지역사회는 이렇게 결합했어요. 예를 들어 재택 케어서비스를 통해서 경력 단절 여성들이나 농민 여성들을 교육해서 일자리를 만들었는데, 재택서비스를 하다 보니 시설 서비스가 필요한 노인들이 있는 거예요. 시설을 지으려면 돈이 들죠. 그렇다고 영리업체에 노인들을 맡기면 안전 등에 대한 걱정이 생기죠. 그때 수녀님들이 나서서 수녀원을 요양센터로 쓰라고 했어요. 수도회가 가지고 있는 창고 중 하나도 와인공장으로 내놓았어요.

하나의 커뮤니티를 구축할 때 우리 지역사회에 자원이 없을까요? 자원은 어디든 있어요. 농촌에 가보면 농촌에 흘러들어간 많은 돈과 농협 등이 구축한 하드웨어가 굉장히 많습니다. 우리에게는 개별화되어 있는 자원을 재조합해서 비즈니스 모델을 만들고 이를 통해 일자리와 기업을 창출하는 창조적인 사회적 기업가나 조직가가 부족합니다. 그리고 창조적인 사람들이 지역 자원을 통합해서 기업들을 만들어나갈 때 제도상 장벽에 부딪히지 않게 장벽을 없애주고 기업들을 독려해주는 사회문화나 정책 환경을 구축하는 것이 절실합니다.

인디언 아이들처럼 어려운 문제는 모두가 협력해서 풀면 더 잘 풀 수 있고, 다른 사람과 협력하면 본인은 더 성장합니다. 핀란드 아이들은 공부를 별로 안 하지만 한국 아이들보다 수학을 잘합니다. 핀란드에는 협동시험이라는 것이 있어요. 혼자 〈수학의 정석〉을 보면서 수학을 잘하는 것과 친구들과 함께 협력해서 여러 해법들을 찾아내는 것은 크게 다르죠.

제 친구 아버님은 여든이 넘은 연세에도 수치 하나 틀리지 않고 강의를 잘하세요. 그분께 비결을 여쭤봤어요. "다 기억하는 방법이 있어. 아침에 신문에서 좋은 기사를 보면 잊어버리기 전에 다섯 명한테 그 내용을 얘기해주는 거야. 그러면 절대로 안 잊어버려." 평생 이를 실천하셨어요. 부인하고도 사이가 참 좋은데 아침에 부인이 밥을 하시느라 신문 보실 겨를이 없잖아요. 친구 아버님이 부인이 밥하는 동안 옆에서 부인이 좋아하실 기사를 읽어주신대요.

남과 협업하는 능력, 남과 나누는 능력, 남과 공유하는 능력이 우리에게 새로운 성장의 기회를 줄 것입니다. 지금 우리 사회는 아이들이 더 성장할 수 있는 기회 자체를 차단하는지도 몰라요. 내가 공부해서 얻은 성과물들을 주변과 나눌 수 있는 사람이 되는 것이 나를 더 성장시키고 새로운 리더십을 창조합니다. 내 동료들이 내가 알고 있는 지식들을 공유해가면서 성장해가는 모습을 보고 기뻐할 수 있는 감성과 지적 영향력을 가진 새로운 리더십을 만들어내야 우리 사회가 한 걸음 앞으로 나아갈 수 있습니다. 이런 공유와 협력이 협동조합이나 사회적 기업에만 해당되는 것이 아닙니다. 일반 기업들이 이러한 공유와 협력의 가치를 키우지 않으면 글로벌 사회에서 경쟁력을 잃을 것입니다.

이제는 제품의 차별화가 거의 없어요. 전 세계에서 생산되는 자동차의 수준이 거의 비슷해지고 있습니다. 냉장고나 세탁기도 마찬가지입니다. 모든 정보가 IT를 통해 개방되는 환경 속에서 사람들은 무엇을 보고 제품을 고를까요? A라는 기업은 순익 1천억 원 중 300억~400억 원을 사회에 투자하고 백혈병 아이들의 의료비를 지원하는 사업을 해요. B라는 기업은 비슷한 성능의 비슷한 제품을 비슷한 가격에 팔아서 벌어들인 1천억 원을 투자한 사람들에게 배분하고 오너 일가가 가져가요. 지금까지 산업화 시대에는 B와 같은 기업들도 생존할 수 있었죠. 하지만 그런 시대는 이미 저물어가고 있습니다. 머지않아 사람들은 A기업의 제품만 구매할 겁니다. 사회와 함께 모든 문제를 공유하는 리더들을 원할 겁니다. 요즘 공부를 많이 한 사람들 중 소통에 어려움을 겪는 이가 많아요. 책을 읽는다고 그런 문제가 해결되는 건 아니에요. 소통하는 능력은 성장 과정 속에서 자연스럽게 체득되는 겁니다.

제가 협동조합이나 사회적 기업에 대해 얘기했지만 모든 사람들이 그 일을 해야 한다고 생각하지는 않아요. 세상은 다양합니다. 다양한 직업이 있고 다양한 사람들이 있습니다. 그 한 사람, 한 사람이 모두 소중합니다. 군고구마를 파는 사람도 소중하고, 티백녹차를 파는 사람도 소중하고, 유기농차를 파는 사람도 소중합니다. 모두가 균형을 이루어 살아가는 세상이 아름답습니다. 사회적 기업가와 협동조합의 지도자가 있으며 민간 기업가와 저잣거리에서 장사하는 사람도 있는 것이죠. 모두가 와자지껄 떠들면서 사회라는 시스템을 만듭니다. 다만 우리가 세상과 관계하는 방식을 바꾸어야 하는 시기에 놓여 있다고 봅니다. 사회적 기업이나 협동조합이 그동안 성장시켜온 리더십과 문화는 변화의 단초를 제시할 수 있습니다. 저는 많은 분들의 도움과 협력으로 살아왔고 그 모든 것에 정말 감사드립니다. 앞으로도 새롭고 경이로운 일들이 제 앞에 펼쳐지리라고 믿습니다. 그런 경이로움을 제공해줄 수 있는 사람들을 끊임없이 만날 것입니다.

협동조합을 교육 시스템에 적용하는 것이 세계적 추세

질문 일본에서 지진이 났을 때 의료협동조합에서 다 같이 나서서 구호 활동을 했다고 말씀하셨습니다. 협동조합의 어떤 힘이 그 사람들의 마음을 움직이고 자발적인 참여를 이끌어냈는지 궁금합니다.

최혁진 사람 안에는 선한 에너지와 악한 에너지가 모두 있는 듯해요. 선한 선택이 내 삶을 윤택하게 한다면 대다수의 사람들은 선한 선택을 하죠. 협동조합은 기업을 성장시키는 과정 속에서 사람들의 에너지를 키웁니다. 제가 만난 선배나 동네 분들이 이런 말씀을 합니다.

"나도 사실은 좋은 일 하면서 돈 벌고 싶다. 너는 지금 많이는 못 벌지만 행운아다. 나도 좋은 일 하고 남의 눈에 눈물 안 나게 하고 남에게 도움을 주면서 밥 먹고 살 수 있다면 얼마나 좋을까? 그런데 그게 쉽진 않잖아. 넌 그런 일을 직업으로 선택했으니 지금 조금 어려워도 기쁘게 살아야 해."

착한 일을 하는 것을 직업으로 삼아서 경제적 활동을 하고 누군가를 위해서 기부도 할 수 있는 단계까지 간다면 행복하겠다고 얘기하는 사람이 많아요. 하지만 그런 기회가 별로 없어요. 몬드라곤은 임금 차이를 6배 정도로 제한한 덕에 평직원들의 급여는 굉장히 높지만 CEO들의 급여는 그리 높지 않아요. 세계적인 글로벌 기업에 근무하다가 몬드라곤으로 오는 사람들이 있어요. 왜 왔냐고 물어보면 사는 데 아무 지장 없을 만큼 받으니 행복하다고 말합니다. 매년 감원해야 하는 서류에 사인을 하지 않고도 열심히 일한 성과를 수천 명의 직원들과 함께 누릴 수 있어서 경영자로서 행복하다는 것이죠.

경제활동에 참여하고 비즈니스를 해결해나가는 과정 자체가 사람들을 보살피고 살리는 일이라면 그런 일을 하는 사람들은 늘 에너지로 충만할 수밖에 없습니다. 그 에너지가 사람들을 움직이게 하고 위기를 뛰어넘게 하죠. 지역사회에서 영리적인 기업이 망한다고 하면 큰 관심이 없는데 지역사회를 기반으로 하는 사회적 기업이 망한다고 하면 모두 협력해서 기업을 살리기 위해 노력한다는 거죠.

감성은 후퇴하기도 하지만 삶 속에 녹아들어갈수록 더 커져갑니다. 그런 감성이 사람들에게 큰 용기를 주는 듯합니다. 그것을 입증한 사건이 일본에서 거대한 재난을 당했을 때 평범한 직장인들이 이웃을 구하기 위해 배낭 하나만 메고 뛰어든 것입니다. 협동조합이나 사회적 기업의 성장을 통해서 우리 사회가 미래에 거는 기대는 그런 것 아닐까 생각합니다.

질문 부모 입장에서 아이의 삶을 위해 어떤 모습을 보여주시나요?

최혁진 저희 부모님은 공부를 많이 하신 분도 아니고 경제적 어려움을 겪으시면서 많은 고생을 하셨는데, 제게 한 번도 화를 내시거나 인격을 모독하는 말씀을 한 적이 없어요. 저희 아버지는 지금도 저와 논쟁을 하십니다. 자식이 하는 이야기도 그 말이 맞으면 수용하고 본인의 생각을 바꾸시기도 합니다. 저는 거침없이 부모님의 판단에 이의를 제기합니다. 우리 사회의 전통적인 상하 가치가 아니라 삶을 함께 살아가는 동료 관계로 부모님을 바라볼 수 있게 만들어주셨어요. 저도 아내와 자식에게 할 수 있는 가장 중요한 일은 부모님이 하셨듯이 동료의 입장에서 의견을 존중하고 그들의 이야기를 듣는 것이라고 생각합니다.

큰아이가 아직 네 살이지만 항상 의견을 물어봅니다. 또 제가 아이들 앞에서 지키는 것은, 주말이면 힘들다고 소파에 드러누워서 아내에게 일을 시키는 아빠는 되지 말자는 겁니다. 먼저 걸레를 들고 청소도

하고 설거지도 합니다. 미숙하지만 열심히 하는 것이 부모로서 아이들에게 해줄 수 있는 최선이라고 생각합니다. 그런 과정을 통해서 아이가 삶의 방향을 잡을 수 있으리라 믿어요.

질문 요즘 학교에서 협동조합을 만들기 위한 움직임이 시작되는 것으로 알고 있습니다. 모범적인 사례를 아시면 알려주세요.

최혁진 최근에 학교협동조합을 만드는 움직임이 서울과 경기도에서 생겨나고 있어요. 성남에 한 고등학교에서는 벌써 만들어졌죠. 원주에서는 이미 오래전에 진광중고등학교라는 가톨릭 학교에서 당시 지학순 주교님의 도움으로 신용협동조합을 만들었어요. 그때 학생들도 모두 조합원이 되어 출자를 했는데 많은 부모님이 반대했어요. 중고등학생들 데려다가 무슨 통장을 만드느냐며 불만이 많았습니다. 한 아이가 어느 날 갑자기 저축한 돈과 약간의 대출금을 받아서 새 리어카를 샀어요. 그 아이 아버지가 리어카 행상을 하시는데 너무 낡아서 바꿔드리려고 산 거예요. 그 사연이 부모님들의 눈물을 쏟게 만들었습니다. 협동조합이라는 시스템이 아이들에게 얼마나 중요한 교육적 가치가 있는가를 깨닫게 되었죠.

협동조합이 추구하는 가치와 정신들이 교육하고 잘 맞아요. 사람을 존중하고, 한 사람 한 사람의 참여를 보장하며, 커뮤니케이션을 통해 민주적으로 조직을 운영하는 협동조합의 원칙을 학교에 적용했더니 아이들이 훌륭하게 성장한 것입니다.

선생님·학부모·교직원·학생 들이 협동조합이라는 큰 경제사업체를 운영하니 학생도 이사로 선출될 자격이 있어요. 수익을 어디에 써야 하는지, 장학금은 누구에게 지급해야 하는지, 부대수익을 어떻게 투자해서 학교 환경을 개선해야 하는지, 정부에서 나온 지원금을 어떤 절박한 부분에 써야 하는지를 결정하는 데 학생들이 직접 참여할 수 있습니다. 이사로 뽑힌 학생은 직접 사람들을 만나고 운영에 참여하면서 리더십도 키웁니다.

영국에서는 정부가 학교협동조합을 권장합니다. 협동조합 방식으로 운영되는 학교는 학업 성적은 높아지고 학교 폭력은 줄어들었습니다. 아이들을 미성숙한 교육의 대상이 아니라 존중해야 할 인격체로 보는 것에서부터 아이들의 변화는 시작되는 것 같습니다.

협동조합은 교육을 중요시합니다. '모든 교육은 서로 배우면서 가르치는 것이다'라는 원칙을 지켜나갑니다. 아무리 뛰어난 명의라 해도 환자가 아무 말도 안 하면 무슨 수로 병을 고치겠어요. 의사가 되면 내가 누군가를 치유하는 위치에 서게 되고, 교육자가 되면 누군가를 가르치는 위치에 서게 됩니다. 하지만 아이들이 귀를 막고 눈을 가리고 있는데 무슨 수로 가르치겠습니까.

피부과 의사인 친구가 병을 고치는 방법에 대해 해준 얘기가 있습니다. 피부에 이상이 생긴 환자가 병원에 오면 처음에는 원인이 뭔지 잘 모른대요. 이 약도 줘보고, 며칠이 지나도 차도가 없으면 다른 약도 줘보고 한다네요. 열흘 정도 지나면 피부병이 낫는답니다. 그런데 그 병이 나을 때가 되어서 저절로 나은 건지 어떤 약 때문에 나은 건지 판단하기 어려울 때가 너무나 많다고 해요. 그래도 환자가 저 의사 덕분에 나았다고 계속 찾아와주기 때문에 자신의 경험치가 쌓여가면서 훨씬 더 좋은 의사가 되어간다고 말하더군요. 결국 의사를 가르치는 건 환자인 거잖아요. 의사를 가르치는 건 환자고 의사는 그 환자를 가이드해주고 치료를 도와주는 겁니다. 이것이 가치의 전환입니다. 이런 가치의 전환이 우리 교육에서도 뿌리를 내려야 하는데 협동조합이 그것을 실현할 수 있다는 믿음이 확산되는 모양인지 세계적으로 협동조합을 교육 시스템 안에 적용하려는 움직임이 빠르게 확산되고 있습니다.

5장
나를 찾게 해준 '아름다운 배움'

고원형 아름다운 배움 대표

시사IN 조남진

'아, 이렇게 살아도 먹고살 수 있구나'

이번 강의를 제안 받고 처음엔 거절하려고 했어요. 제가 가고자 하는 길을 어느 정도 닦아놓았다면 모를까 이제 겨우 아장아장 걷고 있는 상태라고 생각했기 때문입니다. 무언가를 말씀드리기에는 나이도 어려서 부담스러운 부분도 있었고요. 제가 강의를 많이 하는데, 제 삶에 대해서 이야기하라고 하면 잘 못해요. 믿지 못하시겠지만, 쑥스러움을 많이 탑니다. 여러 곳에서 제 삶에 대해 이야기를 해달라고 해서 강의를 한 적이 몇 번 있었는데, 그런 강의는 거의 실패했어요. 학생들 진로에 대한 강의나 프로그램을 활용해서 하는 강의는 꽤 잘하는데 말입니다.

거절할 수 있는 이유는 많았어요. 그러나 거절할 수 없는 한 가지 이유가 있었어요. 여러분도 마음속으로 존경하고 흠모하는 대상이 있겠죠? 제 경우에는 그 대상이 바로 사교육걱정없는세상의 송인수 대표님과 윤지희 대표님입니다. 지금도 그분들 앞에 서면 가슴이 두근거릴 정도예요. 시민사회 활동을 함께하는 대선배님이시고 훌륭한 일도 많이 하고 계신 두 분이 제게는 마음속으로 흠모하는 대상입니다. 그런 분이 강의를 부탁하니 제가 어떻게 거절을 하겠어요? 바로 하겠다고 했죠.

강의를 자주 하다 보니 제가 잘나고 능력이 뛰어나서 이 자리에 서 있다고 오해하시는 분들을 간혹 보게 됩니다. 저는 그렇게 생각하지 않습니다. 사람은 다 달라요. 제가 이 자리에 서 있고, 여러분들이 그

자리에 앉아서 제 얘기를 듣고 계시다고 해서 잘남과 못남의 차이가 있는 것은 아닙니다. 제가 이 자리에 설 수 있는 이유는 딱 하나입니다. 그것은 제가 원하는 삶을 선택해서 실천에 옮겼기 때문이죠. 대기업에 다니거나 국회에 근무하는 친구들이 꽤 있는데, 남들이 부러워하는 직업이잖아요. 하지만 오히려 사무관이나 로펌 변호사 친구들이 저를 많이 부러워해요. '원하는 삶을 선택하고 실천할 수 있는 작은 용기'를 부러워합니다. 능력이 뛰어난 사람이 아니라, 작은 용기를 실천에 옮긴 사람의 이야기라고 생각하시고 편안하게 들어주시면 고맙겠습니다.

송인수·윤지희 대표님이 저를 왜 이 자리에 불렀을까, 고민을 많이했습니다. 제가 이론적으로 공부를 많이 해서 진로에 대해 논리정연하게 설명할 수 있는 것도 아닌데 말이죠. 그럼 저를 왜 불렀을까요? 제 생각은 이렇습니다. '아! 저렇게도 먹고살 수 있구나, 저렇게 살면 굶어 죽을 것 같은데, 저렇게도 먹고살 수 있구나'를 보여주고, 자녀를 키우는 부모에게 희망을 주라는 의미에서 저를 부르신 거라고 말이죠.

우선 '아름다운 배움'이 어떤 단체인지 〈MBC 9시 뉴스〉에 나왔던 기사를 보겠습니다.

앵커 초등학생들에게 국영수를 가르치는 것이 아니라 독서와 생활지도를 통해 꿈을 키워주는 대학생들이 있습니다. 물론 무료입니다. 여기서 꿈이 자란 아이들의 성적은 저절로 올랐다고 합니다.

기자 초등학생들이 방학 중에 서점을 찾았습니다. 옆에서 대학생들이 일대일로 맡아 책을 함께 고릅니다. 독서와 생활 나아가 인생까지 상담하는 멘토로 나선 자원봉사 대학생들입니다. 일주일에 한 차례 모여 독서토론도 진행합니다. 퀴즈로 가볍게 시작했지만 본격적인 토론이 시작되면서 이내 진지해집니다. 대학생 멘토는 지난해 서울대 대학원생인 고원형 씨가 '아름다운 배움'이라는 단체를 만들면서 시작되었습니다. 소속 활동가들이 리더십 강의를 통해 수익을 만들고, 이 돈을 독서토론 멘토링에 지원하는 덕분에 아이들은 무료로 수강합니다. 지난해에는 10명 정도였지만 입소문을 타면서 올해는 90명으로 늘었습니다. 스스로 공부하는 아이들로 변하면서 효과는 국영수 과외보다 좋았습니다.

고원형 아이들이 꿈과 비전이 생기니까 목표의식이 생긴 거죠. 전교에서 1등 한 아이도 있고, 전교에서 17등 한 아이도 있어요. 물론 사교육도 안 받고.

기자 아름다운 배움은 더 많은 아이들이 혜택을 받을 수 있도록 수익사업 확대를 모색하고 있습니다. 젊은이들의 새로운 교육실험이 확산될 수 있을지 주목됩니다.

이 방송은 2010년에 방영됐어요. 제가 인터뷰에서 말한, 전교에서 1등 하는 친구가 이번에 서울국제고에 입학했어요. 사교육은 한 번도 받지 않았죠. 이 방송이 나가고 저는 저희 단체가 대박이 날 줄 알았어요. 홈페이지가 3번이나 다운됐고, 1주일 내내 문의전화가 너무 많이 와서 업무가 마비될 정도였으니까요. 그런데 후원은 단 1건. 정말 좌절을 느꼈습니다. 전화를 한 부모들이 모두 서울 송파·강남·서초 지역 분들이었어요. '돈 얼마 줄 테니 우리 아이들의 멘토를 맡아달라'고 해서 제가 좀 좌절감을 느꼈어요.

저희는 청소년 진로교육, 학부모 연수, 교사연수 등을 하고 있습니다. 저는 강의를 해서 버는 돈을 모두 사무실에 내놓습니다. 제가 번 돈과 후원금 일부를 가지고 저소득 계층 아이들에게 책을 읽히고 토론을 하죠. 수익금과 후원금으로 단체를 운영하고 있습니다. 지금은 사업이 추가되어 학교 부적응 학생들에게 자존감과 대인관계능력을 키워주는 체험 중심의 멘토링인 '어울림 멘토링'과, 대학생 20명이 방학 때 시골에 직접 찾아가서 먹고 자고 하면서 아이들에게 진로코칭, 학습코칭을 해주는 '꿈사다리학교'를 운영하고 있어요.

2013년부터 진로교육연구소에서 수익사업으로 시작한 것이 또 있습니다. 폭력가해자캠프인데, 서울시에서 학교 폭력 가해자로 처벌을 받고 교육을 이수해야 하는 아이들과 가평에 있는 서울시학생교육원에서 2박 3일~4박 5일 꿈찾기 캠프를 진행하는 것이에요.

저희는 학원이나 학교가 해결하지 못하는, 교육의 사각지대에서 생기는 문제들을 고민하고 해결하기 위해 애쓰고 있습니다. 제가 이런 단체를 운영하는 데는 이유가 있습니다. 강남 쪽에서 리더십, 진로교육을 받으려면 얼마나 드는지 아세요? 싼 것이 백만 원, 비싼 것은 천만 원, 어떤 것은 시간당 65만 원씩이나 합니다. 어려운 환경에 있는 아이들일수록 이런 교육을 받아야 하는데 못 받고 있습니다. 그래서 비용은 적게 들고 질 좋은 프로그램을 개발해서 학교나 교육청에 공급합니다. 학교나 교육청에서 비용을 지급하고 아이들이 무료로 교육을 받는 것이죠. 여기서 발생한 수입은 저희가 가져가지 않습니다. 멘토링 사업에 사용합니다. 남들이 보면 미친 짓이죠. 이 수입도 많지 않습니다. 일반 가격보다 저렴하게 공급하고 있으니까요.

서른, 방황하니까 청춘이다

제가 왜 이런 삶을 살게 되었는지 말씀드리죠. 사람들은 제가 하고 있는 일을 보면서 저 사람은 분명히 교육이나 심리, 상담 쪽을 공부했을 거라고 말합니다. 저는 학부에서는 법학을, 대학원에서는 행정학을 전공했습니다. 잘못된 교육이 양성한 전형적인 인간이죠. 제 적성에 맞춰서 대학에 간 게 아니라 학원에서 나눠주는 커트라인 표를 보고 갔습니다. 남들처럼 주어진 삶을 그럭저럭 살아가다가 서른 살이 다 되어갈 때쯤 제 자신에 대해 궁금해지기 시작했어요. 대체 나는 잘하는 게 뭐야? 하고 싶은 게 뭐야? 개미도 이 땅에 태어난 이유가 있는데 나도 만들어진 이유가 있을 텐데? 너무 궁금해서 잠도 못 잘 정도였습니다. 사람 만나는 게 두려워서 집 밖에 나가지도 못했죠. 고통의 시간을 보내다가 서른 살에 여행을 떠났습니다.

대학원생 시절 지도교수님한테 이렇게 말했어요. "꿈을 찾고 싶습니다." 제가 대학원에서 전 과정 장학금을 받고 있었는데, 공부를 잘해서 받는 장학금이 아니고 교수님을 도와주면서 받는 장학금이었습니다. 방학 때도 연구실을 비울 수가 없었어요. 그래서 교수님께 말했죠. "교수님 일주일만 시간을 주십시오. 제 꿈을 찾고 오겠습니다." 교수님이 미친놈이라고 생각하셨겠죠. 대학원생이고 서른이나 된 놈이 자기 꿈을 찾겠다고 하니 어떤 교수님이 정상적으로 바라보겠습니까. 여러

분들 자녀가 서른 살 먹었는데 하던 일 그만두고 "내 꿈을 찾아 떠나야겠어요." 그런다고 생각해보십시오. 어떻게 반응하시겠습니까?

그렇게 떠나서는 혼자 많이 걸었습니다. 혼자 걸으면서 내 자신에게 질문을 던졌어요. 끊임없이 물었습니다. "너 하고 싶은 게 뭐야? 얘기해보라니까? 도대체 왜 대학원을 떠났어?" 휴대전화도 꺼놓고 끊임없이 질문을 했습니다. 사실 저는 방황을 많이 한 편이에요. 하고 싶은 것도 일주일에 한 번씩 바뀌었어요. 인권변호사가 되겠다는 생각으로 로스쿨에 들어갈 준비를 하다가, 유학을 가겠다고 알아보는 식이었죠. 김난도 교수님이 〈아프니까 청춘이다〉를 쓰셨잖아요. 저는 이렇게 말하고 싶어요. "방황하니까 청춘이다." 그런데 요즘은 대학생들이 방황을 안 해요. 항상 지름길로 내비게이션 켜고 빨리 가려고 합니다.

어쨌든 저는 해남 땅끝마을에서 서울까지 걷기 여행을 하기로 마음먹었습니다. 첫날 해남에서 서울까지 걸어갈 생각을 하니 스스로 정말 뿌듯했어요. 배낭 하나 메고 혼자 걸었습니다. 잠은 모텔에서 자고 빨래는 가방에 옷핀을 매달아서 걸고, 그런 내 모습이 너무 자랑스러웠습니다. '난 너무나 거룩한 여행을 하고 있어. 내 자신을 찾아 떠나는 여행……'

하지만 발바닥에 물집도 생기고 정말 힘들었어요. 나주의 한 식당에서 점심을 먹는데 아주머니께서 "어디 가세요?" 하고 묻길래 "땅끝마을에서 서울까지 걸어갑니다" 하고 자랑스럽게 말했어요. 그런데 식당 아주머니께서 이렇게 말씀하시는 거예요. "야아~ 팔자 좋으시네요. 돈 있으니까 여행도 하고." 그 얘기를 듣는 순간 머리를 쾅 맞은 기분이었습니다. '아, 어떤 사람들에게는 꿈을 찾는 것조차 사치구나!' 그

런 생각이 머리를 친 거죠. 그러고는 바로 여행을 접었습니다.

이게 어느 정도의 충격이었냐면, 여러분 원효와 의상이 함께 당나라로 떠난 이야기 아시죠? 원효가 동굴에서 썩은 물을 먹고 나서 큰 깨달음을 얻고 다음 날 신라로 돌아가잖아요? 그런 정도의 깨달음이었습니다. 도보 여행을 멈추고 서울행 버스를 타면서 '나는 원효야' 하는 마음을 먹었어요. 서울에 올라와서 다시 생각하면서 제 주위를 둘러보기 시작했죠. '대체 내가 하고 싶은 게 뭐지?' 그러면서 발견한 사진이 한 장 있습니다.

위 사진은 제가 강의할 때 프로필로 보내는 것입니다. 강의할 때 강사들은 프로필 사진으로 멋진 정장을 입은 사진을 보내는 경우가 대부분인데요. 저는 항상 이 사진을 보냅니다. 왜냐하면 제 꿈을 찾게 해준 사진이니까요. 서울시 일곱 개 대학 학생들을 모아 봉사활동을 다닐 때 서울 종로에 있는 노인복지관에서 봉사활동 끝나고 저도 모르게 찍힌 사진입니다. 정말 해맑고 순수하게 웃고 있지 않나요? 이 사진을 보면서 내가 정말 즐거워하고 행복해하는 순간은 '봉사'할 때라는 걸 알았어요.

꿈은 멀리 있지 않고 내 옆에 있다

많은 친구들이 꿈을 찾기 위해서 멀리 갑니다. 하지만 자신의 꿈과 비전은 멀리 있지 않습니다. 바로 내 옆에 있습니다. 꿈은 자신의 주위를 계속 맴돌고 있습니다. 등잔 밑이 어둡다고 하잖아요. 행복은 멀리 있는 것이 아니라 바로 내 옆에 있다고 하잖아요. 꿈도 마찬가지입니다. 바로 내 옆에 있습니다. 저는 이렇게 생각합니다. '꿈과 진로는 동굴을 빠져나가는 것이다.' 동굴을 빠져나갈 때는 빛을 보고 빠져나갑니다. 작은 빛, 한줄기 빛이면 충분합니다. 하지만 우리는 큰 빛만 찾습니다. 큰 빛만 찾다 보면 동굴 속 눈앞에 있는 수많은 바위와 웅덩이를 보지 못합니다. 진로라는 것, 꿈과 비전이라는 것은 동굴 속 한 줄기 빛을 찾는 일입니다. 동굴을 빠져나오면 무엇이 있을까요? 또 다른 동굴이 기다리고 있습니다. 이것이 우리의 인생입니다.

제가 사람들을 모아서 조직하는 것을 좋아하다 보니 대학원에서도 봉사동아리를 만들었습니다. 즐겁게 봉사하자는 의미에서 이름이 피크닉이에요. 한 복지관에서 한부모 가정의 아이들만 모아 멘토링 사업을 시작했습니다. 하지만 잘 되지 않았습니다. 저는 당시 인권에 관심이 많아서 로스쿨 입학 준비를 함께하고 있었습니다. 공익 로펌에서 무급으로 인턴 생활을 하면서 저는 '우리나라 아이들의 인권 문제를 해결하는 데 법은 사후적 성격이 강하다. 오히려 교육이 사전적이다. 교육문제가 해결된다면 인권, 복지 등 많은 문제를 해결할 수 있다'고 생각했어요. 사람들을 모집하고 조직해서 창의적인 일들을 하는 것이 제 특기인데 법이라는 학문은 기존의 것을 지키는 보수적인 학문이어서 법 쪽으로 가면 제 장점들이 올바로 발현되지 못할 것이라고 생각했습니다.

한부모 가정 아이들 멘토링에 참여하던 아이 하나가 멘토링을 올 때마다 조는 거예요. 방과 후 교실로 축구를 하고 있어서 피곤했던 거죠. 당시 학교마다 방과 후 교실을 운영할 때라 선생님이 실적을 채우려고 그 아이에게 축구와 농구를 하라고 했던 거예요. 이 아이는 수업시간에 국어, 영어, 수학을 잘 따라가지 못해 애를 먹고 있었는데 그걸 보충해줘야 할 방과 후 교실이 전혀 제 기능을 하지 못한 거죠. 이건 아니다 싶었습니다.

그 길로 로스쿨 입학시험 준비하던 걸 접고 '개천에서 용 승천시키기' 프로젝트를 시작했죠. 국내의 모든 멘토링을 분석했습니다. 왜냐하면 저도 멘토링을 했는데 실패했거든요. 한 7개월 정도 멘토링 프로그램을 분석해서 멘토링이 성공할 수 있는 요소 10가지를 만들고 저희만의 멘토링 프로그램과 모델을 완성했습니다. 멘토링 프로그램이 나오고 사업을 시작해야 할 때 진짜 두렵더라고요. 내가 할 수 있을까? 돈은 어디서 구하지? 먹고살 수 있을까? 부모님께 용돈은 드릴 수 있을까? 등등 정말 두려움이 컸습니다.

실은 제가 나름대로 능력을 인정받아 여기저기서 스카우트 제의를 많이 받았습니다. 대학원에서 학생회장도 맡고 여러 가지 일을 많이 한 때문인지 국회의원 보좌관 제의도 받고 지방대 교직원 제의도 받았죠. 그밖에도 리더십 센터 같은 곳에서도 제안이 왔었어요. 한번은 시민단체에서 일해볼 생각을 비쳤더니 지도교수님이 "내가 한 달에 300만 원씩 줄 테니 연구소 와서 유학 준비하라"고 하시더군요. 대학교마다 무슨무슨 정책과정이 있잖아요. 이 과정을 운영하기 위해서는 조교가 필요합니다. 조교 월급이 300만 원 정도 됩니다. 조교로 일하면서 유학 준비를 하라는 말씀이었죠. 교수님께서는 또 NGO(비정부기구) 활동가들에게도 널리 알려진 존스홉킨스 대학에 추천서를 써줄 테니 그쪽으로 가라고 하셨습니다. 교수님은 유학을 가서 명망가가 되어 돌아오면 네가 하고 싶은 걸 마음대로 할 수 있지 않느냐고 조언을 하신 거죠.

하지만 저는 그러고 싶지 않았습니다. 저는 현장에서 바닥부터 다지면서 제 경력을 쌓고 싶었습니다. 왜냐하면 우리나라 시민사회가 명망가 중심이라, 리더는 각광받고 잘 나가지만 밑에 있는 간사들은 고생하고 소모되는 구조거든요. 저는 그 구조를 깨고 싶었어요. 밑바닥부터 기어 올라가야겠다고 생각하면서 '아름다운 배움'이라고 이름도 지었어요. 처음 이름을 지을 때 아름다운 재단의 '짝퉁'으로 보지 않을까 고민도 했습니다. 실제로 아름다운 재단하고 무슨 관계냐고 묻는 사람도 많습니다. 하지만 아름다운 배움만큼 제 마음에 드는 이름이 없었습니다. 제 눈에는 자신의 배움을 나누는 모습만큼 아름다운 건 없었으니까요. 아름답다는 표현 말고는 할 수 있는 표현이 없다고 생각했습니다.

만약 여러분들의 자녀가 제가 받았던 이런저런 제안들을 모두 거절했다면 어떤 생각이 들까요? '대학에 대학원까지, 그동안 투자한 돈이 얼마인데!' 그래서 스카우트 제의를 거절했을 때 부모님뿐만이 아니라 가까운 친척과도 갈등이 생겼습니다. 모두 저를 설득하려고 했습니다. 부모님과 가족, 친척 들은 제가 하려는 일을 쉽게 이해하지 못했습니다. 울면서까지 반대하셨죠. 하지만 저는 제 길을 가겠다고 했습니다.

부모와 자녀 간의 갈등은 부모와 자녀의 행복 기준이 달라서 생깁니다. 저도 남들에게 제가 하는 일을 설명하려면 30분 이상 떠들어야 하는데, 아들이 무슨 일을 하냐고 누군가 묻는다면 제 어머니가 간단히 대답하기가 쉽지 않겠죠. 그래서 어머니는 제게 제발 그냥 일반회사에 취직하라고 하셨어요. 요즘은 청년들의 꿈을 엄마 친구가 정해줍니다. 엄마 친구가 원하는 직업을 가지려고 하죠. 어머니 시대에는 먹고사는 것이 중요한 문제였잖아요. 형제 중에서 병으로 돌아가시는 분도 많고요. 어머니 시대의 행복 기준은 밥 굶지 않고 따뜻한 방바닥에서 잠자는 것이었지만 요즘은 시대가 많이 바뀌었잖아요.

저는 이렇게 생각했습니다. '어머니도 결국은 나의 행복을 바라시니 내가 행복하면 어머니도 아버지도 행복할 것이다.' 그래도 부모님과의 갈등이 2년 정도 이어졌습니다. 물론 지금은 풀렸습니다. 부모님들은 TV나 신문에 자주 나오면 성공한 줄 아세요. 제가 여기저기 많이 나왔거든요. 제가 강의 나가면 돈도 엄청 많이 버는 줄 아세요. 지금은 어머니께서 인정도 해주시고 후원도 해주시죠.

'나 자신을 온전히 나로서 평가하자'

저 나름의 삶의 모토가 있습니다.

첫 번째, 웃으면서 출근하자.

아침 출근길 지하철 안에서 웃는 사람 보신 적 있습니까? 웃으면서 출근하는 사람을 볼 수가 없어요. 매일 아침 직장 가는 길이 가슴 뛰고 즐거웠으면 좋겠어요. 가슴 뛰는 삶을 살자는 것이 목표이자 첫 번째 모토입니다.

두 번째, 내 자식에게 당당하게 말할 자격을 갖추자.

지금은 아이가 없지만 미래에 태어날 내 아이에게 "아빠는 이렇게 꿈꾸면서 살았어. 너도 꿈꾸면서 살아" 하고 말해주고 싶습니다. 내가 꿈꾸면서 살아야지 내 아이들에게 꿈과 비전에 대해 이야기할 수 있잖아요. 제가 아이들을 1년에 만 명 정도 만나요. 만나보면 아이들은 단순해요. 자기가 좋아하는 것에는 철저히 감정적인 반면 자기가 싫어하는 것에는 철저히 이성적이죠.

세 번째, 나 자신을 온전히 나로서 평가하자.

대한민국 사회는 나를 온전히 나로서 평가하는 것이 아니라 남들이 나를 어떻게 보느냐에 따라서 평가합니다. 그래서 한국 사람들은 명품백 들어야 하고, 이른바 SKY(서울대·고려대·연세대) 가야 하고, 스타벅스 커피 마셔야 합니다. 남들이 나를 어떻게 보느냐가 아니라 온전히 나로서 평가하자는 마음을 가지면 남들과 나를 비교할 수가 없습니다.

저도 예전에는 행정고시 합격한 친구들을 보면 배가 아팠어요. 하지만 제가 마음을 바꾸니 너는 네 갈 길을 가라며 박수 쳐주고 저는 제 갈 길 갑니다. 우리 삶은 비교할 수 없으니까요. 제 자신을 사랑하기 때문에 이런 결정을 했어요. 제가 저를 사랑하기에 저에게 나쁜 것은 안 합니다. 자기 자신을 사랑하는 것이 가장 중요합니다. 자신을 사랑해야 행복할 수 있으니까요. 내 안에 사랑이 넘쳐야 남도 사랑할 수 있더라고요.

부모님 말씀 거역하고 두 가지 비전을 생각하며 시민단체의 길을 걸어갔어요. 기존의 시민단체와 같은 길을 간다면 제가 이 길에 들어올 이유가 없잖아요. 그래서 첫 번째는 청소년과 대학생 문제를 어느 정도 해결하겠다고 마음먹었습니다. 대학생들도 문제가 복잡한데, 요즘 대학생들의 첫 번째 꿈이 바로 꿈을 찾는 거예요. 그래서 청소년과 대학생을 연결해서 함께 성장할 수 있게 해야겠다고 생각했어요.

두 번째는 우리 시민사회 영역을 키워야겠다는 것입니다. 우리나라 시민사회가 창출하는 부가가치가 선진국에 비해서 적거든요. 5분의 1 정도밖에 안 됩니다. 이것을 키워야겠다고 생각한 것입니다.

사회문제를 해결하는 주체는 정부, 시장, 시민사회 세 영역입니다. 정부는 한계가 있습니다. 포괄적으로 정책을 시행하기 때문에 개개인의 문제를 모두 해결할 수 없습니다. 아이들을 한곳에 모아놓고 한꺼번에 진로교육을 합니다. 아이들 각자의 꿈을 개별적으로 해결해주지 못합니다. 정부의 정책은 개별화에 있지 않습니다. 보편성, 포괄성에 있죠. 세금으로 운영된다는 한계도 있고요.

시장의 경우는 본질적으로 공익을 해결하는 주체가 될 수 없죠. 그렇다면 시민사회는 어떨까요. 대학원 봉사동아리에서 김장 담그기 봉사활동을 간 적이 있어요. 주최 기관에서 오후 3시는 돼야 끝날 거라고 하더군요. 그런데 사람들이 쉬지 않고, 노래 부르면서 정말 즐겁게 일하니 오전 11시 30분에 끝나는 거예요. 만약 이게 아르바이트였다면 이렇게 빨리 끝낼 수 있었을까요? 이게 바로 시민사회의 힘입니다.

저는 시민사회가 우리 사회의 문제를 해결하는 주체가 되어야 한다고 봅니다. 그렇게 하려면 무엇이 필요할까요? 지금은 시민사회 단체에 인재가 많지 않습니다. 왜냐하면 급여가 정말 낮거든요. 시민사회 단체 평균 월급이 110만~120만 원입니다. 저도 처음 일 년 동안은 월급을 40만 원 받았습니다. 2년차 때는 60만 원을 받았고요. 그나마 사교육걱정없는세상은 월급을 많이 주는 편입니다. 저는 시민사회 단체의 연봉을 3천만 원으로 만든다는 목표를 세웠습니다. 제가 스스로에게 부여한 과제인 셈입니다. 박원순 서울시장님과 최열 씨가 우리나라 시민사회 단체의 초석을 다졌다면 저는 그 시민사회 단체를 키워야겠다며 저 혼자 짊어진 짐이에요. 제가 새로운 모델을 만들어서 시민사회 단체의 연봉을 3천만 원으로 만들면 많은 인재가 시민사회 단체로 몰릴 것이라고 생각했어요. 그래도 풍족한 액수는 아니지만 가치의 측면이 부족한 부분을 채우고도 남을 것이라고 생각합니다. 지금 시민사회 단체에는 변호사, 교수들만 오잖아요. 젊은 친구들이 들어오지 않습니다. 그래서 저는 수익사업과 공익사업을 통해 조금씩 그 기반을 만들어가고 있습니다. 현재 아름다운 배움 근무자들 연봉은 2천만 원이 조금 넘습니다. 대단하죠?(웃음)

아름다운 배움에서 일하는 친구들은 거의 '투잡'이에요. 진로교육연구소에서 강사로 강의를 하고 멘토링 사업에서 간사로 공익활동을 합니다. 어떻게 보면 제가 동시에 두 단체를 운영하는 셈이라 힘에 부칠 때도 있습니다. 사회적 기업과 NGO를 함께 운영하는 모델로 아름다운 배움을 막 시작했을 때 조직과 경영학을 공부하는 친구들에게 조언을 구한 적이 있습니다. 조직학적인 측면이나 경영학적인 측면에서 어떻게 생각하느냐고요. 돌아온 답은 제 생각이 지나치게 이상적이고 낭만적이라는 거였습니다. 현실세계의 조직과 경영은 제가 생각하는 것과는 다르다는 거죠. 사회를 움직이는 조직에는 정부, 시장, 시민사회 이렇게 세 가지가 있는데 사회적 기업은 제4섹터라고 부릅니다. 아직까지 사회를 움직이는 조직이라고 인정하지 않는 거죠. 제 지도교수님이 조직학 전문가인데 제가 성공하면 세상에 조직은 세 개가 아니라 네 개가 있다고 강의하겠노라고 말씀하실 정도로 사회적 기업의 사정이 힘든 실정입니다. 정부의 지원이 끊긴다면 살아남을 수 있는 사회적 기업이 3퍼센트 정도입니다.

교수님과 수많은 친구가 다 실패한다고 했지만 저는 지금 부산에 사무실을 냈습니다. 부산에는 상근자가 두 명이고 저랑 함께했던 대학생 멘토가 2천여 명입니다. 서울 사무소에는 상근 근무자가 8명이고, 대학생 인턴 4명이 활동하고 있습니다. 모두 이상적이고 현실적이지 않다고 했는데 결국엔 해냈습니다.

가끔은 우리가 생각하는 대로 살아가는 것이 아니라 살아가는 대로 생각하지 않나 싶어요. 삶을 꼭 현실과 이상이라는 이분법으로만 볼 필요가 있을까요? 현실과 이상을 조화시킬 수 있는 부분이 분명히 존재하거든요. 제 삶의 원칙 중 하나가 '항상 더 나은 방법이 있다'입니다. 그래서 어떻게든 잘해보려고 프레젠테이션 자료 같은 것도 만날 늦게 보내요. 분명히 더 좋은 방법이 있을 것 같아서 그렇습니다.

이 지점에서 재능에 대해 얘기를 하고 싶습니다. 제가 방황하면서 제게 던진 질문 중 하나가 '넌 잘하는 게 뭐야?'였습니다. 저는 개인적으로 인간의 재능은 타고난다고 생각합니다. 많은 사람이 자신의 재능을 궁금해하지 않고 자신의 단점을 궁금해해요. 저 친구는 어학연수 갔다 왔는데, 쟤는 토익점수가 몇 점인데 나는 아무것도 해놓은 게 없네 하면서 자신의 단점과 약점만 계속 파헤치죠.

누구에게나 장점과 재능이 있습니다. 모든 걸 다 잘하는 사람은 없어요. 모든 걸 다 못하는 사람 또한 없습니다. 자신의 재능과 장점에 집중해야 해요. 우리는 자신의 재능을 강점으로 만드는 데보다 자신의 약점을 보완하는 데 시간과 에너지를 사용합니다. 운동신경이 없는 아이가 농구를 백날 한다고 학교대표나 국가대표가 됩니까? 기껏해야 반대표 정도 합니다. 자신의 재능에 관심을 가져야지 굳이 약점에 관심을 가질 필요가 없습니다. 약점을 보완할 필요가 없어요. 약점을 보완해줄 친구를 구하거나 내 장점으로 약점을 커버하면 돼요.

재능에 관한 4가지 유형
1. 나는 못하는 게 없고 다 잘한다.
2. 나는 특별히 못하는 것도 잘하는 것도 없고 다 어느 정도 한다.
3. 나는 잘하는 게 하나도 없다.
4. 나는 다 잘하지 못하지만, 내가 잘하는 게 몇 가지 있다.

제 장점은 전략, 자기 확신, 연결성, 관계, 집중입니다. 전략과 기획력이 뛰어난 편이에요. 그래서 단체도 만들고 우리 단체의 프로그램도 제가 대부분 개발했죠.

저는 자기 확신이 굉장히 강해요. 대학원생에게 대학원 원장님은 어마어마한 존재예요. 원장님께서 체육대회를 한번 해보자 하셔서 제가 체육대회를 준비했습니다. 행정대학원생은 공익을 위한 분야에 많이 진출하니 우리끼리만 놀고먹고 즐기기보다 의미 있는 바자회도 열자는 제안을 드렸죠. 그러자 원장님께서 하나라도 잘하라고, 바자회 같은 것 하지 말고 체육대회 준비나 잘하라고 하셨어요. 하지만 저는 포기하지 않았어요. 원장님을 무려 일곱 번 찾아간 끝에 체육대회 끝나고 바자회를 하도록 만들었죠. 결국 바자회를 열어 1시간 40분 만에 후원금 220만 원을 모아서 굿네이버스에 송금했어요. 저는 이 정도로 자기 확신이 강합니다.

저는 어떻게 보면 귀납적 인간이에요. 남들이 안 된다 해도 제가 직접 해본 뒤에 안 되면 그때 그만둡니다. 일단 해보고 설사 안 된다 해도 그것들이 다 미래에 도움이 된다고 믿어요. 미래사회에서는 이론보다 경험이 중요하다고 생각합니다. 박원순 서울시장님도 책상머리에서 시장이 된 것이 아니잖아요. 미래사회는 책상에서 이론을 쌓기보다 현장에서 자신의 경력을 쌓아가는 현장 전문가들이 이끌어가는 시대가 될 수밖에 없습니다. 이론은 구글 등으로 검색하면 바로 나오니까요. 미래사회에서는 문서화된 지식보다는, 경험화된 지식이 필요할 겁니다. 현장에서 할 일의 근거를 만들기 위한 공부도 중요하지만, 먼저 경험을 쌓는 것이 필수입니다.

반면 저는 제가 못하는 것은 전혀 안 해요. 저는 회계에 전문지식이

없으므로 회계는 담당자에게 전부 맡깁니다. 제가 그 분야에 전문지
식이 없는데 굳이 따지고 공부할 필요 있나요. 차라리 그 시간에 제가
잘하는 일을 하는 게 효율적이죠.

뜻이 있는 곳에 길이 있고 기적이 있고 돈이 있다

저는 '뜻이 있는 곳에 길이 있다'는 말을 믿습니다. 저 혼자 잘살자
고 뜻을 세운 게 아니고 같이 더불어 잘살자고 뜻을 세웠습니다. 저희
집안이 돈이 많아서 돈을 대줄 수 있는 상황도 아니고, 그렇다고 어떤
단체나 큰 기업을 모단체로 끼고 있는 것도 아니어서 빈손 하나밖에
없는데도 뜻을 세우면 바로 일을 벌입니다. 사업을 하려면 사무실도
있어야 하고, 멘토링 프로그램을 운용하려면 돈이 든다는 걸 뻔히 알
면서도 뜻이 있는 곳에 길이 있다는 말을 믿고 시작하는 거죠.

그리고 실제로 뜻이 있는 곳에 길이 있었습니다. 2010년 당시 오세
훈 서울시장이 서울시 2030창업 프로젝트를 했어요. 젊은이들에게
사업계획서를 쓰게 해서 괜찮으면 사무실과 돈을 지원하는 프로젝
트였죠. 그 프로젝트에 저소득 계층 아이들에게 책을 읽도록 하는 제
사업계획서가 채택됐어요. 사무실과 집기를 지원받고, 한 달에 70만
원씩 사업비까지 받았죠. 사업이 잘되어서 등급이 올라가자 한 달에
100만 원씩 받았어요. 뜻이 있는 곳에 길이 있고 기적이 있고 돈이 있
었습니다.

2010년 보건복지부가 멘토링의 허브가 되겠다며 휴먼네트워크를

출범시켜서 멘토링하는 단체에게 사업계획서를 받았어요. 계획서가 우수하면 3천만 원을 주겠다고 하더군요. 우리 단체와 다른 한 팀이 최종 프레젠테이션에 참가했고 결국 우리 단체가 선정됐습니다. 역시 뜻이 있는 곳에 길이 있었습니다. 요즘 대학생들은 어떻게 하면 좋은 곳에 취직할까 그 생각만 하지 뜻을 제대로 세우지 않는데, 뜻만 제대로 세우면 길이 있고 기적이 있고 돈이 있습니다. 휴먼네트워크 멘토링 사업은 1회에 이어 다음 해에도 우리 단체가 선정되었어요. 1회 때 선정된 단체 중에 실질적으로 사업을 하는 단체는 우리뿐이었어요. 그래서 다른 단체 실적까지 다 만들어주었죠. 우리는 2010년, 2011년까지 사업을 지원받았습니다. 일본도 공짜로 다녀왔어요. 멘토링 대 멘토링 연수차 갔죠. 일본은 개인주의가 강해서 멘토링이 활성화되지도 않았는데 보건복지부에서 멘토링 연수를 일본으로 보내준 거예요. 정말 재미있는 대한민국이죠?

대한민국에서 봉사를 가장 많이 하는 단체로 상도 받았습니다. 보건복지부 휴먼네트워크협회 2010 핵심협력기관 선정, 교육을 바꾸는 사람들 교육 공익사업 우수상, 소셜벤처 경연대회 서울·강원지역 우수상, 보건복지부 휴먼네트워크협의회 2011 핵심협력기관 선정, 농어촌공사 도농 교류사업 선정, IBK기업은행 휴먼네트워크 핵심협력기관 선정, IBK기업은행 휴먼네트워크 멘토링 우수상. 이런 것이 후원은 적지만 1천500명의 대학생과 멘토링 사업을 지속할 수 있는 힘입니다.

내가 하고자 하는 뜻만 제대로 세우면 못할 게 없습니다. 다 할 수 있습니다. 뜻을 세우고 바로 실행하면 됩니다. 제가 후원을 받으려고 얘기를 하면 사람들이 "지금은 너무 힘들어. 3년 후에 내가 자리를 잡으면 그때 후원할게"라고 합니다. 지금 후원을 못 할 이유는 한두 가지지만 3년 후에 후원을 못 할 이유는 백 가지가 됩니다. 지금 바로 행동하시면 돼요. 계산하고 따지다 보면 아무것도 할 수 없습니다. 바로 직시하고 행동하는 것이 중요해요.

학교 부적응 아이들을 위한 어울림 멘토링

'학교 부적응 아이들을 위한 어울림 멘토링'이라는 프로그램을 개발했습니다. 서울 강남교육청의 요청으로 만들었죠. 강남에 사는 아이들이 전부 다 잘살고 훌륭할 것 같은데 그렇지 않습니다. 주의력결핍장애(ADHD)를 않고 있는 아이들이 정말 많아요. 그 아이들을 만나서 멘토링 사업을 했습니다. 일주일에 한 번씩 만나서 체험 중심의 멘토링을 진행했죠. 학교 부적응 아이들에게 대인관계와 자존심을 키워주는 멘토링을 하고 있어요. 이 사업은 지금도 진행하고 있습니다.

농어촌 아이들을 위한 장돌뱅이 멘토링

곤지암에 있는 고등학교에서 1박 2일로 진로캠프를 진행했는데 반응이 뜨거웠어요. 그게 입소문이 나서 경북 예천에서 연락이 왔어요. 가서 보니 전교생이 40명이에요. 제가 프로그램을 진행하면서 깜짝 놀랐습니다. 고등학교 1학년인데 한글을 모르는 학생이 있어요. 40명 중에 10명이 맞춤법을 잘 몰라요. 고등학교 3학년인데 자신이 문과인지 이과인지도 모르더라고요. 우리의 고향인 농어촌에 이혼가정, 조손가정, 다문화가정이 함께 몰려 있습니다. 가정에서 돌볼 형편이 안 되니까, 학생들의 게임중독률이 도시보다 높아요. 딱히 할 수 있는 게 없어서 스마트폰에 더욱 중독되는 겁니다.

저는 앞으로 대한민국의 미래가 농어촌에 있다고 생각합니다. 우리가 농어촌을 어떻게 살리느냐에 따라 우리의 미래가 결정된다고 봅니다. 2010년 5월 농어촌 아이들을 돌봐야겠다는 생각으로 캠프를 열고 같은 해 7월에 이 프로그램을 시작했습니다. 생각을 먹자마자 두 달 만에 바로 시작한 것이죠. 방학 때 대학생들이 2주간 아이들과 같이 먹고 자면서 진행하는 프로그램입니다.

첫 번째로 선정한 곳이 강원도 양구였습니다. 저는 도시보다 더 좋은 교육을 받는 농촌을 만들고 싶었습니다. 프로그램 이름이 '장돌뱅이 멘토링'입니다. 이름을 무엇으로 지을까 엄청나게 고민하다가 춘천에서 일을 마치고 서울로 돌아오는 버스에서 장돌뱅이라는 이름이 떠올랐습니다. 이 이름을 짓고 정말 뿌듯했어요. 예전에는 장돌뱅이들이 오지 같은 곳에 물건을 지고 가서 공급해줬잖아요. 내가 장돌뱅이가 되어 교육서비스를 제공하리라. 지금은 부정적이라는 의견이 있어, 꿈사다리학교로 이름을 바꾸었지만 정말 뿌듯했어요.

농어촌 청소년을 위한 비전 멘토링 꿈사다리학교

도시와 농촌은 다른 점이 많아요. 도시에서는 수영장 가려면 돈 내면 돼요. 도시를 움직이는 기재는 돈이고 농촌은 돈을 내도 못 가는 경우도 있고 돈 없어도 그냥 갈 수 있는 경우도 있습니다. 농촌은 모두 형님, 언니 사이예요. "형님, 우리 애들 수영장에 보내고 싶은데요. 수영장 문 좀 열어줘" 하면 개장도 안 했는데도 열어줍니다. 이런 특색들과 지역적 환경을 고려하면서 2년 동안 모델링을 했습니다. 모델링이 끝나고 연천·태백·강화·양구 3곳이 확정되었고, 지금은 완도를 작업하고 있습니다.

3년 안에 이 학교를 100곳 만들고 싶습니다. 대학생들이 방학 때는 2주 동안 머물면서 아이들을 만나고 학기 중에는 한 달에 한 번씩 찾아갑니다. 아이들이 정말 좋아합니다. 양구에 가서 저희와 같이 협력하는 단체 지부장님의 대학생 아들에게 물어봤어요. "너 대학생 언제 봤니?" "대학교 가서 처음 봤어요." 농어촌 아이들은 대학생을 만날 기회도 거의 없어요.

시골 아이들을 멘토링하면 정말 재밌어요. 아이들이 참 순수해요. 도시 아이들은 프로그램 끝나면 그냥 가지만, 시골 아이들은 멘토들에게 인사하려고 한 시간 반 동안 버스 타고 터미널로 나와서 기다려요. 도시 아이들한테는 공부하라는 얘기 안 해도 시골 아이들한테는 공부하라고 합니다. 너무나 공부를 안 하기 때문에 그렇게 이야기합니다. 도시 아이들은 이성은 넘치지만 감성이 턱없이 부족해요. 학교 폭력 문제도 그래서 생겨요. 시골 고등학교에는 학교 폭력이 없습니다. 말 못 하는 아이들도 데리고 같이 놀아요. 감수성이 풍부하죠. 홈스쿨링 하면 부모와 깊은 관계를 맺기 때문에 대인관계가 좋다고 하잖아요. 자연과 함께하는 게 정말 좋거든요. 시골 아이들에게는 경쟁심을 키워줘서 목적의식을 갖게 하고, 도시 아이들에게는 시골 아이들의 감성을 가르치면 이성과 감성이 잘 조화된 교육이 가능하지 않을까 생각합니다.

멘토링 사업을 하면서 프로그램이 끝날 때마다 뭔가 부족함을 느꼈어요. 학교와 함께하지 않는 멘토링은 무의미하다는 생각이 들더라고요. 왜냐하면 공교육이 살아야 아이들이 살잖아요. 우리 아이들이 가장 오랜 시간 머무는 장소는 학교입니다. 학교 선생님들은 30~40명을 맡지만 대학생 멘토들은 일대일로 아이들을 만나니 아이들이 대학생 언니 오빠들을 좋아할 수밖에 없어요. 문제는 아이들이 대학생 멘토를 좋아하면서 학교 선생님을 싫어하게 된다는 점이에요. 이렇게 되면 멘토링은 성공한 것이지만 이 아이의 생태계 관점에서 봤을 때 실패한 것이죠. 그래서 올해부터는 학교와 함께하는 멘토링을 하고 있습니다.

여러 학교와 함께 멘토링을 하는데 특히 신능중학교의 경우 학원에 다니지 않고 학교에서 모든 교육이 가능하도록 '예습복습 멘토링'을 실시하고 있습니다. 아이들이 학교에 남아 예습복습을 하고 공부기록장을 작성하면 대학생들이 아이들이 작성한 것을 봐주고 피드백을 해줍니다. 또한 우리나라의 미래가 혁신학교에 있다고 생각해서 혁신학교에 도움이 되는 일을 하려고 노력하고 있습니다.

힘들고 가난해도 행복한 까닭

많은 사람들이 제게 세 가지 질문을 던집니다. 첫 번째 질문은 "너 힘들지 않니?" 물론 힘들죠. 저는 하루에 평균 14시간씩 일했어요. 제 친구들은 직장에서 날마다 밤 9~10시까지 야근하고 인상 쓰고 나와요. 하지만 저는 새벽 1시까지 일하는데도 지치지도 않고 쌩쌩합니다. 제 일이 정말 즐거워요. 즐기는 자는 그 누구도 이길 수 없어요. 일반 기업을 운영하는 것도 아니고 시민단체를 운영하고 있으니 얼마나 힘들겠어요. 제가 최열 씨나 박원순 시장님처럼 명망가여서 후원이 잘되는 것도 아니고 사실 힘듭니다. 직원들 월급도 줘야 하고, 챙겨야 할 일들이 한두 가지가 아니거든요. 그런데 힘은 들지만 행복해요. 힘이 든다는 것과 불행하다는 건 같은 말이 아닙니다. 힘이 들지 않으면 행복하고, 힘이 들면 불행하다. 이렇게 말할 수 없죠. 서로 결이 다른 개념입니다.

두 번째 질문은 "너 결혼할 수 있겠니?" 요새 '삼포시대'잖아요. 다들 포기하고 살죠. 하지만 저는 2012년 12월에 결혼했어요. 이렇게 살아도 결혼할 수 있습니다. 굶어 죽지 않아요. 아내도 시민단체에서 일해요. 둘이 월급 합쳐도 웬만한 사람 한 명 월급도 안 돼요. 꽉꽉하게 살 거라고 생각하시는데, 저희 그렇게 꽉꽉하게 살지 않습니다. 저희 사교육걱정없는세상 후원자예요. 소액이지만 모두 다섯 단체를 후원하고 있습니다. 아내와 같이 영화도 보고 가끔 음악회도 가는 등 문화활동을 하면서 제법 넉넉하게 살고 있습니다.

최근 연봉 5천만~6천만 원 받는 친구를 만났는데, 처음 하는 소리가 돈 없다는 거예요. 한 달에 후원금 만 원 내면 자기 가계가 무너진다고 하소연하는 경우도 많아요. 한 달에 만원 빠지는데 자기 삶이 파탄이 나고 자기 아이 교육비가 어쩌고⋯⋯ 이런 사람이 정말 많아요. 그게 꽉꽉하게 사는 거죠. 꽉꽉하게 산다는 건 돈을 많이 벌고 적게 벌고의 문제가 아니에요. 친구들은 아기 낳으면 달라질 거라고 말하는데 저는 자신 있습니다. 아기가 생기면 거기에 맞게 살 겁니다. 꽉꽉한 삶과 넉넉한 삶의 구분이 필요하지 않나 생각합니다. 자본주의 사회이니 돈을 무시할 순 없지만 돈의 노예가 되지는 않았으면 좋겠어요.

제가 3년 뒤에 해외에 나갈 예정으로 벌써 협약서를 썼어요. 캄보디아에서 사회단체를 운영하고 계시는 분과 MOU(양해각서)를 체결했습니다. 직원들이 미쳤다고 해요. 우리 월급도 못 주면서 무슨 해외사업이냐는 거죠. 저는 아름다운 배움을 국제단체로 만들 계획입니다. 저는 아프리카나 제3세계로 돈이 많이 들어가는데 왜 빈곤 문제가 해결되지 않는지 궁금해요. 그곳에서 활동하고 있는 NGO들은 반성해야 합니다. 돈만 자꾸 더 달라고 할 게 아니라 지금 하고 있는 서비스들이 문제가 있지 않은가 돌아봐야 할 때 아닙니까? 저는 제가 개발한 모델로 제3세계로 갈 겁니다. 5년 뒤에는 떠날 계획을 가지고 있습니다. 제가 과감히 길을 비켜줘야 우리 후배들이 치고 올라와서 순환이 되니까요.

저는 저를 시민사회 사업가라고 소개합니다. 왜냐하면 시민사회 단체 직원 연봉을 3천만 원으로 만드는 게 제 목표이기 때문입니다. 저는 사업가여서 공익활동과 수익활동을 항상 같이 합니다. 제가 관심 있는 분야는 재래시장과 농어촌입니다. 우리는 농어촌의 희생으로 살고 있습니다. 저는 도시와 농촌을 연결해서 문화공동체를 만들어가는 작업을 하고 있어요. 사람들이 네 꿈은 무엇이냐고 물어봅니다. 아름다운 배움의 꿈은 국제사회로 나가서 가장 영향력 있는 탁월한 단체가 되는 것입니다. 제 꿈은 '평생 나로부터 자유롭게 사는 것'입니다. 평생 나로부터 자유롭고 싶습니다.

자기 확신과 자존감을 갖고 사는 사람이
평범해 보이는 사회를 위해

질문 저는 전문대학에서 학생들을 가르치고 있는데요. '생각하는 대로 살아가지 못하고, 그저 살아가는 대로 생각한다'는 말에 동의합니다. 그런데 요즘 젊은이들은 왜 그렇게 불행하다고 생각할까요?

고원형 부모님이 아이 두뇌에 프로그램을 깔아놨어요. 나를 나로서 평가하는 것이 아니라 남들이 나를 어떻게 보느냐에 따라 평가하는 프로그램이죠. 모두 내 아이와 다른 아이를 비교하시잖아요.

지방대 친구들은 패배의식에 젖어 있어요. 그런데, 신기하게 수도권 대학 학생들과 지방권 대학 학생들을 멘토링시키면 지방대 학생들이 훨씬 잘해요. 우리나라 교육의 역설이라고 생각하는데요. 서울에 있는 대학에 왔다는 것은 그만큼 주입식과 강의식 교육에 길들여져 있다는 것입니다. 하지만 지방대 학생들은 그렇지 않아요. 공부를 안 한 것이죠.(웃음) 그래서 지방대 학생들은 야성이 살아 있어요. 건국대학교 충주 캠퍼스에 저희와 연결된 동아리가 하나 있는데 학생들이 정말 멋있어요. 저한테 제안서를 하나 받아들고는 학교를 찾아가서 본인들이 멘토링을 하겠다고 들이댑니다. 5천만 원짜리 제안서를 들고 교육청도 찾아갑니다. 전문대나 지방대 학생들이 패배의식만 극복한다면 야성이 살아 있기 때문에 탁월한 인재가 될 것입니다. 동물원 우리 안에 있는 호랑이보다 야생에서 뛰어다니는 호랑이가 먹이를 더 잘 잡습니다.

　앞으로 우리 사회를 이끌어 갈 인재들의 키워드를 두 가지라고 봅니다. 따뜻함과 야성. 전 삼성이 애플을 절대 못 이긴다고 생각하는 사람 중 하나입니다. 우리나라 인재들은 문제를 읽고 답을 제일 빨리 찾아요. 하지만 지금은 새로운 문제들을 발견하는 능력이 필요합니다. 애플이 왜 떴을까요? 애플은 아이폰을 만들어서 뜬 게 아니라 팟캐스트라는 새로운 세상을 만들어서 성공했습니다. 그래서 저는 지방대 출신과 시골 아이들에게 가능성이 있다고 봅니다. 아이들이 감수성이 있으니까요. 우리나라 교육의 역설인데 덜 길들여졌어요. 그런 아이들에게 우리가 그만큼 기회를 주지 않는 것이 문제입니다. 요즘 스펙 안 보고 열정적이고 도전의식 있는 인재들을 뽑는 회사들이 있어요. 저희도 대학생 멘토 뽑을 때 학벌 안 봅니다. 얼마만큼 아이들과 공감하느냐를 봅니다.

　잘난 인간들이 만들어낸 대한민국이 지금 어떻습니까? 시골 아이들은 감수성이 풍부해서 타인의 아픔에 공감합니다. 학교에 왕따가 없어요. 시골 아이들이 부족한 지식이 언어인데, 이것만 보완하면 완벽합니다. 다른 사람들의 아픔에 공감하는 이런 친구들이 우리 사회를 이끌어 가는 것이 맞다고 생각합니다.

질문 대학생 멘토링은 비전만 공유되면 가능한가요? 그리고 학생들에게 학점 등 대가가 지원되는지, 대학생들이 일회성으로 하는 것인지 지속적으로 가능한지 알고 싶습니다.

고원형 차비도 안 줍니다. 장돌뱅이는 경쟁률 7 대 1을 뚫어야 합니다.

심지어 참가비도 받습니다. 대학생 멘토가 가서 20일 동안 먹고살아야 하는데 후원금이 많이 들어오지 않아 2012년에는 일인당 10만 원씩 참가비를 받았어요. 2013년에는 5만 원씩 받았습니다. 멘토링하시는 분들이나 어르신들이 착각하시는 부분인데, 대학생들은 돈에 움직이지 않습니다. 내가 그 일에 보람을 느끼고 소속감을 느낄 수 있느냐에 몰입합니다. 다른 단체는 활동비 많이 주는데 저희는 활동비를 전혀 지원하지 않습니다. 차비도 본인 부담이죠. 대신 저희는 멘토링 자체를 재미있게 해줍니다. 저희는 다른 대학 다른 전공 대학생 여섯 명이 아이 여섯 명을 동시에 만나게 합니다. 다른 전공 다른 과 친구들과 만나서 정보도 공유할 수 있고, 재미도 있고, 놀이학습과 협동학습이 모두 가능해서 봉사활동을 했다고 충분히 느끼고 갑니다.

우리는 대학생들을 위한 행사를 많이 합니다. 2012년에는 11월의 크리스마스라고 해서 파티도 하고 저명한 인사들을 초청해 특강도 개최합니다. 대학생을 주니어 멘토가 되도록 하고, 대학생들에게 시니어 멘토를 만들어주는 것이죠. 그래서 대학생들이 꿈을 찾고 희망을 찾을 수 있도록 해줍니다.

질문 부모나 선생님들이 아이들 자신의 타고난 재능을 바라보게 할 수 있는 구체적인 방법에는 어떤 것이 있을까요?

고원형 제가 노인 복지 활동을 열심히 하고 있는데 어떤 할머께서 아이 잘 기르고 싶으면 '네 뒤통수만 깨끗이 하라'고 말씀하시더군요. 아이들이 엄마 뒤통수 보고 자란다는 얘기입니다. 제가 학부모 연수 가면 항상 하는 말이 있습니다.

첫 번째, 친한 엄마들끼리 카페에서 수다만 떨지 마시고 책을 읽고 독서토론을 하세요. 아니면 가족이 독서토론하는 날을 정해놓고 TV, 스마트폰 다 꺼놓고 토론하세요.

두 번째는 주말에 캠핑 가세요. 캠핑을 가면 엄마와 아빠, 아이가 대화하는 시간이 길어집니다. 낮에는 산속에서 놀다가 밥 때 되면 같이 요리하면서 이야기를 하면 자연스럽게 대화의 양이 늘어납니다. 아이들이 보통 엄마나 아빠랑 대화를 잘 안 하잖아요. 공부에 대해서만 물어보니까 그러는 겁니다. 아이의 관심사를 먼저 보세요. 아이가 들어오면 '학원 갔다 왔니? 수업은 어땠어?' 하는 게 아니라, 아이가 야구를 좋아하면 야구 스코어를 다 검색해서 엄마가 먼저 야구 얘기를 꺼내는 겁니다. 그러면 아이가 엄마와 대화를 시도할까요? 그러지 않아요. 우리 엄마 이상하다고 생각해요. 왜냐하면 아이들은 여러분을 끊임없이 테스트합니다. 그 테스트를 통과해야 대화가 시작돼요. 그런 식으로 접근하면 아이들과 대화가 됩니다.

저희가 어머님들과 함께 꿈 작업을 하는데 그 결과물을 거실에 붙여놓으라고 말씀드려요. 그러면 아이하고 엄마가 꿈 이야기를 할 수 있잖아요. 먼저 엄마가 어릴 적 꿈에 대해 얘기하는 거예요. 아이들이 세상에서 제일 재밌어 하는 게 꿈 이야기예요. 우울하고 슬퍼하면서 꿈 이야기를 하는 사람은 없습니다. 어떤 친구는 부인을 다섯 명 가지는 게 꿈이라고 얘기해요. 허황된 꿈이지만 웃으면서 얘기해요. 허황된 꿈이지만 꿈이라는 건 누구든 웃게 만듭니다. 먼저 아이의 관심사에 접근하고 끊임없는 테스트를 통과해야만 대화가 시작된다는 것을 기억하십시오.

질문 학창시절부터 인권에 관심이 많았다고 하셨는데요. 선생님께서 사회적 가치에 대해 관심을 가지게 된 개인적인 계기나 배경이 있는지 궁금합니다. 그리고 그런 것들이 후천적인 노력으로 키워질 수 있다면 어떤 방법을 권하시겠습니까?

고원형 잘 모르겠어요. 제 기억에 어렸을 때 방학이면 해남 외갓집에 가서 살았습니다. 그곳에서 더불어 살아가는 공동체 모습을 보고 자랐습니다. 그리고 저희 어머니는 이웃들에게 늘 무언가를 퍼주는 분이었어요. 누가 집에 오면 그냥 가는 꼴을 못 보셨죠. 뭔가 받으면 두 배 세 배로 돌려주셨어요. 그런 어머니의 모습에 영향을 받았습니다. 어머니께서 제게 늘 하시는 말씀이 3가지가 있는데, '첫째는 겸손해라, 둘째는 신뢰를 지켜라, 셋째는 돈에 욕심 부리지 마라'입니다. 대단한 분이죠? 이런 경험들이 크게 작용하지 않았나 생각합니다.

저는 서른 살에 방황을 시작했습니다. 다시 자기 확신을 갖기까지 살면서 겪은 여러 가지 경험들이 참 중요한 역할을 했죠. 입대 전 한 달 동안 건설현장에서 일해보기도 했고, 대학 다닐 때는 운동에 미쳐서 올F도 받아봤고요. 하루에 농구를 일곱 게임씩 했어요. 그래도 세상이 무너지지 않더라고요.

저는 삶의 장애물을 장애물이라고 생각하지 않아요. 그냥 하면 되지, 그렇게 생각합니다. 제 이런 면이 매사에 쉽게 도전하게 만드는 것 같아요. 후천적 노력이라면 많은 경험을 통해 다른 사람과 공감하는 능력을 키워야겠죠. 하지만 무엇보다 어머니의 모습을 보고 아이가 따라갈 겁니다. 자기 확신을 가지세요. 그 아이도 그럴 것이다 하는 자기 확신을 가지세요.

질문 서른 살에 나를 찾는 여행을 하셨다고 했는데, 나를 찾는 여행을 떠나기 전 대학교나 대학원에서 보낸 시간에 대해서는 어떻게 정리하셨는지 궁금합니다.

고원형 세상에는 절대 변할 수 없는 게 두 가지가 있어요. 첫 번째는 과거이고, 두 번째는 이 세상은 변하고 있다는 사실입니다. 제가 그 당시로 다시 돌아간다고 해도 같은 선택을 했을 거예요. 인간은 그 당시 자신이 가지고 있는 지식 조건 안에서 최적의 선택을 한다고 생각합니다. 행정고시에는 실패했지만, 행정학·경제학·정치학 등을 공부했거든요. 이런 학문으로 세상을 보는 다양한 관점을 가지게 되었어요. 그래서 잡다한 지식을 많이 알아요. 행정학을 공부한 덕에 공무원들의 행태를 많이 압니다. 또 보건복지 같은 개념들에 익숙하다 보니 정부 공모사업들을 잘 찾아내요. 실패한 행정고시 경험이 지금 제 삶에 다른 방식으로 도움이 되고 있습니다.

질문 강의 중에 사회적 기업을 네 번째 섹터로 분류했는데요, 대부분 직업을 구할 때 99% 이상이 시장에서 직업을 얻게 되는데 그런 부분에 대해서 어떻게 생각하시는지 궁금합니다.

고원형 서울대 대학원에서 박사과정을 밟고 있는 A라는 친구가 우리나라 교육은 우리를 평생 방황하도록 만드는 것 같다고 하더군요. 딱 와닿는 말이었어요. 사람마다 추구하는 가치관이 다르거든요. 저를 움직이는 가치관은 다섯 개입니다. 공동체, 도전, 재미, 성품, 함께 일함. 만약에 나를 움직이는 가치관이 돈이라고 해도 나쁜 것은 아니죠. A는 공부가 맞지 않은데 꾸역꾸역 하고 있어요. 성격상 현장에 나와서 활동적인 일을 하면 정말 잘할 친구인데, 사회가 요구하는 부분 때문에 공부를 선택한 거죠.

진로교육은 뭔가를 배제하는 것이 아니라 자기에게 맞는 것을 찾도록 해주는 것이라고 생각합니다. 누군가는 기업에 가야 하고, 누군가는 정부에 가야 하고, 누군가는 시민사회 단체로 가야 한다는 것이죠. 하지만 우리나라는 무조건 돈 많이 벌어야 한다, 대기업에 가야 한다고 강요되는 것이 문제라고 생각합니다.

질문 머리로 계산하지 않고 가슴이 뛰는 일을 하는 것을 아주 작은 용기라고 하셨는데요. 그 용기는 어디서 나온 것이고 또 자기 확신은 어디서 나오나요?

고원형 자기 확신은 자기 사랑과 자존감인 것 같습니다. 이런 부분은 아까 말씀드렸다시피 어린 시절을 시골에서 보내면서 자연과 충분한 교감을 나눈 경험 그리고 어머니의 절대적인 사랑에서 나온 것 같아요. 용기는 따로 어디서 나온다고 할 수는 없고 저는 그냥 합니다. 강화도에서 일을 하는 친구가 저에게 일을 배우고 싶다며 2012년 3월에 찾아왔길래 일을 그만두라고 했는데 아직도 그만두지 않고 있어요. 용기를 내지 못하는 거죠. 정 힘들면 편의점·피시방·당구장 가서 아르바이트라도 하면 됩니다. 남의 시선에 대해 신경 안 쓰는 것, 나를 나 스스로 평가하는 것에서 용기가 나온다고 할 수 있습니다. 일하고 돈 벌어서 내 가정 벌어 먹이는데 창피할 게 뭐가 있겠어요.

저도 사실 두려움이 많지만 어떤 일을 할 때 두려움보다는 설렘을 즐기는 스타일이에요. 굶어 죽지 않습니다. 그냥 하시면 돼요. 저는 저

자신을 특별하다고 생각하지 않아요. 평범하다고 생각하는데 사람들은 저를 보고 특이하다고 말합니다. 내가 하고 싶은 거 하면서 먹고살고 있는데 뭐가 특이해요? 우리 사회가 특이한 거죠. 우리 사회가 평범한 사회가 되었으면 좋겠어요.

6장
화려한 스펙을 버리고 골목을 누비다

강도현 〈골목사장 분투기〉 저자, 카페바인 협동조합 기획자

시사IN 조남진

'예측'보다 '해석'이 필요한 삶

저는 굉장히 평범한 사람입니다. 그런데 이렇게 귀한 자리에 불러주시는 걸 보니 지금은 평범함을 찾는 시대인가 보다 하는 생각이 듭니다. 그래서 오늘은 저같이 평범한 사람이 어떻게 특별한 생활을 할 것인가, 특별한 생활을 통해서 어떤 특별한 삶을 이어갈 것인가, 이런 주제로 이야기를 해볼까 합니다. 우연으로 둘러싸인 우리의 삶이 해석을 통해서 해체되고 재구성되는, 그럼으로써 의미 있고 행복한 삶으로 나아가는 이야기를 함께 나누고 싶습니다.

선택의 기로에 설 때 우리가 선택의 기준으로 삼는 것은 무엇일까요? 저는 교회에서 고등학생들을 지도하기 때문에 학생들과 이야기를 나눌 기회가 자주 있는 편인데, 학생들에게 이런 질문을 많이 합니다. '대학이나 전공을 선택할 때 어떤 기준을 가지고 선택을 하는가?' 언젠가 학생들과 이야기를 나누다가 국내 대학 순위를 알게 되었는데, 대부분의 고등학생들이 알고 있는 대학 순위가 같습니다. 저도 10위까지는 외우고 있을 정도입니다. 조금만 생각해봐도 거의 모든 학생이 동일한 순위를 공유하고 있다는 사실이 참 이상하죠. 가령 15위 대학과 16위 대학의 차이가 뭘까요? 대학이라는 것이 학교마다 특성이 달라서 교수들의 성향이나 학풍, 캠퍼스의 특성 등등 고려해야 할 것이 한두 가지가 아닌데 말이죠.

어떤 기준에 따라 정해진 것인지도 명확하지 않은 대학의 서열과 수능 점수를 따라서 대학을 선택해야 하고, 좋은 순위의 대학에 입학

해야 더 나은 삶을 살 것이라는, 학생들의 이 맹목적인 믿음은 대체 누가 만들었을까요? 왜 그렇게 서열에 목을 매는 것일까요? 학부모들과 이야기를 나누면서 아마도 '예측'이라는 것을 선택의 근거로 삼는 것이 아닌가 하는 생각이 들었습니다. 내가, 혹은 우리 아들, 딸이 이 대학에서 저런 전공을 선택하면 몇 년 후에는 이렇게 될 것이라는 예측 말이죠.

그런데 그 예측이 우리가 그토록 두려워하는 불확실성을 제거할 수 있나요? 최소한 제 경우에는 예측이 들어맞은 적이 거의 없습니다. 저는 예전에 금융상품을 거래하는 트레이더였습니다. 주식을 전문적으로 거래하는 트레이더가 예측이 들어맞은 적이 거의 없다고 얘기하면 제가 완전히 능력 없는 인간이 되는 것이죠. 주식과 관련한 미래를 예측하는 게 제 전문 분야였는데 말입니다. 사실 제가 거래를 하는 방식은 조금 달랐습니다. 사람들은 종종 터무니없는 근거를 가지고 주식 가격을 '예측'하고 거래를 합니다. 그러면 주식 가격이 너무 높아지기도 하고 반대로 너무 낮아지기도 하죠. 저 같은 트레이더는 그때 돈을 법니다. 가격이 지나치게 높게 형성된 상품은 팔고, 낮게 형성된 주식은 매입하면 되거든요. 그럼 가격은 정상적인 수준으로 회복되게 마련입니다. 빈약한 근거를 가지고 주식 가격을 판단하는 개미들이 정말로 많습니다. 비단 주식시장에서만 그런 것은 아닐 겁니다.

불확실성이 예측을 통해서 제거될 수 있나요? 여기 계신 분들은 그렇지 않다는 걸 잘 아시죠? 지금까지 예측해왔던 것들이 그대로 들어맞은 적이 얼마나 됩니까? 진로를 선택할 때도 마찬가지입니다. 내 딸이, 아들이 서울대·연대·고대에 가면 큰 문제없이 직장생활을 하리라고 예측하시죠? 그런데 예측이 들어맞을 확률이 몇 퍼센트나 될까요? 저는 대학에서 박사과정을 밟고 있는데요, 과연 언제까지 명문 대학이라고 불리는 곳에서 대한민국의 리더십을 찾을 수 있을지 매우 회의적입니다.

'예측이라는 것은 단지 우리에게 위로를 줄 뿐이지 예측을 기반으로 선택을 한다는 것만큼 어리석은 것은 없다'는 생각을 갖게 됐습니다. 내가 지금 어디로 가야 할 것인가, 어떤 전공을 선택할 것인가를 고민하는 학생들에게 '예측'이 선택의 기준이 되면 지속적으로 불안한 삶을 살 수밖에 없다고 말해주고 싶습니다.

저는 선택의 기준으로 예측이 아닌 '해석'을 제시하고자 합니다. 서른여섯밖에 되지 않았지만 짧은 삶을 반추해보면서 대부분의 중요한 사건들이 아주 우연적으로 일어났다는 사실을 깨닫게 되었습니다. 그리고 선택은 그렇게 우연히 다가오는 사건들을 어떻게 해석하느냐에 달려 있다는 것도 알게 되었습니다. 사건의 해석은 평범한 사람들에게 특별한 삶을 선사해주는 선물이라고 생각합니다. 지금부터 그 이야기를 나누겠습니다.

초등학교 1학년을 두 번 다니다

우선 제게 일어난 우연적 사건들에 대해서 말씀드리겠습니다. 대학이나 전공 선택부터 직장, 이직, 공부까지 제게 일어난 일들은 어느 정도는 '우연'이 빚은 것이었습니다.

제 아버지는 목회자의 삶을 사시는 분입니다. 제가 어렸을 때 우리 집은 아주 가난하게 살았죠. 물론 그때는 가난이 뭔지 몰랐습니다. 여섯, 일곱 살 때는 저랑 동생이랑 부모님이 큰 개인주택의 지하에서 2년 남짓 살기도 했어요. 저는 원래 4월에 태어났는데, 무슨 연유에서인지 제가 태어나기도 전인 2월에 아버지가 출생신고를 하셔서 일곱 살 때 학교를 갔습니다. 당시 아버지는 목사가 되기 전 단계인 전도사로 박봉에 시달리던 시기였습니다. 초등학교 1학년을 마칠 즈음 부모님이 도저히 우리 형제를 부양할 수가 없어서 저하고 동생이 시골 외가에 내려가서 2년간 살았습니다. 저는 초등학교 1학년을 마쳤는데도 행정 착오로 그곳에서 초등학교 1학년을 또 다니게 됐습니다. 기구한 운명이 아닐 수 없죠.

어쨌건 전라남도 보성에서 보낸 2년은 저에겐 정말 특별한 경험이었어요. 제 또래 중에 칡뿌리를 캐서 먹어본 사람이 많지 않더라고요. 저는 그런 경험을 갖고 있어요. 밤하늘에 별이 얼마나 많은지 보면서 2년을 그곳에서 살았어요. 2킬로미터를 걸어서 초등학교를 다녔고 친구들하고 쥐불놀이도 하고 냇가에 가서 수영도 하면서 지냈습니다. 자연스럽게 운동과 친해지고 자연을 좋아하게 되었죠. 지금 생각해보면 그 시절이 있었기 때문에 제가 평범하면서도 특별한 삶을 살 수 있었던 것 같습니다. 요즘에는 그런 경험을 갖게 해주려고 아이들을 일부러 시골로 보낸다고도 하지 않습니까. 그러니 저와 동생은 돈 주고도 살 수 없는 소중한 경험들을 한 것이죠. 물론 돈이 없어서 자식들을 시골로 보내야 했던 부모님 마음이 얼마나 아팠을지는 저도 이제 아빠가 되고 나니 이해가 갑니다.

그 당시에는 저와 제 동생의 미래가 얼마나 불투명하게 보였을까요? 하지만 사건 자체보다 그 사건들이 우리의 삶 안에서 어떻게 해석되는지가 훨씬 더 중요합니다. 그중에서도 가장 기막힌 우연은 초등학교 1학년을 두 번 다닌 것인데요. 그것도 서울에서 다니다가 다시 시골에서 같은 과정을 되풀이하니 저는 천재 소리를 듣게 되었습니다. 사실 그때 느꼈던 자신감이 긍정적인 자존감 형성에 상당한 영향을 미쳤다고 생각합니다. 그러다 초등학교 3학년 때 서울로 다시 올라왔고 4학년 때 아버지 직장을 따라 강남 반포로 이사를 했습니다. 강남의 한복판, 8학군이었죠. 저희 때는 8학군이라는 게 엄청났습니다. 그때 사실 저는 공부를 잘 못했는데 그럼에도 불구하고 초등학교 1학년 시절부터 자리해온 '난 원래 공부를 잘하는 학생'이라는 근거 없는 자신감이 저를 받쳐주는 힘이 되었습니다.

중3 때 미국 가서 겪은 우연들

자녀를 부양할 수 없어 시골로 보낼 수밖에 없었던 일이 제 부모님에게는 견딜 수 없는 괴로움이었겠지만, 그렇게 찾아온 '우연'이 저에게는 무엇과도 바꿀 수 없는 대단한 힘으로 제 삶에 큰 영향을 미친 것입니다. 우연이라는 것이 때로는 우리에게 괴로움을 줄지 모르지만 그 우연을 어떻게 해석하느냐에 따라서 우리의 삶은 완전히 달라질 수 있습니다.

제가 중학교 3학년 때, 아버지가 오랫동안 부사역자로 일하신 것을 인정받아 교회에서 아버지에게 1년간 외국에서 공부할 기회를 주었습니다. 제 의사와 상관없이 미국에 가게 된 것입니다. 솔직히 저는 정말로 가기 싫었습니다. 친구들하고 노는 게 좋았거든요. 지금은 사라졌지만 당시 신반포에는 비닐하우스 촌이 있었습니다. 친구가 거기 살았어요. 당시만 해도 반포라고 하는 서울의 중심지역에 가난한 사람들과 부자들이 함께 살았습니다. 그게 인간적이지 않나요? 어쨌든 한창 친구들이랑 노는 걸 좋아할 나이에 친구들 곁을 떠나 미국에 가야 하는데다 1년 만에 다시 돌아와서는 친구들보다 한 학년 뒤처질 걸 생각하니 이건 아니다 싶더군요. 하지만 중학교 3학년짜리가 무슨 힘이 있겠습니까? 결국 가게 되었죠.

미국 시카고에서 1년을 지내고 귀국할 즈음 주변에서는 이 기회에 저와 동생을 유학시키는 것이 어떻겠냐는 조언도 하셨지만 목사가 무슨 돈이 있었겠습니까? 저는 연탄을 가는 것이 익숙한 아이일 정도로 가난하게 살았습니다. 반포에 살기 전에는 네 가족이 11평짜리에 살았거든요. 초등학교 4학년 때인가? 제 생일날 어머님가 친구들 초대하라고 생일상을 차려놓고 출근을 하셨어요. 꽤 넓은 아파트에 사는 친구가 생일 축하하러 와서는 "야, 여기서 어떻게 살아"라고 말하는 거예요. 놀리려고 한 말이 아니라 진심에서 나오는 말이었습니다. 꽤 친한 친구였거든요. '아, 우리 집이 가난하구나' 하고 그때 처음 깨달았습니다. 하지만 저는 오히려 가난이 자랑스러웠어요. 제 친구 대부분이 다 가난했기에 그들과 같은 정체성을 가지고 있다는 것이 좋았거든요.

어쨌든 늘 가난했는데 무슨 유학이겠습니까? 그런데 아버지 제자 한 분이 미국 남부 시골 동네에서 신학을 공부하고 있다는 사실을 알게 되었어요. 그곳은 물가도 싸고 학비도 당시 우리나라 8학군 평균 학원비 정도밖에 들지 않더군요. 그런 우연을 통해서 저는 미국 시골 동네에서 학교를 다니게 되었습니다. 인구가 대략 10만 명 정도인 도시인데 초등학교 1, 2학년 때 살던 보성과 크게 다르지 않은 환경에서 고등학생 시절을 보내게 된 것입니다. 소가 우는 소리가 들리고 말이 초원을 달리는 그런 동네였죠.

고등학교 때 수학을 잘한 덕분에 괜찮은 주립대에 갈 수 있었는데 우리 가족의 경제 수준으로는 학비가 너무 비싸서 결국 리버티 대학교를 갔습니다. 리버티 대학교는 가깝기도 했지만 제가 나온 고등학교와 재단이 같아서 장학금을 많이 받을 수 있었어요. 그때가 1997년이었습니다. 한국이 외환위기를 겪던 시절이죠. 당시 환율이 1달러당 800원이었는데 외환위기 때 환율이 최고 1천900원까지 뛰었습니다. 그게 유학생 부모에게는 어떤 의미였는지 아시나요? 과거에는 한국에서 100만 원을 보내면 1천200달러가 갔는데 외환위기 때는 100만 원을 보내면 500달러만 오는 거예요. 아버지 월급은 빤하니까 더 많이 보내주실 수는 없잖아요. 제가 만약 주립대를 갔다면 틀림없이 유학을 포기하고 한국으로 돌아와야 했을 겁니다. 주립대보다 이름값은 없지만 장학금을 받을 수 있었고 분위기도 좋았던 시골 학교에 갔기 때문에 암흑의 시절을 버틸 수 있었습니다. 어떤 분은 제가 '아이비리그 나온 헤지펀드 좌파 아니냐?'고도 하시는데, 제가 나온 대학은 아이비리그가 아닙니다. 아이비리그는 모두가 가고 싶어 하지만 아무나 갈 수 없는 대학이죠. 특히 돈도 많이 들고요. 제가 나온 리버티 대학교는 모두가 가고 싶은 대학은 아니지만 원하는 사람이면 누구나 갈 수 있는 대학이었어요. 학비도 일반적인 수준보다 더 낮았고 시골 동네라 물가도 아주 싼 곳이었죠. 그 덕분에 외환위기 시절에도 귀국하지 않고 유학생 신분을 유지할 수 있었습니다.

우연이 그것만은 아니었습니다. 외환위기가 닥치고 얼마 후 어떤 아줌마가 뒤에서 제 차를 들이받았습니다. 굉장히 큰 사고였는데 저는 조금도 다치지 않았습니다. 오히려 운동을 너무 많이 해서 좋지 않았던 허리를 그 사고 덕분에 잘 고치고 자동차 보상비에 위로금까지 받아서 외환위기를 견디는 데 큰 도움(?)이 되었습니다. 그렇게 우연이 이어지면서 대학 4년을 무사히 마쳤습니다. 물론 그 4년이 풍족하지는 않았습니다. 저나 제 동생이나 미국의 일반적인 생활수준으로 보면 빈곤층의 삶을 산 것이죠. 그러나 그런 생활 속에도 의미가 있고 또 재미도 있었습니다.

제가 말씀드리는 것은 우연히 시골 대학에 갔기 때문에 서슬 퍼런 외환위기 시절을 보낼 수 있었다는 것이 아닙니다. 만약 더 이름 있는 대학에 갔어도, 그래서 경제적 곤란함 때문에 유학을 포기했더라도 또 그 상황에서 의미와 재미를 찾을 수 있었을 겁니다. 비록 제 유학생활은 빈곤함의 연속이었지만 그러한 어려움도 극복할 만한 감사한 우연들이 있었고, 그보다 더 중요한 것은 저와 제 동생이 그 우연들을 잘 발견하고 받아들였기 때문에 가난해도 재미있게 살 수 있었다는 것입니다.

대학에서는 전공으로 수학을 선택했습니다. 사실 관심은 경영학에 있었습니다. 그런데 한국에서야 경영대가 정말 가기 힘든 곳이지만 당시(1997년) 미국에서는 경제, 경영이 마치 대세인 것처럼 붐이 일어나던 시기라 뛰어난 학생들뿐만 아니라 별 볼일 없는 학생들도 죄다 경영학과에 몰리던 상황이었어요. 대학에서만큼은 학문다운 학문을 공부하자는 생각이 들었습니다. 게다가 제가 고등학교 때 수학을 잘했기 때문에 큰 어려움은 없을 것이라 착각했죠. 그 후로 얼마나 고생을 했는지 모릅니다.

사실 제가 2학년 때까지는 톱 클래스였습니다. 1, 2학년에는 주로 미적분을 공부하기 때문이죠. 저는 중학생 때 이미 '정석'을 공부했기 때문에 미적분이 그다지 어렵지 않았습니다. 그런데 3학년 때부터는 해석학을 공부하기 시작합니다. 그때부터 헤매기 시작했습니다. 2학년 때까지 저를 따라오지 못했던 미국 학생들이 해석학에 들어가면서는 두각을 보이더군요. 해석학은 증명이거든요. 저는 아무리 들여다봐도 교수님이 증명해준 방법 외에는 찾을 수가 없는데 미국 학생들은 정말 잘 찾는 거예요. 물론 일차적으로 제 노력과 실력이 부족했겠지만 또 다른 면에서 보자면 미국의 초·중·고 교육이 허술한 것 같아도 창의력을 끌어내는 교육임을 그때 제대로 깨달았습니다. 문제 푸는 기계처럼 공부했던 저는 미국 친구들을 따라갈 수가 없더군요. 4학년 때 성적이 비실비실(BCBC) 했습니다. 정말 겨우 졸업했어요. 중간에 포기하고 경영학으로 옮겨야겠다고 마음먹었다가 끝까지 포기하지 말라는 교수님의 설득에 넘어가서 결국 끝까지 했지만 성적은 그다지 좋지 않았죠. 그나마 부전공이었던 경영학에서 전부 A를 받은 덕에 평균 수준으로 졸업을 할 수 있었습니다.

지금 생각해보면 저는 수학이라는 학문을 전혀 모르고 전공을 선택한 거예요. 사실 우리 고등학생들도 마찬가지잖아요. 고등학생들이 스스로 전공을 선택합니까? 우리나라 현실이 그렇지 않잖아요. '내가 이만큼 공부했으니까 이 학교 이 학과에 들어갈 수 있다'는 것이 본인의 선택 같지만 사실은 우연 아닙니까? 그리고 대학 때 선택한 전공이 미래에 어떻게 전개될지 정해진 것은 아무것도 없습니다. 우연과 해석이 있을 뿐입니다. 공부를 잘하든 못하든, 좋은 대학을 가든 못 가든 그 어떤 것도 우리 삶을 최종적으로 평가할 기준이 되지 못합니다. 최선을 다한 후에도 수많은 우연 때문에 우리가 애초에 생각했던 결과를 얻지 못할 수도 있습니다. 그렇다고 실패는 아닙니다. 우연은 어떻게 해석되느냐에 따라 완전히 다르게 전개되니까요.

제 직장도 마찬가지였습니다. 제가 처음 인턴십을 한 곳은 제너럴일렉트릭 사였어요. 좋은 회사죠. 전 대학교 4학년 내내 학교에서 일을 했습니다. 아스팔트도 깔고 눈도 치우고 주로 몸으로 하는 일을 했습니다. 사무직 경력이라면 광고 우편물 보내는 사무실에서 2년간 종이 접는 일을 한 것이 다였죠. 그게 제 경력의 전부였습니다.

4학년 어느 날 학교에서 개최한 직업 박람회에 우연히 갔다가 별 생각 없이 이곳저곳에 이력서를 제출했습니다. 어떤 곳에서도 연락이 없더니 한참 뒤에 전화가 왔어요. "제너럴일렉트릭인데 인터뷰를 하지 않겠습니까?" 사실 저는 제너럴일렉트릭이라는 회사에 대해 잘 몰랐어요. 어쨌든 한 달 정도 지나서 인터뷰 날짜가 잡혔다고 다시 전화가 왔어요. 저는 이력서를 제출한 사실도 잊어버리고 아스팔트 깔면서 살고 있었는데 말이에요. 11명이 인터뷰에 왔더군요. 그런데 인터뷰는 안 하고 계속 회사 소개와 인턴십 프로그램에 대해 설명만 하는 거예요. 쉬는 시간에 인터뷰는 언제 하느냐고 물어봤더니 '무슨 소리냐?

인터뷰를 왜 하냐?' 그러더군요. 인터뷰하러 오라고 한 거 아니냐고 했더니 인터뷰가 아니라 오리엔테이션이라는 거예요. 알고 보니 인턴십 프로그램에 합격한 것이더군요.

당시 제너럴일렉트릭은 6시그마(품질혁신과 고객만족을 위해 전사적으로 실행하는 기업경영전략)라는 것을 운영했습니다. 모토롤라가 6시그마를 시작했지만 정작 재미를 본 기업은 제너럴일렉트릭이었거든요. 하필이면 11명 중에서도 제가 제너럴일렉트릭의 핵심 부서인 6시그마로 가게 되었습니다. 일을 시작한 지 한참 지나고 나서 물어봤습니다. "저는 인터뷰도 안 하고 회사에 왔는데 어떻게 된 겁니까?" 당시 6시그마를 책임지고 있던 총괄부사장이 아프리카 사람이었는데, 해외 유학생들에 대한 애정이 있었던 데다 결정적으로 제가 수학과 출신이어서 뽑았다고 말해주더군요. 제게는 고통스러운 이름 '수학'이 이런 반전을 가져다줄 것이라고는 상상도 못했죠. 때로는 괴로움으로 가득한 우연이 생각지도 못한 미래에 선물로 다가오기도 합니다.

인턴십 프로그램이 진행되던 3개월 동안 호텔에서 지냈습니다. 회사에서는 시급으로 1만 3천 원을 지급했습니다. 당시 기준으로는 파격적이었죠. 하지만 저는 공식적으로 임금을 받을 수 없는 유학생이어서 그 돈을 못 받았습니다. 그래도 호텔에서 재워주고, 일주일에 한 번씩은 임원들과 식사하고, 교육도 시켜주니 정말 좋았습니다. 돈 못 받는 게 대수롭지 않더군요. 6시그마가 사내 컨설팅 그룹이었기 때문에 많은 정보를 접할 수 있었는데 그런 정보를 이용해서 시키지도 않은 조사를 하고 문제제기를 하니까 그게 또 신기하게 보였나 봐요. 그래서 태도가 좋다고 입사제의를 받게 됐습니다. 그러나 군복무 때문에 한국에 돌아가야 해서 받아들이진 못했지만 우연적인 사건을 통해 첫 직장을 얻고 좋은 평가도 받았어요. 결정적으로 6시그마가 뭔지 알게 되었죠. 그것이 나중에 저에게 또다시 선물을 가져다주었거든요.

졸업 후 귀국해서는 해군 장교로 3년간 근무했습니다. 제대하면서는 컨설팅 '빅3'에 입사해야겠다고 생각했죠. 맥킨지, 베인, 보스턴컨설팅에 이력서를 제출했습니다. 성적도 안 좋고 소위 '듣보잡' 대학 나왔으니 당연히 떨어졌죠. 그런데 삼일회계법인에서 연락이 왔어요. 제가 얼마나 무식했던지 삼일회계법인이라는 곳을 들어본 적도 없었어요. 알고 보니 큰 회사였죠. 인터뷰에는 임원 두 분이 나왔어요. 제대를 앞둔 제가 무슨 개념이 있었겠어요. 인터뷰를 엉망으로 했습니다. 그런데 두 분 중 한 분이 6시그마에 엄청난 관심을 가지고 계셨던 겁니다. 계속 6시그마 얘기를 했어요. 제가 겨우 4개월간 인턴 생활을 했는데 6시그마를 알면 얼마나 알겠어요. 아는 거 모르는 거 주워들은 거 다 얘기하고 일어서는데 "잘해봅시다" 하시는 거예요. 이렇게 '우연'이 계속 이어지더라고요. 인턴십을 열심히 했던 것이 제대로 준비하지 못한 인터뷰에서도 할 말을 만들어준 것이죠.

내게 닥친 우연을 잘 '해석'해
금융상품 트레이더로 인정받다

삼일회계법인에서 2년 반을 근무하고 나니 이직을 해야겠다는 생각이 들더군요. 이직을 생각한 데는 이유가 있습니다. 제가 주로 금융

권만 돌아다니면서 프로젝트를 했는데 컨설팅이라는 게 겉은 그럴듯하게 보여도 기업의 핵심을 경험하지는 못한다는 생각이 들었습니다. 다양한 경험을 쌓을 수 있다는 면에서는 좋았지만 저는 핵심을 체험하고 싶었어요. 지금도 제 후배들이 진로에 관해서 물어보면 핵심을 체험할 수 있는 길을 선택하라고 이야기합니다. 저는 금융의 핵심으로 들어서기를 원했습니다.

주변에 알아보니 한 헤지펀드에서 주니어 트레이더를 뽑더군요. 주니어 트레이더가 뭔가 하고 가서 인터뷰를 했는데 3개월짜리인 거예요. 3개월 해보고 적성이 맞으면 계속 일하고 아니면 나가는 거였어요. 외국계 헤지펀드라 그런지 월급은 정상적으로 주더라고요. 그때 제가 결혼을 앞두고 있었어요. 결혼하기 불과 몇 달 전에 3개월짜리 임시직으로 이직을 한 겁니다. 삼일회계법인에서 저를 끝까지 잡아주셨던 선배님께는 차마 임시직으로 간다는 말을 못하고 연봉 제대로 받고 간다고 거짓말을 했죠.

주니어 트레이더는 무슨 일을 할까요? 우리나라 주식시장은 오전 9시부터 오후 3시까지 열립니다. 중간에 점심시간이 없습니다. 그래서 주니어 트레이더가 현직 트레이더들의 점심 주문을 받아서 직접 배달을 합니다. 그뿐 아니라 각자 책상 위에 컴퓨터 화면이 여섯 개 정도 있어서 열이 많이 나기 때문에 물을 많이 마시거든요. 냉장고에 물과 음료수가 떨어지지 않도록 계속 채워야 해요. 가장 중요한 일은 파생상품 공부를 열심히 해서 학습 능력이 있다는 것을 보여주는 것이었습니다. 공부와 심부름이 주 임무였죠.

이미 눈치채셨겠지만 저는 태도로 승부하는 스타일이에요. 실력이 부족하기 때문입니다. 저는 천재도 수재도 아닙니다. 그런데 천재가 아니어도 한 가지 일을 꾸준히 하면 잘하게 되더라고요. 문제는 그저 꾸준히만 한다고 되는 것이 아니라 끊임없이 해석하는 작업을 같이해야 합니다. 하고 있는 일에 의미를 부여하고 스스로에게 새로운 질문들을 던지는 일이죠. 냉장고를 채우는 일도 그렇습니다. 별 볼일 없는 일이지만 조금만 살펴보면 지금까지 해왔던 방식보다 더 잘할 수 있습니다. 다른 동료 중에는 '내 커리어가 있는데 냉장고를 채우게 하다니' 하고 불평하는 사람도 있었습니다만 저는 냉장고 채우는 것이 아무렇지도 않았습니다. 솔직히 서른 언저리에 냉장고를 채우고 있을 줄 정말 몰랐죠. 하지만 그것조차도 저에게 주어진, 아니 스스로 선택한 우연적 사건일 뿐이었습니다. 그리고 그 모든 우연은 해석의 대상입니다. 어떤 우발적인 사건도 우리 자신을 좌지우지 못합니다. 그 사건을 내가 어떻게 해석하고 어떤 의미를 부여하느냐가 훨씬 더 중요하죠. 결국 사건에 대한 해석이 우리의 삶을 이끌어 나갑니다. 냉장고를 채우는 일은 저에게 금융의 핵심으로 직행하는 일종의 비용이었습니다. 뭔가를 얻기 위해서는 비용을 지불하는 게 당연하잖아요? 설령 원하는 바를 충분히 얻지 못한다 할지라도 말이죠.

3개월 뒤 계약기간을 1년으로 연장했습니다. 일단 냉장고 채우는 일은 잘할 수 있다고 인정받은 셈이죠. 금융 공부도 그럭저럭 해나갔습니다. 대학을 졸업한 지 6년 정도 돼 교과서를 읽기도 쉽지 않았지만 태도로 승부하는 것이 그럴 때는 참 유리합니다. 아무리 머리가 나빠도 오래 읽고 있으면 이해가 되거든요.

헤지펀드에서 정식 트레이더가 되려면 트레이딩 능력을 보여줘야 합니다. 보통 2억 원 정도를 벌어야 정식 트레이더가 될 가능성이 생깁니다. 그런데 저는 조금 특별한 방법으로 정식 트레이더가 됐습니다. 회사에서 새로운 상품에 대한 리서치를 하고 있었는데 하루 일정이 끝나고 나면 리서치 결과를 엑셀로 옮기는 작업을 주니어 트레이더들이 하게 되었습니다. 숫자를 복사해서 엑셀에 갖다 붙이는 작업이었어요. 말하자면 'Ctrl+C'와 'Ctrl+V'의 무한 반복이죠. 말씀드렸다시피 제가 허드렛일을 좀 열심히 하는 편입니다.

복사하고 붙이기를 막 하고 있는데 굉장히 이상한 걸 발견했어요. 아니, 제가 발견했다기보다 그게 제 눈에 발견되었다고 해야 맞습니다. 그 둘 사이에는 큰 차이가 있습니다. 제가 능동적으로 이상한 현상을 발견했다기보다는 하필 제가 그 데이터를 볼 때 그 현상이 거기 있었던 겁니다. 저는 이상한 것을 이상하다고 느낀 것뿐입니다. 시니어 트레이더들한테 가서 이야기를 했습니다. 그러고는 그날의 이상함이 리서치로 이어져서 결국엔 하나의 신규 상품을 거래하는 부서가 되었습니다. 저는 그 공을 인정받아 돈을 잘 벌지도 못했는데 정식 트레이더가 되었습니다. 더욱이 그 부서가 돈을 꽤 많이 벌었어요. 그래서 저도 덩달아 돈을 많이 벌게 되었습니다.

얼마나 우연적이에요. 제가 삼일회계법인을 그만두고 그 헤지펀드에 들어간 것, 하필이면 그 시스템을 가지고 있는 회사에 갔던 것, 하필이면 그 시스템을 가지고 있던 회사가 제게 허드렛일을 시켰던 것, 하필이면 그 데이터가 제가 볼 때 있었던 것, 전부 다 우연의 연속이거든요. 제가 유일하게 잘한 일이 있다면 그 허드렛일을 잘 해석한 것이죠. 아무리 작은 사건이라도 질문을 잘 던지면 전혀 새로운 사건이 됩니다. 본질은 '나에게 어떤 사건이 발생하느냐'가 아니라 '사건을 어떻게 해석하느냐'입니다.

'나에게 주어진 질문이 무엇인가'를 아는 것이 중요하다

최근에 지인 두 분이 연달아 제게 '행복하냐?'는 질문을 던졌습니다. 그 질문을 하는 이유가 있죠. 트레이더로 일할 때 한참 돈을 잘 벌었거든요. 그러다 어느 날 갑자기 회사를 때려치웠습니다. 그러고는 공부를 하겠다고 학교에 갔으니 제가 돈을 많이 벌었던 때를 아는 사람들이 그렇게 질문을 하는 겁니다. 사람들은 어쩌면 '나 지금 행복하지 않아'라는 말이 듣고 싶었을지도 모릅니다. 그런데 저는 지금 괜찮습니다.

파생상품을 거래하면서 들었던 질문이 있습니다. 어쩌면 금융의 본질에 대한 질문일지도 모릅니다. 파생상품은 원래 위험을 회피하기 위해 만들어진 금융 기법입니다. 그런데 정작 위험이 들이닥칠 때면 어김없이 파생상품 때문에 난리가 납니다. 위험 회피 수단이 가장 필요할 때 오히려 위험이 증폭되는 것을 보았습니다. 왜 그럴까? 무엇이 문제일까? 언제부터인가 트레이딩을 하면서 돈을 버는 것보다 그런 질문들이 더 중요해졌습니다. 그뿐만이 아닙니다. 금융이 사회적 문제, 특히 빈부 격차를 심화하는 것이 아닌지 의구심이 생겼습니다. 사실 그런 문제의식은 오래전부터 가지고 있었습니다. 그런데 파생상품을 거래하면서 그런 의심에 거의 확신이 생긴 것이죠. 돈을 많이 버는 것보다 이 문제에 대한 답을 찾는 것이 더 중요해졌습니다. 돈을 버는 것보다 질문에 대한 답을 찾기를 원했습니다. 그래서 그만뒀습니다.

저는 행복할까요? 그렇기도 하고 그렇지 않기도 합니다. 인류 역사상 계속 행복한 사람이 있었던가요? 행복이 우리 인생의 목표인가요? 저는 행복한 사람이기 전에 의미 있는 일을 하기를 원하는 사람입니다. 그 의미가 거창할 필요는 없습니다. 가족일 수도 있고 친구일 수도 있습니다. 그것이 무엇이든지 우리 삶을 지탱해주는, 우리가 전진하도록 힘을 주는 것은 언제나 의미입니다. 사건을 해석하는 것은 바로 그 의미를 찾는 일입니다.

제가 회사를 다니면서 스스로에게 한 질문은 '나는 이곳에서 무엇을 배울 수 있는가'였습니다. 답의 본질로 직행하고 싶었습니다. 열심히 일해서 임원이 되고 돈을 몇 억 원씩 번다고 한들 그것은 제가 원했던 본질이 아니었습니다. 그 질문이 저를 움직였기 때문에 삼일회계법인이라는 안정된 직장을 때려치우고 냉장고에 음료수 채우고 점심 사오는 일을 받아들일 수 있었습니다. 금융의 본질을 알고 싶었거든요.

헤지펀드 트레이더로 3년을 일해보니 정말 돈 버는 기계가 되었습니다. 제가 평소에 생각했던 것과는 비교가 되지 않을 정도로 많은 연봉을 받았습니다. 이렇게 몇 년만 더 벌면 아내와 우리 애들 고생은 시키지 않겠다는 생각이 들었습니다. 그러나 돈을 많이 버는 것도 제가 원했던 본질이 아닙니다. 금융자본주의라는 거대한 시스템이 우리와 이웃들의 삶에 어떤 영향을 미치는지를 알고 싶었습니다. 그리고 그 답을 트레이더로서는 찾을 수 없다는 것이 명백해졌을 때 그 자리를 박차고 나올 수 있었습니다.

나이가 들어 학교에 있다 보니 '큰 결단 했군요'라는 말을 종종 듣습니다. 그런데 솔직히 제게는 그다지 어려운 선택이 아니었습니다. 고등학교 때부터니 10년 이상 같은 질문을 하고 그에 대한 답을 찾다 보면 그 밖의 것들은 별로 중요하지 않게 됩니다. 아마도 제 아내에게는 큰 결단이었을 겁니다. 갑자기 수입의 규모가 엄청나게 줄어드는 것에 대해 어찌 고민이 없었겠습니까? 그런데 제 아내도 '쿨'한 사람인지라 하기 싫은 일은 그만두고 하고 싶은 일을 하라고 격려해주었습니다. 그러니 제가 행복하지 않을 수가 없죠. '나에게 주어진 질문이 무엇인가'를 아는 것이 중요합니다. 인생은 주어진 문제에 대한 답을 찾는 과정이 아닐까 조심스레 추측해봅니다.

책에서 사람을 보지 못하면 인문학 열풍도 의미 없어

그렇다면 어떻게 답을 찾아갈 수 있을까요? 제가 언젠가 '인문학 열풍이 곧 죽을 것 같다'는 얘기를 한 적이 있습니다. 인문학 전문가도 아닌 제가 그런 건방진 소리를 한 것은 관찰자로서 자세히 살펴보건대 현재 우리 사회에 불고 있는 인문학 열풍은 그 순서가 뒤바뀌었다는 생각이 들었거든요. 자고로 '인, 문, 학' 아니겠습니까? 가장 먼저는 사람이 있죠. 그다음이 사람을 문서로 남긴 것이고 그 문서들을 학문으로 정리한 것이 인문학일진대 과연 바람처럼 일어나는 인문학 열풍이

'사람'을 담고 있는지 의심이 들었거든요. 도대체 사람은 어디 가고 책만 둥둥 떠다니는지, 스펙 스펙 하다가 심지어 읽은 책 목록까지 스펙이 되는 세상이 되었습니다.

저는 부끄럽게도 많은 책을 읽어내지는 못합니다. 제가 좀 느리거든요. 책을 읽을 때는 느릿느릿 대화하듯 읽습니다. 중학생 때 가장 인상적으로 읽은 책이 파스칼의 〈팡세〉였어요. 이 책은 파스칼이 남긴 메모를 모아놓은 것이기 때문에 누가 편집했느냐에 따라서 책의 구성이 조금씩 다릅니다. 저는 그때 박철수 선생님이 엮은 〈팡세〉를 읽었습니다. 이 책을 읽으면서 중학교 3학년인 제 마음속에 '비참'이라는 단어가 꽂혔어요. 파스칼의 유명한 말이 있죠. '인간은 생각하는 갈대다.' 인간은 정말 비참한 존재인데 생각할 수 있기 때문에 위대한 존재라는 거예요. 당시 제가 썼던 일기들을 들춰보면 '비참'이라는 단어가 계속 나옵니다. 이 책을 정말 좋아했어요. 파스칼이 〈팡세〉에서 데카르트를 많이 비판하거든요. 그러다 보니 자연스럽게 데카르트를 비롯한 철학자들에 관심을 갖게 되었습니다. 중학생 때 아드니람 저드슨이라는 선교사의 이야기를 읽으면서 '아, 저렇게 살아도 행복할 수 있구나' 하고 느꼈어요. 그 누구도 이 사람이 성공했다고 하지 않지만 본인은 행복했다, 성공했다고 말하니 놀라웠습니다.

그런가 하면 존 그리셤은 제가 아주 좋아하는 미국 소설가예요. 얼마나 좋아했던지 대학시절 시험 바로 전날까지도 소설을 읽느라 공부를 제대로 못한 적이 있습니다. 그 덕에 영어공부는 제대로 했죠. 요즘에는 인터넷에 워낙 좋은 콘텐츠가 많은데, 저는 특별히 인터뷰를 즐겨 봅니다. 존 그리셤의 인터뷰는 빠짐없이 보는 편이죠. 그러면 그 사람이 쓴 소설의 행간에 담긴 의미도 더 깊이 다가와요.

함석헌 선생님이 쓰신 〈뜻으로 본 한국역사〉는 제 역사관을 만들어 준 책입니다. 슈바이처도 제가 좋아하는 인물이에요. 제가 이 늦은 나이에 박사 공부를 할 수 있을까 고민하고 있을 때 '슈바이처의 조언'을 들었습니다. 사실 슈바이처는 30대 초반 유망한 신학박사였는데 32세에 갑자기 의대에 갔거든요. 주변 사람들은 슈바이처 박사에게 의대를 졸업하면 무려 서른여덟 살이라고 말하자 슈바이처가 "의대에 가든 가지 않든 어차피 6년이 지나면 난 서른여덟 살이 되지"라고 대답을 했답니다. 그 말이 제게 큰 힘이 되었습니다. 저도 박사과정을 시작하기엔 나이가 많았거든요. 그러나 제가 공부를 하든 안 하든 5~6년 후에는 마흔이 될 텐데 나이 따지지 말고 본질로 들어가자는 생각으로 공부를 시작했어요.

어떤 책을 만나느냐 하는 것도 굉장히 우연적인 사건입니다. 저 또한 우연히 책들을 읽었지만 그것들은 제게 지워지지 않는 흔적을 남겼어요. 단순히 읽는 행위를 했기 때문은 아닙니다. 책이 그토록 많은 영향을 준 것은 책들을 읽으면서 해석했기 때문입니다. 슈바이처의 책을 읽고 저는 돈 많이 주는 직장을 미련 없이 놓을 수 있었어요. 마치 슈바이처 박사님으로부터 직접 조언을 들은 것처럼 말이죠. 그런가 하면 안병무 선생님의 〈민중신학 이야기〉를 읽으면서 제가 기존에 갖고 있던 기독교 신앙의 큰 그림을 다시 그리게 되었습니다. 마치 직접 안병무 선생님의 강의를 듣는 것처럼 말이에요.

책을 읽는 것은 눈으로 대화하는 것입니다. 때로는 목소리를 내어 대화를 시도합니다. 마치 내가 쓴 글처럼, 누구에게 설명하듯이 큰 소리로 읽죠. 그래서 책을 읽는 데 시간이 많이 걸립니다. 제가 졸지에 책을 두 권이나 써서 마치 책을 많이 읽는 사람으로 오해 받기도 하는데요. 솔직히 별로 많이 읽지 못합니다. 한 책과 대화를 여러 번 하면서 읽거든요.

어쩌면 제가 말하는 '해석'의 첫 연습은 책을 읽으면서 책 속의 인물들과 깊게 대화를 할 때 시작되지 않나 생각합니다. 제가 책을 읽고 대화를 했다는 얘기는 이런 것입니다. 마틴 루터 킹의 책을 읽으면서 묻습니다. '당신은 부자였는데 어떻게 그런 삶을 살았느냐'고요. 마틴 루터 킹 목사님은 흑인이지만 부잣집 아들이었거든요. 그런 삶을 살아가야 할 이유가 전혀 없었어요. 왜 흑인들과 함께 매를 맞아가면서 셀마의 다리 위에 있었느냐고 물었습니다. 그리고 유투브를 열어 'I have a dream'이라는 마틴 루터 킹의 유명한 연설을 듣죠. 마치 제가 그 자리에 있는 것처럼. 포레스트 검프가 연설했던 그 광장 말이에요. 마틴 루터 킹 목사님이 꼭 제게 얘기하는 것 같아요. 그러면 그분의 관점을 이해할 수 있을 것 같다는 생각이 듭니다. '사람'에 관한 관점이죠.

책 자체가 중요한 것이 아니라 그 사람들, 그 저자들이 생각했던 사람에 대한 관점이 훨씬 더 중요하죠. 그런데 지금은 책이 중요해졌어요. 책을 읽는 게 중요하고 내가 무슨 책을 읽었는지를 세상에 알려야 하는 시대가 되었어요. 그래서 독서 목록이 마치 스펙처럼 보이고 아이들에게 책 읽기를 강요하고 있습니다. 그러면서 정작 읽는 것은 요약본입니다. 이런 식의 읽기는 곧 죽을 수밖에 없겠죠. 감히 '인문학 열풍이 곧 죽을 것이다'라고 말한 이유입니다. 저자가 주목하는 사람은 보지 않고 활자만 보는 책 읽기는 인문학이 아닙니다. 책에서 우리는 사람을 봐야 합니다.

해석이라는 것은 책을 읽고 저자의 관점을 이해하려고 노력한 후에 나의 삶에 적용해보는 것입니다. 어떻게 삶에 적용할 수 있죠? 그건 저자들이 했던 것처럼 비슷하게 해보는 거예요. 마틴 루터 킹 목사님은 많은 시간을 거리에서 시위하면서, 행진하면서 보냈거든요. 그러면 저도 거리에 나갑니다. 〈팡세〉를 읽고 나서는 뭘 해야 할까요? 수도원으로 들어가야죠. 파스칼은 천재 수학자였지만 방탕한 생활을 하다가 깨달음을 얻어 수도원에 들어가게 됩니다. 〈팡세〉에 나온 메모들은 수도원에서 쓴 겁니다. 수도원에 들어가서 하늘과 나무와 물만 바라봐야 파스칼이 했던 것을 따라 해볼 수가 있는 거예요. 가서 깊게 한번 생각해보는 거죠. 결정적으로 파스칼을 따라 하려면 떠오르는 생각들을 메모해야겠죠. 〈뜻으로 본 한국역사〉나 〈민중신학 이야기〉를 읽고는 가만히 있을 수가 없습니다. 현재의 역사를 들여다보고 논쟁하고 싶어지거든요. 대학시절 신문을 5개 정도 읽은 것 같습니다. 각 신문사가 운영하는 토론장에서 열심히 글을 쓰기도 했습니다. 책 읽기는 그런 모든 활동을 포함하는 것이라고 생각합니다.

"애플은 인문학을 파는 회사다"

최근에 삼성전자가 인문학 인재를 키우겠다고 발표했어요. 인문학 인재라는 것이 어떤 건지 잘 모르겠지만, 인문학을 공부한 사람들을 채용해서 소프트웨어 교육을 시키겠다는 겁니다. 저는 이런 발상을 난센스라고 생각해요. 왜냐하면 인문학은 어떤 책을 읽었느냐가 중요한 게 아니라 그 책을 어떻게 해석했느냐가 중요하기 때문입니다. 삼성이 왜 인문학에 그렇게 목을 매는지 이해는 됩니다. 삼성의 매출이 애플보다 더 많습니다. 그런데 순이익은 애플의 절반을 조금 넘는 수준입니다. 이게 말이 되는 수치인가요? 삼성이 훨씬 많이 파는데 애플이 훨씬 많이 벌어요.

스티브 잡스가 죽기 전에 인문학에 관한 얘기를 많이 했죠. 잡스는 애플이란 회사를 이렇게 정의했어요. '우리는 IT 회사가 아니다. 애플은 인문학을 파는 회사다.' 정말 멋진 말이죠. 최근 삼성과 애플의 법정 공방 덕분에 두 회사와 관련된 이런저런 이야기가 나오는데요. 최근 기사에 따르면, 삼성에는 디자이너가 1천 명이 넘고 애플은 15명 정도랍니다. 그 기사를 보면서 이건희 회장이 인문학을 강조하는 이유를 알겠더라고요. 삼성은 1천 명 가까이 되는 인원이 연구실에서 디자인을 열심히 하는데 애플은 겨우 15명이 부엌에서 디자인한다는 거예요. 순이익 차이가 왜 그렇게 많이 나는지 이해가 되는 부분이죠. 이러니까 따라갈 수 없다고 느꼈습니다. 인문학이라는 것은 절대적으로 인간에 대한 이해잖아요. 왜 부엌에서 디자인을 하겠어요. 엄마들이 부엌에서 아이패드를 어떻게 다룰까를 고민하는 거예요. 우리나라는 학생들을 공부 잘하는 순서대로 쭉 세워놓고 상위 몇 등부터 몇 등까지 딱 끊어서 삼성이 다 데려가는 시스템이잖아요. 시험 잘 본 순서대로 줄 세우는 교육을 몸으로 체득한 학생들에게 창의성을 기대하는 것 자체가 도둑 심보 아닌가요?

학생들의 창의성뿐 아니라 목숨까지도 앗아가는 괴물 같은 교육 시스템을 누가 가장 먼저 깰 것인가. 저는 '사교육걱정없는세상'이 분명 마중물이 될 것이라고 생각합니다. '사교육걱정없는세상'처럼 이 문제에 목숨을 걸고 해결하고자 하는 운동가들의 눈물을 통해 분명 변화가 시작될 것입니다.

그런데 이 죽음의 시스템을 깰 결정적인 한 방은 아이러니하게도 삼성이 휘두를 것이라 봅니다. 인간의 가치를 점수로 환산해서 줄을 세우는 한국 사회의 병폐가 어찌 보면 그런 사회를 만든 당사자인 삼성 때문에 깨질 것이라 말하면 고개를 갸우뚱하시는 분들이 있습니다. 제가 그렇게 생각하는 이유는 삼성 스스로 지금의 시스템으로는 절대로 콘텐츠와 소프트웨어 중심의 시장에서 이길 수 없다는 사실을 잘 알고 있기 때문입니다. 인문학 전공자를 대거 고용하겠다는 발상이 그 신호탄입니다.

저는 10년 후에 삼성이 무엇을 팔아야 할지 모르겠다고 종종 말하는 이건희 회장의 발언이 단순한 협박이 아니라고 생각합니다. 어쩌면 삼성은 위기입니다. 애플과 삼성의 매출액 대비 수익 비율이나 후발 주자로 휴대전화 시장에 들어올 채비를 마친 마이크로소프트를 보면 분명 시장은 삼성에게 그다지 우호적이지 않습니다. 삼성에게 더 큰 문제는 우리 사회의 흐름입니다. 사회가 투명해질수록, 시민의식이 높아질수록 삼성에게는 불리하거든요. 삼성이 수익을 내는 큰 기반 중에 하나는 권력을 통제함으로써 '법을 넘어서는' 방식으로 지배구조를 구축하는 것이기 때문입니다. 한국 사회가 투명해질수록, 시민의식이 높아질수록 현재의 삼성에게는 좋을 것이 없습니다. 그렇게 되는 것을 막기 위해 삼성이 엄청난 노력을 하겠지만 시민사회의 흐름, 역사의 흐름은 거스를 수 없다고 믿습니다. 저는 역사의 진보를 굳게 믿거든요. 그렇기 때문에 삼성이 지금 현재의 체제를 깨고 크게 변하리라고 얘기를 하는 것이죠.

교육 체제의 견고한 불합리성이 삼성 때문에 깨지는 아이러니가 앞으로 10년 안에 이루어질 것이라 예상합니다. 지금과 같은 체제로는 10년을 버티기가 힘들 것 같거든요. 그 이야기를 다른 각도에서 보자면 인문학적인 소양이 풍부한 인재를 사회가 찾고 있다는 뜻이기도 합니다. 인간에 대한 이해가 정말로 중요합니다. 앞으로는 책을 몇 권 읽었느냐가 아니라 '인간을 이해하고 있느냐'를 물을 것입니다.

그렇다면 책을 대하는 태도는 어때야 할까요? 이 문제도 역시 답이 없습니다. 각자가 다른 답을 해야겠죠. 제 경우에는 '역사적 인간'이라는 명제에서 찾습니다. 역사적 인간이란 '나의 나 됨'이 역사의 산물이라는 말입니다. 제가 지금 나누고 있는 생각들도 저의 고유한 생각들이 아닙니다. 이미 누군가가 100년 전에 했던 생각일 거예요. 정약용·김구·신채호·링컨·윌버포스(노예제 폐지에 힘쓴 영국의 정치가) 그런 사람들의 생각들이 그 시대에서 멈춘 것이 아니고 2013년을 살아가는 저에게까지 영향을 준 겁니다. 마찬가지로 제가 글이나 말 등 여러 가지 경로를 통해 남긴 생각들이 제 시대에서 끝나지 않고 미래를 살아갈 후배들에게 영향을 미칩니다.

저는 성공의 기준을 역사라는 타임라인에 올려놓고 생각합니다. 가령 헨리 조지(19세기 미국의 경제학자)는 비록 당대에 유명하기는 했지만 경제학자로서는 비주류였습니다. 그렇다고 그의 경제학적 유산이 별 볼일 없는 것일까요? 대략 200년 전에 살았던 비주류 경제학자의 아이디어를 제가 알게 되었고 그의 관점을 후배들에게 막 침 튀겨가며 이야기하고 있습니다. 그리고 그 후배 중에 한 명이 헨리 조지를 좋아하게 되어 또 침 튀기며 그의 후배들에게 이야기하는 역사의 반복을 통해 헨리 조지는 이 시대에도, 그리고 다음 시대에도 살아갑니다. 이런 사실이 저를 벅차게 합니다. 보잘것없는 제 생각들조차 지금 여기서 끝나지 않고 100년 후에 혹은 그보다 더 길게 이어지도록 하고 싶습니다. 아니 그런 생각을 하고, 그런 글을 남기고 싶습니다. 제게는 그것이 성공입니다. 비록 제가 살아 있는 동안에는 유명하지 않을 수 있고 가난할 수도 있습니다. 반대로 부자로 살아간다고, 유명하다고 성공한 것은 아닙니다. 저는 엄청난 부자였던 록펠러를 자본주의의 적, 시장의 적으로 봅니다. 저는 록펠러 같은 사람이 되고 싶지 않습니다. 제 자녀들에게도 록펠러같이 자신의 경제적 이득을 위해 시장을 파괴하고 타인을 짓밟는 삶을 살지 말라고 가르칠 겁니다.

우리 스스로에게 솔직히 질문해봅시다. 자녀에게 김구가 되라고 하시겠습니까, 이완용이 되라고 하시겠습니까? 어쩌면 우리는 자녀들에게 김구가 되기를 바라면서도 실제 삶에서는 이완용이 되기를 요구하는 것이 아닌지요. 우리 안에 있는, 우리를 괴롭히는 불일치가 바로 그 지점이 아닌지 생각해봐야 합니다. 우리가 해야 할 질문은 '김구가 행복했는가, 이완용이 행복했는가'입니다. 저는 마음속 깊이 김구 선생님이 돌아가실 때까지 행복했다고 생각합니다. 윤동주 시인은 예수를 '행복한 사나이'라고 했다죠? 예수는 십자가에서 죽음을 맞이했는데 말이죠. 김구·마틴 루터 킹·링컨…… 비록 그들의 죽음은 불행하다고 느껴질지 모르지만 그분들은 모두 행복했을 겁니다. 저는 제 아이들에게 너는 김구가 되라고, 그게 행복하다고 자신 있게 얘기해줄 수 있어요. '아들아, 네가 김구처럼 살면 100년 후에도 너를 따라 할 사람들이 있을 것이다'라고요. 저는 역사는 진보한다고 믿습니다. 제가 발을 담고 있는 이 흐름이 승리할 것이라고 확신합니다.

역사 흐름을 이해하고 우연을 필연으로 만들어라

이러한 생각들은 제게 '할 일'을 주기도 했습니다. 제가 20대에 열심히 읽었던 잡지가 있습니다. 〈복음과 상황〉이라는 진보적인 기독교 잡지입니다. 지금도 여전히 월간으로 발행되고 있습니다. 저는 필자들이 들려주는 이야기를 밑줄 그으며 읽었죠. 필자들이 제게는 스타였습니다. 8년 만에 미국에서 귀국해서는 필자들을 찾아가기도 했습니다. 저술 활동을 하던 분들이었기 때문에 독자와의 만남 같은 행사가 있으면 찾아가곤 했죠. 그렇게 해서 여러 선배님들을 만나게 되었고 시간이 한참 흐른 뒤에 그분들과 함께 카페를 창업하게 되었습니다. 상업적인 목적보다는 공정무역을 통한 착한 소비 운동, 가치 지향적 소통의 장, 문화 콘텐츠가 만들어지는 공간을 생각하며 창업을 했죠. 저는 원래 투자자였는데 이런저런 과정을 거쳐서 운영에 책임을 지게 되었고 지금까지 카페 기획자로 알려진 계기가 되었습니다.

이 모든 일의 발단은 제가 그 잡지를 읽고 깊이 공감한 데서 시작한 것입니다. 그런 연결고리 위에서 운동체 같은 카페를 경영하다 보니 새로운 분들도 많이 만나게 되었습니다. 단순한 네트워크를 넘어 공동체적 유대감을 공유하는 분들이 함께했습니다. 2년 만에 홍대에서의 실험이 아쉽게도 실패로 끝났고 자본주의 계산법으로는 망해야 했지만 공동체적 유대 관계를 공유하는 분들이 있었기에 문을 닫지 않고 다시 시작할 수 있었습니다. 심지어는 자영업에 대해서 함께 고민했던 생각들을 〈골목사장 분투기〉와 〈착해도 망하지 않아〉라는 책으로 엮어낼 수 있었고, 감사하게도 많은 분들이 읽어주셔서 지금은 '저술가'라는 새로운 정체성도 얻게 되었습니다. 제가 책을 쓰게 된 과정들도 제 능력보다는 우연적 사건의 산물이라고 해야 옳습니다.

〈골목사장 분투기〉는 카페 기획 활동을 하면서 알게 된 선대인경제연구소 선대인 소장님의 권유로 쓰게 되었습니다. 어느 날 선 소장님과 전화통화를 하면서 자영업자가 처한 구조적 위기에 대해 열변을 토했는데, 한참 이야기를 들으시던 선 소장님께서 그 내용을 책으로 써 보는 것이 어떻겠냐고 하시면서 좋은 출판 기획자를 소개해주셨습니다. 그래서 제 첫 번째 책이 나왔습니다.

두 번째 책인 〈착해도 망하지 않아〉는 조금 더 긴 사연이 있습니다. 한참 카페가 어려울 때 누구에게 도움을 요청할까 생각하다가 박원순 변호사님(서울시장)께 트위터 멘션을 보냈습니다. 전혀 모르는 사이였지만 시민사회의 큰 어른이시니까 혹 도움을 주실 수 있지 않을까 하는 마음으로 140자를 썼습니다. 놀랍게도 얼마 후에 답을 주셨어요. 제 트윗이 그만큼 절박해 보였던 모양입니다. 자세한 내용을 이메일로 정리해서 보내달라고 하시는 거예요. 이런저런 이야기를 써서 이메일을 보냈더니 직접 연락을 주셨습니다. 카페에 오신다는 거예요. 그것도 혼자 오신 게 아니라 희망제작소 연구원 열두 명과 함께 오셨어요.

수석연구원이었던 분이 '이 공간이 얼마나 대단한 곳이기에 바빠서 이메일도 다 확인 못하시는 박원순 선생님이 이메일 한 통 받고 여기까지 오시게 됐는지 궁금하다'고 하시더라고요. 그 인연을 통해서 제가 희망제작소 연구원 분들을 알게 됐어요. 그중 한 연구원이 우리와 비슷하면서도 성공적으로 운영되고 있는 소셜카페들을 소개해주셨고 그 카페들의 경영자들을 직접 만날 수 있도록 주선해주었습니다. 그래서 카페를 돌아다니기 시작했죠. 그렇게 시작된 카페 순례 과정을 우연히 제가 알고 있는 작은 출판사 사장님께 들려드렸는데, 그 사장님이 책으로 내보자고 해서 나온 게 〈착해도 망하지 않아〉입니다.

저는 지금도 스스로 글쟁이가 아니라고 생각합니다. 아직도 아마추어이고 배워야 할 것이 많은 초보 저술가입니다. 저 같은 초보에게 책을 낼 기회가 주어진 것은 우연히 주어진 사건들을 그냥 지나치지 않고 해석했기 때문이라고 생각합니다.

이제 정리를 하겠습니다. 진로를 선택할 때 무언가를 예측하고 그 예측에 기반해서 선택을 하게 되면 수없이 밀어닥치는 우연적 사건에 의해 삶이 흔들릴 가능성이 높습니다. 삶에서 불확실성은 제거될 수 없습니다. 오히려 내게 들이닥치는 우연들을 두려워하지 않고 해석할 수 있는 여유와 안목을 갖춘다면 어떤 우연에도 우리는 즐거운 삶을 살아갈 수 있다고 생각합니다. 삶을 그렇게 바라보면 우연이라는 단어가 정말 좋아집니다. 언제나 새로운 가능성을 열어주니까요.

진로란 무엇일까요? 어떻게 진로를 선택할까요? 저는 진로가 곧 직업의 선택이라고 생각하지 않습니다. 직업은 나의 진로가 될 수 없습니다. 공부를 하는 제게 사람들은 학위를 받으면 뭐 할 거냐고 물어봅니다. "공부 마치고 자본주의의 불합리한 구조를 바꾸는 데 일조하고 싶다"고 말하면 사람들이 웃습니다. 그런데 "교수가 되어야죠"라고 대답하면 고개를 끄덕입니다. 저도 교수가 되면 좋겠죠. 그리고 교수가 되도록 노력할 겁니다. 그러나 교수가 되는 것이 저의 진로는 아닙니다. 열심히 연구하고 후배들을 길러낼 수 있는 좋은 기회일 뿐이지 교수라는 직함을 얻는 것이 제가 선택한 진로는 아닙니다. 다르게 이야기하면 열심히 연구하고 후배들 길러내는 데 꼭 교수 직함이 필요한 건 아니라는 뜻입니다. 제가 무엇이 되든지, 어디에 있든지 그 일을 하고 있을 겁니다.

진로는 어떤 직장에 들어가느냐, 어떤 직함을 얻느냐가 아니라 '무엇을 생산할 것인가'에 대한 답을 찾는 과정입니다. 그리고 '무엇을 생산할 것인가'에 답하기 위해서는 역사의 흐름 위에서 내가 어디에 위치하고 있는지 스스로 묻고 답해야 합니다. 내가 아주 좋아하는 것, 내가 잘하는 것도 중요하지만 내가 서 있는 이 자리가 역사적으로 어떤 맥락 위에 있는지 아는 것이 진로를 선택하는 데 큰 도움이 됩니다. 역사의 흐름, 역사의 진보에 서서 어떻게 후배들에게 괜찮은 세상을 만들어줄 수 있을까를 생각해보면 됩니다. 그런 질문에 답할 수 있다면 우연히 밀려오는 사건 하나하나를 역사적 이해를 가지고 해석할 수 있게 되고 단순한 우연을 필연적 사건으로, 곧 나의 '이야기'로 만들어낼 수 있을 것입니다.

마지막으로 저의 진로를 말씀드리고 마치겠습니다. 얼마 전에 다큐멘터리를 봤는데 암스테르담에 있는 집 중에 60% 이상이 공공임대주택이라고 합니다. 그중 한 주택에 사는 사람을 인터뷰하는데 그 집을 누가 디자인했는지 알고 있더군요. 그걸 보면서 바로 저것이 우리가 지향해야 할 사회라는 생각을 했어요. 집값이 너무 높아서 결혼을 포기한다는 우리 청년세대의 문제를 해결할 수 있는 거의 유일한 방법은 저들처럼 좋은 공공임대주택을 많이 짓는 것입니다. 우리 후배들이 하고 싶은 일을 하면서 살 수 있으려면 지금처럼 집값이 높아서는 안 됩니다. 결혼해서 사는 비용이 지금과는 비교할 수 없이 낮아져야 하는데 경제적으로 집값이 폭락하면 심각한 위기에 빠지기 때문에 어떻게 하면 경제에 충격을 적게 주면서 청년들이 하고 싶은 일을 하며 사는 사회를 만들 수 있을까 연구하는 것이 저의 진로입니다.

물론 여기에는 단순히 부동산 문제만 걸려 있는 것이 아니라 경제 체제 전반적인 문제이기 때문에 공부할 것이 정말 많습니다. 물론 제가 어떤 해법을 제시할 것이라 생각하지 않습니다. 앞서 말씀드린 대로 선배 경제학자들의 지혜를 이어받아 후배들에게 넘겨주는 일이 제게 주어진 사명일 겁니다. 이런 일을 하기 위해서 꼭 대학교수가 되어야 하는 건 아니니까요. 어느 직장에 가느냐는 본질적인 것이 아닙니다. '무엇을 생산할 것인가? 역사의 진보에 어떻게 기여할 것인가?' 이 질문들이 저를 더 행복하게 만듭니다.

저는 평범한 사람이에요. 돈도 없고 특별히 내세울 것도 없습니다. 그러나 저는 특별한 삶을 살아간다고 생각합니다. 특별한 삶은 특별한 사람에게 주어지는 것이 아니고 특별한 생활에 주어지는 것입니다. 특별한 생활은 해석을 통해서 얻게 되고 해석은 우리에게 주어지는 수많은 우연들을 필연적 사건으로 만들어줍니다. 우연과 해석을 통해서 우리는 평범하지만 특별한 삶을 살 수 있습니다.

언젠가 우연찮게 충정로 뒷길을 걸은 적이 있습니다. 휘황찬란한 건물 뒤편으로 여기가 2013년 서울이 맞나 싶을 정도로 개발이 되지 않은 길이 이어졌습니다. 그 길 중간에 쌀집에서 일하는 아저씨를 보았습니다. 저 쌀집 아저씨가 저렇게 열심히 일하는데 과연 이 빈곤에서 벗어날 수 있을지 질문을 던져보았습니다. 결론은 분명했습니다. 그분이 아무리 열심히, 성실하게 일을 해도 대물림될 빈곤의 굴레를 벗어나기가 어려울 것입니다. 이것은 우리가 꿈꾸는 사회가 아닙니다. 저는, 제 당대에 이루어지지는 않겠지만, 제 딸들의 시대에는 누구나 열심히 일하면 잘살 수 있는 사회, 특별히 빈곤이 대물림되지 않는 사회가 되었으면 좋겠습니다. 청년들이 집값 고민하지 않고 결혼해서 행복하게 살 수 있는 세상을 만들고 싶습니다. 이것이 제 개인적인 소망이고, 제가 생산하고 싶은 것이고, 역사적인 진보라 믿습니다.

이 역사의 진보를 이렇게 훌륭하신 선배님들과, 또 동료 후배님들과 함께 만들어간다는 것이 정말로 영광스럽고 기쁩니다. 이 자리에 이렇게 많은 분들이 함께 있다는 것이 큰 위로가 됩니다. 역사의 진보에 대한 믿음을 가지고 서로 격려하면서 나아가면 진로에 대한 답도 찾을 수 있으리라 생각합니다. 긴 시간 들어주셔서 감사합니다.

"역사는 진보한다는 믿음으로
기필코 좋은 사회를 만들 것이다"

질문 요즘 사회를 보면 힐링에 대한 얘기가 많은데요. 사회에 대해 새로운 정의가 필요하다고 생각합니다. 선생님께서는 힐링이 더 중요하다고 생각하시나요, 정의가 더 중요하다고 생각하시나요?

강도현 힐링이 정의고 정의가 힐링 아닐까요? 정의 없는 힐링은 단기적일 수밖에 없죠. 정의가 구현되면 온전한 힐링이 찾아올 겁니다. 사람들이 상처받는 이유가 순전히 개인적이라고 할 수 없습니다. 우리 사회의 불합리와 부조리 때문에 받는 상처가 너무 깊어서 힐링이 필요하지 않나요? 젊은 부부가 월 300만 원 정도 벌면 적당히 살 수 있는 사회가 되어야 진정한 힐링이 가능합니다. 우리나라 1인당 국민소득이 2만 달러가 넘죠? 다르게 설명하자면 4인 가족이면 연간 8천만 원을 벌어야 평균이라고 할 수 있겠죠? 과연 그런가요? 그 정도면 아주 잘 버는 집 아니에요? 뭔가 이상하죠? 실제로는 월 400만 원 받는 집이 중간 수준이라고 봅니다. 그런데 대한민국은 월 400만 원 가지고 4인 가족이 살기 어려운 사회예요. 이런 사회에서는 상처와 힐링을 무한 반복할 수밖에 없습니다. 월 300만 원 갖고도 살 수 있는 세상을 만들어야 비로소 힐링을 말할 수 있습니다.

질문 부모와 자녀 관계에 대해서는 어떤 생각을 가지고 계신지요?

강도현 어렸을 때부터 부모님과 대화 나누는 것이 어렵지 않았어요. 특히 아버지와는 다양한 주제로 토론을 했는데 심지어 제 동생은 저와 아버지가 뉴스를 보며 토론을 할 때는 계급장을 떼고 토론에 임한다고 할 정도였으니까요. 아마도 그런 가정환경이 큰 영향을 준 것 같아요. 고등학생들이 부모와 대화가 단절되어 있잖아요. 단절된 상태를 말로 해결하려는 분들이 계시는데 대화의 단절은 말로 해결이 안 돼요. 우선 자녀가 좋아하는 것을 직접 해봐야 해요. 단순히 한두 번 해보는 것이 아니라 자기 자신을 정말 깨고 들어가는 수준이어야 해요. 제 부모님은 저와 동생에게 편지를 자주 쓰셨는데 말보다 글이 조금 더 깊이 남는 것 같아요. 저도 어린 자녀를 키우는 아빠로서 고민도 많고 다짐하는 것도 많습니다만 정답은 없는 것 같습니다. 그때 그때 노력하고자 합니다.

질문 이 강의를 300명 정도가 듣고 있는데, 선생님은 이 강의를 많은 사람이 듣고 있어서 위로가 된다고 하시지만 한 사람 한 사람이 각자 삶의 현장으로 나가면 굉장히 외로운 사람들이거든요. 제가 선생님 같은 분들의 강의를 친구들에게도 들어보라고 했는데 "그 사람은 행복할 것 같은데 그 사람 가족도 정말 행복할까"라는 얘기를 많이 합니다. 그래서 그런 외로움들을 어떻게 해결하시는지 듣고 싶어요. 이해받지 못하고 외롭게 투쟁하시는 분들이 많다고 생각하거든요.

강도현 어려운 질문이네요. 저는 두 딸을 보면 전투의지가 막 생겨요. "기필코 좋은 사회를 만들고 죽는다." 지금 사회 그대로라면 제가 아무리 아이들의 행복을 바란다고 해도 아이들이 커서 행복할 수 있을까요? 지금 같은 사회에서는 제가 아무리 유산을 많이 남긴다고 해도 두 딸이 행복할 가능성이 정말 희박하죠. 언젠가 '기적의 책꽂이'라고 〈시사IN〉 고재열 기자가 하는 프로젝트를 함께한 적이 있어요. 책을 기증하러 카페를 찾아오신 분들과 차를 마시면서 얘기를 나누었는데 그중 한 분이 우울증 때문에 고통 받고 있던 와중에 '기적의 책꽂이'를 통해 만난 사람들과의 관계를 통해서 위로를 얻는다는 말씀을 하시더라고요. 크게 공감을 했어요. 고원형 선생님(아름다운 배움 대표, 이 책 5장 참조)이 제 친한 친구인데 비록 저희가 알게 된 지 얼마 되지 않았지만 같은 지향점을 공유하기 때문에 서로에게 큰 위로가 돼요. 내가 나의 자리에서 열심히 싸우는 만큼 저 사람도 그의 자리에서 최선을 다해 싸울 것이라는 믿음에서 오는 위로가 굉장히 큽니다. 그리고 앞에서 말씀드린 역사의 진보에 대한 믿음이 제게는 또 큰 힘이 되죠. 200년 전의 여성 인권과 지금의 여성 인권을 비교해보면 충분하지는 않을지라도 분명히 진보했잖아요. 앞으로도 그럴 것이라 믿습니다. 그런 역사의 진보를 친구들과 함께 만들어간다는 것이 행복하고 재미있습니다. 가장 큰 위로는 제 아내와 이런 생각들을 공유한다는 것이죠. 우리가 서로를 격려하며 함께할 때 외로움도 이겨낼 수 있지 않을까 생각해봅니다.

7장
강은 곡선으로 흘러 아름답다

송인수 사교육걱정없는세상 공동대표

시사IN 이명익

사교육과 진로 지도의 관계

우리 단체는 그동안 불필요한 사교육비를 줄이기 위해 입시 경쟁 속에서 어느 만큼이 필요한 사교육이고 어디부터는 불필요한지 그 경계를 정리해 〈아깝다 학원비!〉 〈영어 헛고생!〉이라는 소책자를 배포했습니다. 300원 유가지인데도 벌써 국민들에게 130만 부나 배포했어요. 사실 이 소책자가 일러주는 대로 따르면 실제로 자녀들의 공부 체질을 강화하면서도 사교육비를 상당히 줄일 수 있죠. 수지맞는 일입니다.

그런데 이 소책자들을 읽는다고 해서 사교육비를 완전히 없앨 수 있을까요? 그렇지 않습니다. 이 소책자들은 어디까지나 입시 경쟁을 인정한다고 하더라도, 불필요한 사교육까지 시킬 필요는 없다는 것을 전제하고, 그렇다면 불필요와 필요의 경계는 무엇인가를 알려주는 정보책입니다. 사교육을 절대 받아서는 안 된다, 그런 이야기를 하는 것은 아니에요.

그렇다면 우리 부모들이 자녀들에게 사교육을 시키는 이유가 무엇인가요? 통계청이 이와 관련해서 국민들에게 물어보니, 대학 서열화 구조가 심각하고 대학에서 성적 우수 학생 선발 경쟁에 치중하며, 기업체들이 직원을 채용할 때 출신 대학을 중요시하기 때문이라고 응답했어요. 이것이 무슨 말이죠? 바로 우리 아이들이 취직할 때 "이른바 '좋은 일자리'에 들어가도록 해야겠다, 좋은 일자리에 들어가지 않으면 한국 사회처럼 경쟁이 치열한 곳, 낙오자를 돌아보지 않는 사회 속에서는 우리 아이가 루저가 될 때 아무도 돌아보지 않는다, 내가 부모로서 이 아이를 지켜줄 수 있을 때까지는 괜찮지만, 아이가 내 품을 떠나 독립해야 할 때, 아니 내가 아이를 떠나야 할 때도 아이가 사람들에게 천대받지 않고 가족들 먹여 살리면서 인간적인 대접을 받고 살려면, 어떻게 하든지 좋은 일자리에 들어가야 한다, 그런데 좋은 일자리에 들어가려면 SKY(서울대·고려대·연세대) 같은 좋은 대학에 들어가야 하고, 그러기 위해서는 특목고 같은 좋은 고교에 가야 하고, 그렇게 하기 위해서는 점수 경쟁에서 남보다 조금이라도 더 앞서야겠다, 남들과 똑같은 수준의 교육을 받는 것으로는 경쟁에서 이기기 어려우니, 사교육을 좀 받도록 해야 하겠다." 그런 마음으로 아이들에게 사교육을 시키는 것 아닌가요? 그게 맞죠? 이런 부모들의 마음이 전적으로 잘못되었다고 말하기는 어려울 것입니다.

그러니까 제 말씀은 우리 부모들이 사교육을 끊지 못하는 데는 나름 이유가 있다는 것입니다. 즉, 자녀의 진로와 관련해서 한국 사회가 갖는 불안과 공포와 연결되어 있다는 것이죠. 따라서 사교육과 진로 사이에는 매우 긴밀한 관계가 형성돼 있습니다. 진로에 대한 정확한 정보를 알려주기만 해도 사교육 소비 행태가 달라질 수밖에 없는 이유입니다. 요즘 우리 사회에 자녀들의 진로에 대해 알려주는 곳이 많이 있죠. 그런데 사실 알고 보면 오히려 불안을 부추기는 곳이 더 많습니다.

책도 불안을 부추기는 정보와 책 제목이 많죠. 〈성공하는 아이는 99% 초등학교 1학년 때 엄마가 만든다〉라는 책이 있어요. 이 책 제목, 참 자극적이죠. 여기 계신 여러분 중 상당수는 자녀가 초등학교

1학년이 지난 분들일 것입니다. 이 책 제목에 따르면 여러분들은 제 강의를 들으실 필요가 없습니다. 이미 아이의 성공과 실패는 결정되었으니, 늦었습니다. 나가셔야 해요.(웃음) 정말 그런가요? 그러나 부모들은 이 책을 그냥 넘어갈 수 없습니다. 불안해서 책을 만지작거리는 것이죠.

시중에 이렇게 자녀의 진로와 관련된 잘못된 정보를 암시하는 책이나 기사 같은 것이 너무 많아요. 그럼 진로에 대한 정확한 정보는 무엇인가요? 오늘 저는 여러분께 이와 관련된 이야기를 하려는 것입니다. 이것은 제 개인기로 하는 강의가 아니라, 우리 단체가 그동안 3, 4년에 걸쳐 이와 관련된 정보를 샅샅이 뒤져서 정리된 것을 소개하는 것입니다. 먼저 진로와 관련된 대표적인 오해 몇 가지를 말씀드리고, 그 후에 그럼 어떻게 진로 지도를 할 것인가 등의 순서로 말씀을 드리겠어요.

사교육 많이 시키면
아이가 좋은 일자리 얻을까?

사교육에 대한 오해가 몇 가지 있습니다. 첫째는 '사교육을 많이 시키면 내 자녀가 좋은 일자리를 가질 확률이 높은가?'입니다. 여기서 '많이 시키면'을 '적절히 시키면'으로 바꾸어도 됩니다. 우리 아이들에게 사교육을 적절하고 알맞게 시키면 좋은 일자리를 가질 가능성이 높아질까요? 여러분, 어떻게 생각하십니까? 이 결정을 하시기 전에, 우선 '좋은 일자리'에 대해 정의해보죠. 우리 사회의 공식 기관들이 정

삼성경제연구소	명목임금 기준 전체 평균 임금 수준을 상회하는 산업부문에서 창출되는 일자리
경영자총협회	정규직이면서, 임금이 평균치보다 약 20% 정도 더 높은 일자리
한국개발연구원 KDI	30대 대기업 집단, 공기업, 금융업

출처: 김승덕, 허재준, 조준모, 전용일 편저, 〈교육과 성장〉, 박영사

리한 내용은 위의 표와 같습니다.

이 기준으로 좋은 일자리를 정리하면 남들보다 월급을 20% 더 주고 안정적인 일자리, 즉 돈과 안정성에서 더 나은 곳이 좋은 일자리이고, 그곳이 다름 아니라 30대 대기업 집단과 공기업, 금융업이라는 것이에요. 그런데 여러분, 이런 '좋은 일자리'가 한 해 창출하는 신규 고용 인력이 얼마인지 아십니까? 고작 2만 명이에요. 그런데 2009년 우리나라 고등학교 졸업자는 60만 명, 대학교 졸업자는 54만 명이에요. 그러니까 60만 중에서 2만 명이 좋은 일자리에 가는 위너인 셈이죠. 학급으로 치자면 60명 중에서 2명, 30명 중에서는 1명이 여기 '좋은 일자리'에 들어가죠. 요즘 초등학교 반에 아이들이 서른 명 정도 되겠죠. 그러니까 이 기준에 따르면 반에서 1등만 위너고 나머지는 다 루저입니다. 삼성경제연구소의 일자리 기준을 우리가 받아들인다면, '좋은 일자리에 가는 아이 한 명 빼고 나머지는 다 실패자다' 이런 기준에 동의를 하는 셈이에요.

그러니 부모는 자녀를 루저로 만들지 않으려고 무리하게 공부를 시키는 거죠. 요즘 초등학교, 중학교에도 노는 아이가 없어요. 저 어릴 때와 비교해보면 상상할 수 없을 정도의 학습량입니다. 그런데 아

무리 학원 가서 열심히 공부하거나 모두가 요즘 유행하는 소위 '자기 주도 학습 능력'으로 무장된다 해도 어찌 되었든 위너는 한 명이라는 거예요. 나머지는 전부 루저인 것이죠. 여러분은 이런 기준을 받아들이십니까? 저는 이런 기준 자체가 폭력이라고 생각합니다. 이 기준을 따르면 저와 제 아이들도 루저일 것입니다. 그러나 저는 한 번도 제 자신을 루저라고, 그리고 아이들을 루저라 생각해본 적이 없습니다. 인간의 삶은 고귀한 것입니다. 공부를 잘하든 못하든 그가 은행에 취직했든 저와 같이 시민운동에 종사하든, 하늘로부터 명령 받아 이 땅에서 하는 일은 그 자체로 의미 있는 것입니다. 돈과 안정성으로 좋은 일자리를 구별하는 것은 천박한 것이며, 현실이 아무리 그런 가치관을 부추긴다고 해도, 우리 부모들은 결코 그 기준을 받아들여서는 안 됩니다. 아이들이 그에 주눅 들거나 교만해지게 해서는 안 되며, 돈과 안정성을 넘는 더 귀한 기준으로 아이들이 자기 진로를 찾게 해야 합니다.

현재 유망한 일자리가 앞으로도 유효할까?

두 번째 오해는 현재 유망한 일자리가 앞으로도 유효하리라는 겁니다. 시대별로 보면 1960년대에 잘나가는 일자리가 타이피스트, 1970년대에는 전당포업자, 1980년대에는 운동선수, 1990년대에는 인터넷 전문가였어요. 우리가 만일 1960~1970년대에 산다고 가정을 해봅시다. 아이들은 타이피스트나 전당포업자가 잘나가는 직업이라고 생각하고 진로 계획을 세우겠죠. 그런데 현명한 부모라면 뭐라고 말했어야 할까요? "얘야. 너는 지금 타이피스트나 전당포업자가 잘나가는 일자리라고 생각하지만, 그것은 지금 그런 것이고, 네가 20년 후에 직장생활을 할 때는 그 일자리가 어떻게 될지 모른단다. 20년 후를 대비한 진로를 준비해야 해" 이렇게 말해주어야 합니다. 그런데 문제는 우리 부모도 자녀들이 직장을 갖게 될 20년 후를 정확히 예측할수 없다는 것입니다. 1년 후도 못 내다보는 우리들이 20년 후 산업사회의 재편에 대해 얼마나 감각이 있겠습니까?

〈성공한 기업들의 8가지 습관〉이라는 유명한 경영서가 있습니다. 1950년대 이전부터 이 책이 나올 때까지 전 세계에서 수십 년 동안 100년 이상 버틴 수많은 기업들을 조사해서 그 비결을 여덟 가지로 정리한 겁니다. 이 책이 엄청나게 많이 팔렸어요. 그런데 이 책을 내고 황당한 일이 발생했습니다. 저자가 위대한 기업이라고 거론했던 기업들 중 적지 않은 기업들이, 예컨대 모토롤라 같은 기업들이 십수 년 지나서 휘청거린 것이에요. 그래서 저자가 쓴 책이 〈그 위대한 기업은 어디로 갔을까?〉예요. 겨우 10년 남짓한 세월 동안 그런 지각변동이 있었던 것이에요. 1935년에는 기업 평균수명이 90년이었어요. 웬만하면 3대 동안은 안 망했다는 거예요. 할아버지가 창업자면 손자 때까지는 버텼어요. 그런데 2005년이 되니까 기업 평균수명이 15년으로 줄었어요. 창업자 대에 망할 수 있다는 것이죠. 손자한테 물려주는 것은 상상할 수도 없고.

사람의 수명은 점점 길어지는데 평균 40년 노동한다면 어떻게 되겠습니까? 과거에는 출생해서 교육받고 군대 갔다 와 취직하고 나서 이

럭저럭하다 은퇴하는 등, 아주 간단했죠. 앞으로는 전직과 실업과 재취업을 반복하면서 엄청난 변화를 겪어야 합니다. 15년 뒤에는 한 사람이 마흔 개의 직종을 선택할 것이라는 얘기도 합니다. 평생직장은 없다는 얘기죠. 그러면 우리는 무엇을 고민해야겠습니까? 가장 확실한 답은, 어떤 미래가 우리 아이들에게 오든 관계없이 그 미지의 세상 속에서 우리 아이들이 중심을 잡고 살아갈 수 있는 능력을 지금부터 길러주는 것이 중요하지 않을까요? 그렇다면 여러분은 그것이 무엇이라 생각하십니까?

제러미 리프킨이 쓴 〈공감의 시대〉란 책을 보면, 이런 말이 있어요. "분산자본주의 시대에는 나의 이익은 곧 상대방의 손해를 통해 얻어진다는 식의 고전 경제학 이론은 통하지 않는다. 21세기에는 폐쇄성에서 투명성으로, 승패에서 윈윈으로, 경쟁에서 협업으로, 소유에서 접속의 시대로 변해갈 것이며 이런 세상을 살아가는 데는 타인의 감정을 공감하는 '공감적 관계 기술 능력'이 필요하다." 또한 2010년 경제협력개발기구(OECD)에서는 별도 보고서를 통해서 변화무쌍한 미래 사회에서 요구되는 능력을 '(1번 능력) 지적인 도구를 자유자재로 사용할 수 있는 능력', '(2번 능력) 이질적인 혼성집단에서 소통할 수 있는 능력', '(3번 능력) 자율적으로 행동할 수 있는 능력' 이 세 가지로 정리해 제시했습니다. 1번 능력은 지식을 단순히 암기하는 것을 넘어 활용까지 해야 하는 능력을 말하는 것입니다. 2번은 다양한 문화권 속에서 남들과 소통하는 능력, 리프킨이 지적한 능력인 것이죠.

왜 이런 능력이 필요할까요? 우리는 지금도 수출로 먹고살아요. 인도, 파키스탄, 아프리카 등에 가서 사람들과 부닥치면서 살아야 해요.

앞으로는 더욱 그렇게 될 것입니다. 그런데 이런 다양한 문화권 사람들 속에 들어가서 그들과 소통하면서 물건을 팔려면 어떻게 해야 합니까? 소통 능력이 필요합니다. 그래서 교육을 받는 단계부터 이질적인 혼성집단에서 소통하는 능력이 필요하다는 겁니다.

그런데 지금 우리 사회는 어떻게 아이들을 길러냅니까? 대표적으로 잘나가는 과정이 영어유치원 나와서 사립초등학교 가고 국제중 나와서 특목고, 자사고 가고 그래서 SKY 대학 들어가는 방식을 선호합니다. 아파트 평수, 성적, 부모의 경제력, 학벌에서 철저하게 균질적인 집단의 아이들끼리 모이는 것을 선호합니다. 즉, 아이들은 이질적인 문화에서 소통하는 능력에 관심이 적다는 것이죠. 그리고 이런 곳에서는 소통 능력이 길러지지 않습니다. 이렇게 십수 년간 공부하면 어떻게 될까요? 소통할 수 없는 사람, 미래사회에 적응하지 못하는 사람들로 길러지는 것입니다.

3번은 자립하는 능력을 말합니다. 양심적인 학원 경영자들을 저는 알고 있습니다. 그분들이 우리에게 한 이야기예요. "학원 의존적인 아이들의 학원 빨은 서른세 살까지다." 이게 무슨 말입니까? 시험에 붙을 때까지 학원이 도와줄 수 있다는 겁니다. 시험이 더 이상 없는 본격 인생살이부터가 문제죠. 언제부터 시험이 없습니까? 첫 직장에서 승진할 때부터입니다. 승진은 시험이 그다지 많이 좌우하지 않아요. 시험성적이 아니라 문제해결 능력을 보여줘야 회사에서 인정합니다. 그런데 지금까지 학원에 의존해서 시험을 준비해왔고, 스스로 문제를 풀어갈 능력을 길러내지 못한 사람이 직장 내에서 쏟아지는 수많은 문제 상황에 제대로 대처하고 혼자서 풀어갈 수 있으리라고 기대한다는 것은 참으로 어려운 일입니다.

따라서 이 세 가지 능력은 대단히 중요합니다. 학교가 못한다면 부모가 어떤 식으로든 키워줘야 합니다. 심각하게 고민해야 할 문제예요. 그런데 우리 사회에서 그런 능력을 키울 수 있는 기회가 많지 않습니다. 공동체 모임, 지역모임, 다른 여러 가지 관심별 모임을 통해서라도 이 세 가지 능력을 키워줘야 합니다.

제가 이런 이야기를 하면, 여러분 가운데 이렇게 반문하는 분이 계실 것입니다. "아무리 사회가 격변하고 아이들이 일자리를 자주 바꾸는 시대가 오더라도, 안정적인 일자리라는 것은 분명 있다, 그 일자리에 우리 아이를 집어넣기 위해 애를 쓰겠다"고 말이죠. 물론 대다수가 직업을 바꿔가며 살더라도 한 직장에 끝까지 올인할 수 있는 길은 있어요. 공무원이죠. 삼성전자는 망해도 국가는 망하지 않습니다. 대한민국이 망하지 않는 한 공무원은 존재합니다. 판검사, 공기업 직원, 교직은 미래에도 비교적 안정적입니다. 관계 맺는 능력, 소통하는 능력, 자립하는 능력, 이런 능력을 키워주는 것 너무 골치 아프고 복잡하고 불안하니, 그냥 아이들이 평생 안정적인 직장에 가도록 유도하고 싶다고요. 뭐 전혀 말이 안 되는 것은 아닙니다.

그런데 여기서 문제는 그 자리에 들어간다고 해서 과연 우리 아이들이 행복할 것인가입니다. 얼마 전 한국직업능력개발원이 만든 자료를 보면 투자분석가·방송연출가·외환딜러·프로게이머·카지노 딜러 이런 사람들이 정신적 스트레스를 많이 받습니다. 모델·플로리스트 등은 상대적으로 스트레스가 적어요. 스트레스 받아도 투자분석가 하면 돈 많이 벌잖아, 그럼 됐지 뭐, 라고 말하는 사람들이 많습니다. 틀린 이야기가 아닙니다. 그러면 직업에 대한 만족도 관련 조사 결과는 보신 적이 있습니까? 이 조사는 우리가 결코 무시할 수 없는 조사입니다. 그 결과를 보면 사진작가·작가·작곡가는 상위권이에요. 이 직업의 특징은 주로 창의적인 직종이라는 겁니다. 그런데 직업 만족도가 가장 낮은 직종은 모델이고, 그다음이 놀랍게도 의사예요.

왜 의사들은 대체로 자기 직업에 이렇게 만족하지 않는다고 응답했을까요? 자기가 하는 일이 적성에 맞지 않기 때문입니다. 의사가 되려면 어떻게 해야 하나요? 전교에서 1등은 해야 합니다. 올 100점만 맞고 앉아서 늘 책만 보는, 어디 놀러도 안 가고 공부하는 게 취미인 그런 사람들입니다. 대체로 글 쓰고 사색하는 거 좋아하는 사람들입니다. 그런데 의사 직은 어떤 특성이 있나요? 서비스 직종입니다. 따라서 대인관계가 중요합니다. 질병을 정확히 짚어내고 처방을 제대로 하는 것도 중요하지만, 그것을 넘어서 환자 얘기 잘 들어주며 환대하고 친절하게 대하는 소위 대인관계적 특성도 요구됩니다. 그런데 공부만 했던 범생이가 이런 것을 즐길 수 있겠어요? 타고나길 연구원인데 서비스직이 맞겠어요? 그 사람들 입장에서는 다른 사람과의 소통이 적지 않게 짜증나는 일일 겁니다. 본성에 안 맞아요. 의사라도 연구만 하는 교수 직종이 어울리지 대민 접촉, 대환자 접촉에는 안 맞아요. 가족들의 요구와 직업의 안정성을 위해 의사가 되면서 만족은 잘 느끼지 못한다면, 자녀들을 무조건 의사로 만드는 게 옳겠어요? 그렇다고 우리 자녀들을 의사로 길러서는 안 된다는 말은 아닙니다. 전교에서 1등 한다는 이유로 무조건 가야 하느냐는 말이죠. 그렇게 해서 아이들이 행복하다면 문제가 없습니다. 공무원이나 공기업 같은 곳도 마찬가지예요.

　제가 아는 분 중 박기태라는 분이 계세요. 이분은 원래 방송사나 여러 잘나가는 곳에서 활동한 분이었는데, 그만두었어요. 2002년 월드컵 때 펜팔 사이트를 만들었어요. 외국인과 한국 학생이 대화할 수 있는 에이전트 역할을 하는 사이트를 만들어 관리하는데 재미있더래요. 그래서 방송사에서 웹 관련 업무를 보면서도 짬날 때마다 사이트에 들어가서 댓글도 달면서 계속 관리를 한 겁니다. 그러니까 후배가 어느 날 한마디 한 겁니다. "선배는 만날 틈날 때마다 펜팔사이트에 들어가서 남는 시간을 허비하는데 왜 사장님은 선배를 좋아하는지 이해할 수가 없어요"라고. 머리를 한 대 맞은 기분이었대요. '내가 정말 좋아하는 일은 이곳에서 하는 일이 아니구나'라고 생각해 그 길로 회사를 그만뒀어요. 그러고는 그 사이트를 '사이버외교사절단 반크'로 키워 보람과 만족을 느끼며 살아가는 거예요. 안정성을 따지자면 방송사가 더 낫죠. 하지만 본인은 지금 하는 일도 무척 안정적이라는 겁니다. 안정성은 진로 선택의 '조건'이 아니라 '결과'입니다. 좋아하고 잘하는 일을 하는 이들은 생애의 어느 단계에 가면 안정성을 얻게 돼요. 그런데 부모가 불안해서 안정성을 직업 선택의 조건으로 삼는 순간 아이에게는 고통과 불행이 시작되는 거예요.

　마지막 오해와 진실을 말씀드릴게요. 진로 선택에서 학벌의 효능에 대한 것입니다. 지금 우리 사회에서 학벌의 중요성은 여전하죠. 공기업에 가든 대기업에 가든 학벌은 중요하리라고 여기죠. 그래서 '인서울'이다 뭐다 하는 것 아니겠어요. 그런데 앞으로도 그럴까요?

　일단 현실을 한번 따져보도록 하죠. 현재 우선 국가고시는 1, 2차 필기시험입니다. 공사, 신문사, 방송사는 1차 실기시험 2, 3차 면접입니다. 여기에서 학벌은 보지 않습니다. 그래도 공부 잘하는 아이들이 들어갑니다. 왜 그럴까요? 그 아이들은 필기시험에 최적화된 인생을 살아왔잖아요. 그러나 학벌만 보는 것하고는 얘기가 다르죠.

지금 공공기관은 변하고 있습니다. 한국전력의 4년간 채용 현황을 보면 전남대 90명, 경북대 86명, 서울대는 44명이에요. 수자원공사도 비슷합니다. 학벌 스펙트럼이 옅어졌고 다양해지고 있어요. 참여정부 때 정연주 KBS 사장이 한 이야기입니다. 블라인드 면접을 해서 5년 동안 600명을 뽑았는데 신입사원의 출신 대학 수가 80개가 넘었고 같은 대학 출신이 10명이 안 되었다고 합니다. 블라인드 면접을 하면 학벌 효과가 흐릿해지는 겁니다. 앞으로 KBS 같은 방송사들 어떻게 될까요? MB 정부 때 사라진 블라인드 면접이 앞으로 새 정부 들어서 부활할까요? 이런 이야기를 하면, 많은 부모님들은 글쎄요 라고 자신 없어 합니다. 그러나 여러분, 우리는 스스로를 '을'이라 판단하면 안 됩니다. 국가가 '갑'이고 국민이 '을'이라고 생각하면 국가와 정부 눈치만 보게 되죠. 우리가 옳다고 생각하는 방향으로 국가와 정부를 끌고 가야죠.

그럼 대기업은 어떨까요? 대기업은 여전히 학벌을 보는 것으로 알려져 있습니다. 그러나 과거와는 달리, 학벌을 보기는 하지만 비중을 다소 낮추고 '실제 능력'을 확인하려고 많이들 노력해요. 현재 기업에서 가장 중요시하는 게 관련 전공, 학벌, 학점, 어학, '자격증 순서입니다. 학벌이 제1조건이 아니라는 것이에요. 그러니 대학생은 피곤하죠. 이걸 다 준비해야 하니까. 과거 서울대생은 참 좋았습니다. 서울대라는 이름으로 갈 수 있는 곳이 지천으로 널려 있었으니까요. 그런데 지금은 서울대 출신도 피곤해요. 학벌만 가지고는 안 돼요. 실제 능력을 담보해야 합니다. 대학생들에게 아주 피곤한 시대이지만, 학벌의 기준만 가지고 볼 때는 과거처럼 학벌이 좋으면 무조건 뽑는 시대는 지났고, 학벌이 다소 안 좋아도 전공 학점 등으로 극복이 가능한 여지가 커지고 있다는 점은 의미 있습니다.

삼성전자가 2012년에 채용 기준을 발표했죠. 그때 앞으로 삼성전자는 신입사원 35퍼센트를 무조건 지방에서 뽑겠다고 발표했어요. 삼성전자가 왜 그런 발표를 했을까요? 삼성전자가 지방대 출신자 혹은 우리 사회 루저들에 대한 복지와 사회적 배려심이 많아서일까요? 그렇지 않습니다. 그 이유를 좀 더 확인해봐야 하고 조금 조심스러운 분석입니다만, 일반적인 판단으로 봐서는 이렇습니다. 오랫동안 신입사원을 채용해서 일을 시켜보니까 SKY 출신이라고 해서 무조건 회사에 필요한 존재라는 판단이 들지 않아서라는 거죠. 삼성은 글로벌 경쟁에서 1, 2위를 다투는 기업이잖아요. 창의성, 문제 해결력이 가장 절실합니다. 그런데 좋은 스펙 가지고 있다 해서 창의성과 문제 해결력이 있는 게 아니잖아요? 더욱이 좀 더 좋은 조건의 직장으로 이동하는 것보다는 회사에 머물면서 충성심을 보여주는 직원에 대한 선호도도 있는 것이고요. 이런 측면에서 볼 때 지방대 출신에게도 서울권 대학 출신자들과는 또 다른 장점이 있다는 사실을 발견한 거죠.

지금 사람들은 이렇게 이야기합니다. 문과는 현재까지는 서울, 수도권 내에 있는 대학을 나와야 괜찮은 대기업 사무직에 갈 수 있고, 이과는 지방 국립대 출신 정도도 대기업에 간다고요. 아주 틀린 이야기라고 말할 수는 없을 것입니다. 그런데 문제는 이런 트렌드가 앞으로 우리 자녀가 일자리를 얻는 10년, 20년 후에는 어떻게 될까 하는 점입니다. 그때도 계속 서울, 수도권일까요? 저는 앞으로 많이 바뀔 것이라고 판단합니다.

지금처럼 수도권과 지방의 격차가 극심한 것은 국가의 안정성에도 결코 유익하지 않습니다. 어떤 정부든 국가의 안정성과 균형 발전을 위해 지금의 이 기형적인 구조를 바꾸려고 애를 쓸 것입니다. 그리고 지금도 이와 관련된 법률과 정책이 마련되고 있는 중이고요. 더욱이 가까운 미래는 구직자 우위 시대가 될 겁니다. 지금 아이들 숫자가 엄청 줄었거든요. 한국인을 고집하는 기업은 구인난에 직면할 겁니다. 그러나 미래를 그저 낙관적으로 보면서 사태를 방치해서는 안 됩니다. 그 시간을 더욱 빠르게 앞당기는 게 중요합니다. 그 역할을 누가 해야겠습니까? 우리 부모들입니다. 학벌로 아이들을 부당하게 차별하는 기업의 관행 같은 것에 누가 도전을 할 수 있습니까? 우리 부모들이에요. 세상을 변화시키는 일에서 우리 부모들은 결코 자신을 '을'로 설정해서는 안 됩니다.

일자리에 대한 새로운 기준

지금부터는 대안을 이야기할 거예요. 우선 좋은 일자리에 대한 새로운 기준이 필요하겠죠. 현재 좋은 일자리 기준은 앞에서 봤죠? 이것 이젠 버려야 합니다. 그렇다고 해서 새로운 기준은 그저 이상적이기만 하면 안 됩니다. 이상적이지만 동시에 현실 속에서 작동 가능한 것이어야 합니다. 저희 단체는 그 기준을 다음과 같이 정리해서 제시합니다. 즉, "(제1기준) 자기 재능과 적성 활용하여 직업을 선택하고", "(제2기준) 그 직업을 통해 사회에 기여함으로써 절대적 만족감을 경험하며", "(제3기준) 가정을 떠나 경제적으로 독립된 생활을 할 수 있을 것" 이렇게 말입니다.

월급 많이 주고 안정적인 일자리가 아니라 재능과 적성을 활용해서 그 직업으로 사회에 봉사하면서 경제적으로 독립할 정도가 되면 좋은 일자리라는 것입니다. 지금의 기준은 무엇입니까? 자기의 재능과 적성 대신 점수와 등수에 맞춰 직업을 선택하고 그 직업으로 나의 이익을 추구함으로써 상대적 만족을 경험하고 경제적으로 여유 있는 생활을 할 것, 이게 현재의 좋은 일자리 기준이에요. 재능, 적성 필요 없고 SKY 대학을 거쳐 대기업 들어가서 안정되고 여유 있게 살면 되는 것이에요. 그 기준과 대조를 이룹니다.

우리가 제시하는 이 새로운 기준들만 충족할 수 있다면 우리는 우리 자녀들에 대해서 안심할 수 있습니다. 그렇지요? 그렇다면 새로운 기준이 허황됩니까? 아니에요. 매력적이에요. 비현실적입니까? 아니에요. 경제적으로도 독립된 생활을 한다고 얘기하지 않습니까? 우리 부모가 원하는 건 최소한 이 정도 아닙니까? 그럼 하나씩 살펴볼게요.

제1기준: 적성에 맞을 것

우선 제1기준, 자신의 적성에 맞아야 한다는 부분입니다. 이것은 당연한 거죠.

시골 의사 박경철 씨가 트위터에서 한 얘기예요.

"사과나무에서 배를 열리게 할 수 없고, 모과나무에서 오렌지가 열리지 않듯, 아이들도 각자 제가 맺을 과실이 다른 나무들인데, 모두들 사과나무라고 여기는 거죠. 어릴 때부터 공도 차보고, 노래방도 가고, 그림도 같이 보고, 음악도 듣고, 책도 읽어보고 대화를 하면 사과 씨인지 모과 씨인지 간파하게 되죠. 아이의 적성을 다른 데 물어본다면 부모로서 태만하다는 증거죠."

저는 이 부분을 이야기할 때 늘 인용하고 싶은 이야기가 있어요. 스티브 잡스의 노동에 관한 이야기입니다. "노동은 인생의 대부분을 차지합니다. 그런 거대한 시간 속에서 진정한 기쁨을 누릴 수 있는 방법은 스스로가 위대한 일을 한다고 자부하는 것입니다. 그때는 사랑하는 일을 하는 그 순간뿐입니다." 참 중요한 이야기예요. 실제로 우리는 삶의 대부분을 노동하면서 살아가야 해요. 그 시간을 기쁘게 받아들이려면 자기가 하는 그 노동이 위대하다고 자부해야 하고 그러려면 자기가 사랑하는 일, 즉 적성에 맞는 일에 몰두해야 한다는 것입니다. 그렇지 못하면 불행해지는 거죠. 잡스 얘기는 지당합니다.

그런데 적성 중심으로 진로 선택을 하라고 하면, 그 정도는 나도 알고 있다고 말합니다. 물론 그렇습니다. 그러나 상황은 그리 간단치 않습니다. 여기 아래 표를 보십시오. 적성은 좋아하는 일, 잘하는 일 두

	좋아하는 일	좋아하지 않는 일
잘할 수 있는 일	유형1	유형3
잘할 수 없는 일	유형2	유형4

가지가 합쳐진 개념입니다. 그런데, 잘하면서 좋아하는 일은 당연히 시켜야겠고 좋아하지도 않고 잘 할 수 없는 일은 당연히 말려야겠죠. 그러나 좋아하지 않는데 잘 할 수 있는 일이거나(유형 3), 잘 할 수 없는데 좋아하는 일(유형 2) 중 어디로 아이를 밀고 갈 것인가의 문제를 접하면 이야기는 그리 간단하지 않습니다.

저는 아이의 진로를 지도할 때 유형 2를 중시했습니다. 아이가 좋아하는 일을 끝까지 밀었습니다. 제 아이가 좋아하는 일은 과학자가 되는 일, 컴퓨터 프로그래머가 되는 일, 물리학을 연구하는 일 이런 쪽이었어요. 물론 그런 아이의 선택에 제가 전적으로 공감하거나 미더워한 것은 아니었습니다. 우선 제가 문과였고 수학을 싫어했거든요. 제 아내도 문과 쪽입니다. 둘 다 문과인데 이과 쪽 아이가 나올 것이라 기대하기가 어렵더군요. 생각 같아서는 무슨 소리냐, 그 길은 생각도 하지 말라고 이야기하고 싶었습니다. 그러나 그렇게 하지 않았습니다. 아이의 선택이 미덥지 않다는 이유로 아이의 길을 막으면 그것으로 끝나는 것이 아니라, 아이가 자기 진로에 대한 의욕의 끈까지 놓을까봐 그것이 염려되었습니다. 결국 아이는 고등학교에 들어갈 때까지도 이과 영역을 고집하다가 고2 때가 되어서 비로소 자신에게 문과 영역이 맞다는 것을 스스로 확인하고, 그 공부에 집중하고 또 즐기고 있습니다.

마이클 조던에 대해서 이야기하고 싶어요. 농구의 황제로 불리고, 에어 조던이라는 별명을 얻었을 정도로, 체공 시간이 무척 긴 것으로 유명했던 선수입니다. 아마 농구 역사상 그렇게 유능한 선수도 없을 것이라 생각합니다. 그런데 이 조던이 어느 날 아버지가 죽자 갑자기 그 잘하던 농구를 그만두겠다고 은퇴 선언을 해버렸어요. 그것도 선수 절정기 시절에 말입니다. 그리고 놀랍게도 마이너 리그에서 야구선수의 길을 걷기 시작합니다. 왜 그랬을까요? 사람은 죽음 앞에서 자기 인생을 돌아봅니다. 그래서 진지한 사람이라면 죽음 앞에서도 의미 있고 가치 있는 일을 해야 한다는 생각이 들 수도 있습니다. 조던도 아버지의 죽음에 큰 충격을 받고 자기가 어렸을 때부터 하고 싶었던 야구선수의 길을 가기로 한 것입니다. 그런데 조던은 야구를 해보니 생각만큼 쉽지 않다는 것을 알게 되고, 그 후에 은퇴를 번복하고 다시 농구선수가 되었습니다. 안철수 씨는 자신의 책에서 이런 조던을 예로 들면서 '좋아하지 않더라도 잘할 수 있는 일을 해야 한다'라고 언급했습니다.

그러나 제 생각은 안철수 씨의 생각과 좀 다릅니다. 저는 조던의 선택이 대단히 의미 있다고 생각합니다. 자기가 좋아했지만 가보지 못했던 길을 한번 가봤고 거기서 바닥을 쳐보는 경험을 하고 나서 그제서야 '내가 야구는 잘 못하고 그러니까 좋아할 수도 없구나!'라는 사실을 깨닫고 자기 꿈을 접은 것입니다. 그래서 잘할 수 있는 일을 다시 시작하고 만족하며 산 거죠. 저는 부모가 아이들 꿈을 접게 해서는 안된다고 봅니다. 스스로 판단해서 꿈을 접고, 자기에게 맞는 곳을 찾아가도록 해야 하고, 그 과정에서 부모는 조력자의 역할에 머물러야 한다고 봅니다. 그렇지 않고 부모에 의해 자기 꿈이 꺾인 아이는 현실 속에서 주어진 길을 갈 때, 늘 그 길을 의심하면서 자기 꿈에 집착하게 되어 있습니다. 어린 시절에 시행착오를 겪으면서 자기 길을 정확히 찾지 못하면 나이가 들어 뒤늦게 조던처럼 방황을 하고 멀쩡히 잘하던 일을 내팽개치는 경우도 생기는 것입니다.

　여기서 한 가지 이야기를 조금 더 이어가보겠습니다. 진로 지도와 관련해서, '성적을 올려야 진로 선택의 폭이 넓어진다'고 생각하는 분들이 있죠. 저는 그 말의 진실성을 전적으로 부정하지 않습니다. 사실 전교 1등은 꼴찌보다는 갈 곳이 많겠죠. 그래서 부모는 일단 성적을 올려놓으라고 강요하죠. 초등학교 때는 다양한 체험활동도 시키면서 아이들에게 많은 진로 탐색의 기회를 주려고 노력합니다. 그러다 아이가 중학교에 가서 성적의 실상이 드러나면 부모는 놀란 나머지 다른 모든 시도를 접습니다. 일단 성적 올려서 내신부터 관리하자고 합니다. 그리고 아이들에게 이야기합니다. '일단 성적 좋아야 네가 고를 수 있는 선택지가 넓어지는 것 아니겠니?' 이렇게 말입니다.

　하지만 객관적인 옵션이 늘어난다고 해서 주관적인 옵션까지 넓어지는 건 아니에요. 아무리 객관적인 옵션이 늘어난다고 해도 정작 아이들이 선택하고 싶은 길이 없다면 무슨 소용이 있나요? 객관적인 선택지가 넓어지는 것만큼이나 아이가 실제로 자기 적성에 맞게 선택하고 싶은 주관적인 선택지가 넓어지는 것이 더욱 중요합니다. 그런데 우리 부모들은 객관적인 옵션을 넓히는 데만 관심이 있습니다. 주관적 옵션을 넓히려면 아이들의 욕구와 판단을 존중해야 합니다. 그리고 아이들이 원하는 것과 현실이 연결되도록 해야 합니다. 그 과정에서 가장 중요한 행위가 무엇이냐면 '몰입'입니다. 이렇게 아이가 뭔가에 몰두하면 과정 속에서 막상 해보니 내게 맞지 않다는 사실을 알게 되거나 아니면 더욱더 몰두하게 됩니다. 부모가 단념하는 것이 아니라 아이 스스로 단념하게 되고, 또 피상적으로 선호하는 데서 정말 자기에게 맞는 것을 새삼 확인하는 과정을 거치게 됩니다.

몰입은 아이들이 현실에 눈을 뜨게 해줍니다. 예를 들어 몰입을 통해 자동차 쪽이 나와 맞는다는 판단이 서면 그 영역으로 대학을 가고 직장을 가지려면 중학교 때 무엇을 해야 하는지에 대해서 역순으로 관심을 갖게 됩니다. 그다음에는 부모가 얘기 안 해도 현실 속에서 성적 관리를 하게 되어 있습니다. 자동차를 공부하려면 영어도 좀 알아야 하고 과학도 잘해야겠다고 생각하면서 관심을 확장해가는 겁니다. 주관적인 옵션을 찾기 시작하면 아이들은 그것을 현실 속에서 쟁취하기 위해 스스로 객관적인 조건들을 갖추려 애를 쓰게 되어 있습니다. 이와는 달리 객관적인 스펙을 갖추는 일에만 집중하게 되면 선택지는 넓어지지만, 자기 자신이 원하는 것이 무엇인지 알 수 없고 그래서 객관적인 다양한 선택지가 소용없게 되는 것입니다.

그러면 몰입을 언제까지 하도록 허용해야 할까요? 고등학교 때까지도 됩니다. 물론, 그랬다가는 대학입시에서 실패할 것이라 생각하는데, 우리는 아이들의 인생이 19세에 결판날 것이라고 생각해서는 안 됩니다. 그런 조급함은 아이 인생 전체에 부담만 주고, 올바른 길을 찾는 일에 허둥대게 만듭니다. 아이의 인생이 19세에 결판나지 않는다는 확신 속에서 우리는 아이들에게 여유를 주어야 합니다.

제 아들이 고등학교 3학년입니다. 저는 초등학교 때 '아이가 공부는 잘하지만 학급에서 적응 못해 왕따 당할지도 모른다'고 걱정했습니다. 그런데 제가 생각했던 것과는 반대로 중학교에 가더니 공부는 못하는데 학급 생활 적응은 너무나 잘하더군요. 아이가 시험이 가까워질수록 잠을 많이 자요. 시험 전날에야 친구한테 시험 범위를 물어보는 등 저로서는 놀라운 모습을 보이더군요. 시험 끝나고 성적표도 가져오지 않고요. 교과서를 봤더니 국어 교과서 모든 페이지에 그림을 그렸어요. 수업시간에 대체 뭘 했을까요? 중학교 올라갈 때 보니까 날라리 옷을 입고 삼선 슬리퍼 신고 다니며 머리 기르고 소화하기도 힘든 원색 잠바를 입고 다니고. 저도 아내도 이른바 '범생이'였는데 어떻게 이런 아이가 나올 수 있을까 생각하며 기막혀 했죠. 하도 답답해서 중간고사 끝나고 붙들고 공부를 제대로 하는 방법에 대해서 이야기를 했어. 제가 13년간 선생을 했으니 오죽 할 말이 많았겠어요? 그런데 제 이야기를 다 듣고 나서 아이가 하는 말이 걸작이었어요. "아빠, 그건 범생이들이나 하는 짓이잖아요." 제가 그때 받은 충격은 참 컸어요. '너 범생이 아니었니?' 그때 이후로 저는 아이의 성적표를 확인하려 하지 않았습니다. 사춘기라 가뜩이나 예민한 아이와 사이만 나빠질 것이 걱정되었죠.

중3 정도 되니까 아이는 컴퓨터 프로그래머를 하겠다면서 컴퓨터 하드에 관심을 기울여보겠다고 하더군요. 어느 날 컴퓨터가 망가져서 오랫동안 방치했는데 조립형 컴퓨터를 하나 사달라는 거예요. 자기가 조립을 한번 해보겠다며 120만 원 정도의 사양을 말하는데 고민스러웠죠. 조립하다가 부속이 남으면 어떻게 해요? 제 아내와 고민을 많이 했어요. 고민 끝에, 결국 사주기로 했어요. 부품이 도착하고 초저녁부터 아이는 조립을 시작했죠. 밤 11시, 12시가 돼도 조립이 끝나지 않는 거예요. 엄마, 아빠는 모른다고 하고 잤습니다. 2~3시 정도 됐는데 아직도 불이 켜져 있길래 가봤더니 애가 넋을 놓고 앉아 있더라고요. 완성은 한 것 같은데, 왜 넋 놓고 있냐니까 다 조립했는데 부속품이 남았

다는 거예요. 예견한 일이잖아요. 알아서 하라고 들어갔어요. 새벽 6시
쯤 되어서 나와 보니까 조립을 끝내고 성취감에 가득 차 있어요. 일종
의 성공 체험이죠.

이 사건을 계기로 아이는 S 인터넷 정보고에 가기로 결정했어요. 제
가 그 학교 선생님께 여쭤보니, 내신은 학급에서 20~30퍼센트 안에
는 들어야 한다는 것이에요. 당시 제 아이는 그 성적이 안 됐어요. 너
무 놀았던 것이죠. 그러나 저는 그 사실을 가르쳐주지 않았어요. 그래
도 한번 해보라고 했죠. 그때부터 아이는 생전 처음으로 자기 책상에
시험 목표 점수를 적어놓고 공부를 시작하더라고요. 시험 기간이 임
박할수록 잠도 안 자고 무섭게 공부하더군요. 급기야 평균 30점이 올
랐어요. 그래도 90점이 안 되니 대단하다 말할 것은 못 돼요. 제가 하
고자 하는 말이 무엇입니까? 스스로가 적성을 찾으니까 성적 관리에
도 관심을 갖더라는 것이에요. 그게 바로 철드는 것이죠.

제2기준: 사회적 기여

이제 제2기준, 사회에 기여하여 절대적 만족을 경험하는 부분에 대
해 말씀드리겠습니다.

톨스토이가 쓴 〈사람은 무엇으로 사는가〉라는 책이 있습니다. 그 속
에 〈사람에게는 얼마나 많은 땅이 필요한가?〉라는 단편소설이 있습니
다. 이반이라는 소작 농부 이야기인데, 그에게 어느 날 악마가 접근해
서 "네가 하루 동안 그린 원만큼이 네 땅이야"라고 속삭입니다. 그 말
을 듣고 이반이 막대기를 들고 자기 땅의 경계를 그으려고 돌아다닙니
다. 욕심이 커지는 만큼 원도 점점 넓어집니다. 이윽고 해가 기울기 시

작했어요. 허겁지겁 급하게 원을 마무리하려고 죽어라 시작 지점으로 달려왔고, 다행히 해가 지기 직전에 원을 완성합니다. 그런데 너무 힘들어서 죽고 말았어요. 이반은 묘지에 묻혔는데 차지한 땅은 고작 2평이었습니다. 자기의 이익을 극대화하려고 몸부림쳐봐야 결과가 허무하다는 겁니다.

이 이야기를 통해 톨스토이는 타인을 위해 봉사하는 삶을 사는 것의 가치를 얘기하고 싶었던 겁니다. 실제로 톨스토이 자신은 자기 삶의 안정성을 돌아보지 않고 평생 러시아의 가난한 이들을 위해 자기 인생을 다 바쳤고, 그런 삶의 태도가 간디에게도 영향을 주었어요.

기업에 대한 이야기도 한번 해볼게요. 기업은 왜 존재합니까? 사람들은 돈을 벌기 위해서라고 대답합니다. 그런데 〈성공하는 기업들의 8가지 습관〉에서 보면 위대한 기업은 돈벌이에 연연하지 않습니다. 가치에 몰입하는 면이 있습니다. 메르크(MERCK)라는 세계적인 독일 제약회사가 있는데 100년이 넘은 기업이에요. 제2차 세계대전 때 결핵치료제를 개발해 일본에 나눠줬던 기업이죠. 이 회사에서 아프리카의 풍토병 치료제인 멕티잔도 만들었어요. 하지만 이 약을 간절히 원하는 수많은 아프리카 사람에게는 구매력이 없었습니다. 고민을 하던 창업자 메르크는 회사 자체 비용으로 약을 배포합니다. 1950년에 아들인 조지 메르크 2세가 이런 말을 했어요. "우리는 의약품이 환자를 위한 것임을, 그리고 인간을 위한 것임을 잊지 않으려 한다. 의약품은 이익을 위한 것이 아니고, 이익 자체는 부수적인 것임을 기억하는 한 이익은 저절로 따라다닌다." 정말 위대한 말입니다.

기업만이 아니라 사람도 마찬가지입니다. 우리는 아이들을 위대한 인간으로 키우고 싶어 합니다. 인간이나 위대한 기업이나 다 똑같아요. 자신의 이익을 위해서가 아니라 타인에게 자기 삶을 내어주기로 결정하는 순간 위대한 삶은 시작됩니다. 그리고 이익은 저절로 따라오게 되어 있어요. 미하이 칙센트미하이라는 사람이 쓴 〈몰입〉이라는 책에 보면 이런 내용이 있습니다.

성공에 집착하지 말라. 성공에 집착할수록 성공하지 못할 가능성이 높아진다. 행복과 마찬가지로 성공이란 것도 의식적으로 얻으려 한다고 해서 구해지는 것이 아니다. 성공은 자기 자신의 이해보다 더 큰 목표에 헌신할 때 얻어지는 부산물일 뿐이다. 몰입의 기쁨은, 가치 있는 일을 이루기 위해 최대한도로 스스로의 마음과 육체를 바쳐 자발적으로 전력투구할 때에 일어난다. 이런 경험들을 하나둘씩 축적하다 보면 어느덧 자기가 인생의 내용을 차곡차곡 채워나가는 과정에서 소외되지 않고 주인의 역할을 하고 있다는 느낌을 갖게 될 것이다. 내 인생의 주인공은 나라는 강렬한 자각, 바로 이러한 느낌이 우리가 염원하는 행복에 가장 가까운 상태가 아닐까.

상당히 타당한 이야기입니다. 여러분도 잘 아시겠지만 거창고등학교에는 직업선택의 십계명이라는 계명이 있습니다. 그 학교 설립자인 전영창 교장선생님이 만든 계명입니다.

거창고 직업 선택 십계명
하나, 월급이 적은 쪽을 택하라.

둘, 내가 원하는 곳이 아니라 나를 필요로 하는 곳을 택하라.

셋, 승진의 기회가 거의 없는 곳을 택하라.

넷, 모든 것이 갖추어진 곳을 피하고 처음부터 시작해야 하는 황무지를 택하라.

다섯, 앞을 다투어 모여드는 곳은 절대 가지 마라. 아무도 가지 않는 곳으로 가라.

여섯, 장래성이 전혀 없다고 생각되는 곳으로 가라.

일곱, 사회적 존경 같은 건 바라볼 수 없는 곳으로 가라.

여덟, 한가운데가 아니라 가장자리로 가라.

아홉, 부모나 아내나 약혼자가 결사반대를 하는 곳이면 틀림없다. 의심치 말고 가라.

열, 왕관이 아니라 단두대가 기다리고 있는 곳으로 가라.

이 직업 선택 십계명에 따라 선택할 수 있는 대표적인 일자리는 무엇이 있을까요? 장의사, 시체 염하는 사람, 그런 길일까요? 그런데 이 학교에서 3년 동안 공부한 졸업생이 졸업할 때 소위 '답사'라는 것을 썼는데 그 글도 유명합니다.

거창고 졸업생의 답사

거고인 건축가가 세운 다리는 무너지지 않고

거고인 농부가 키운 작물은 안심하고 먹을 수 있으며

거고인 의사는 사람 생명을 그 무엇보다 소중히 여긴다.

거고인 판사가 내린 판결은 믿을 수 있고

거고인 직공이 만든 옷은 단추가 잘 떨어지지 않으며

거고인 선생님에게는 안심하고 자녀를 맡길 수 있다.

거고인 관리는 뇌물을 받지 않고

거고인 기자는 거짓을 전하지 않으며

거고인 역사가는 그 무엇보다 진실을 목말라 한다.

그래서 세상은 거고를 빛이요 소금이라고 한다.

분명히 교장선생님은 비천하고 위험한 직업을 선택하라고 한 것 같은데, 그 학교를 졸업한 학생들은 건축가·농부·의사·판사·직공·선생님·관리자·기자·역사가 이렇게 다양한 직업을 이야기합니다. 학생들이 잘못 알았을까요? 아닙니다. 직업 선택의 십계명은 특정 직업을 선택하라는 명령이 아니라는 것입니다. 오히려 어떤 직업이든 관계없이 직업에 대해서 사람들이 취해야 할 자세에 대해서 이야기한 겁니다. 자기가 원하는 일을 하되 세상에 기여하라는 얘기죠.

제3기준: 경제적 독립

마지막으로 제3기준, 경제적 독립에 대해서 이야기하겠습니다.

아무리 적성에 맞고 사회적 가치를 추구하면 뭐 합니까? 경제적 자립을 하지 못하고 남에게 의존한다면 말입니다. 그래서 경제적 독립은 중요합니다. 그런데 경제적 독립과 사회에 기여하는 마음은 아주 묘한 상관관계가 있어요. 즉 사회에 기여하고 공헌하고자 하는 마음이 커질수록 경제적 독립 기준이 상대적으로 낮아집니다. 무슨 말인가 하면, 사회에 공헌하고자 하는 마음이 커지면 이만큼 먹고 벌어야 내가 자립한다고 말할 수 있어, 라는 기준 자체가 아주 낮아진다는 것입니다. 약자에게 관심이 많은데 본인이 물려받은 돈이 많다고 해서 10만 원짜리 호텔 뷔페 음식을 매일 먹는 사람이 있을까요? 고통 받는 이에게 관심이 많은데 5만 원, 10만 원짜리 식사를 하는 것을 당연하게 여길 국회의원이 있을까요? 사회적 가치에 관심 있는 사람은 경제 독립의 기준이 소박합니다. 이웃에게 봉사하는 삶에 만족한다면 2천500원짜리 밥을 먹어도 행복해요. 검소한 삶, 자발적 가난을 자청하죠.

이렇게 사회적 가치에 대한 감수성이 풍부하면 나중에 우리 아이들이 경제적으로도 독립할 가능성이 큽니다. 부족해도 불평하지 않아요. 사회적 가치에 대한 감수성이 부족한 아이들은 넘쳐나도 만족을 모르고 짜증만 냅니다. 독립적인 아이로 키우려면 반드시 사회적 가치에 대한 감수성을 심어줘야 됩니다.

아무리 사회적 가치를 추구해도 먹고는 살아야 하지 않느냐, 그런 말을 하기도 합니다. 박원순 서울시장 이야기를 하고 싶네요. 이분이 대학 시절 데모하다가 잡혀가서 6개월 정도 감옥에 있었는데 그곳에서 여러 종류의 책들을 읽었어요. 그때 읽은 책 중에 성경도 있었는데 아주 인상적인 구절이 있었던가 봅니다. 2012년에 희망제작소에서 하는 '천 개의 일자리' 프로젝트에 대해 이분이 쓴 책을 보다가 깜짝 놀랐어요. 청년들에게 "먹고사는 것 걱정하지 마십시오. 본인이 원하는 것 파고 살아도 절대 굶어 죽지 않아요"라고 말하면서 자신이 대학 시절에 읽었던 성경 구절을 인용했어요. 참고로 박원순 시장은 기독교 신자가 아닌 것으로 알고 있습니다.

공중의 새를 보라. 심지도 않고 거두지도 않고 창고에 모아 들이지도 아니하되, 너희 하늘 아버지께서 기르시나니, 너희는 이것들보다 귀하지 아니하냐. (중략) 들의 백합화가 어떻게 자라는가 생각하여 보라. 수고도 아니 하고 길쌈도 아니 하느니라. (중략) 솔로몬의 모든 영광으로도 입는 것이 이 꽃 하나만 같지 못하였느니라. 오늘 있다가 내일 아궁이에 던져지는 들풀도 하나님이 이렇게 입히시거늘, 하물며 너희일까 보냐.

-〈신약성경〉 마태복음 6: 26~30

박원순 시장은 기독교인이 아니면서도 이 말을 확신했습니다. 또 실제로 자신이 그런 삶을 살면서도 굶어 죽지 않았잖아요. 저는 가치에 몰입하는 사람치고 굶어 죽었다는 사람을 본 적이 없습니다. 다른 사람을 위해 자기를 내어주는 삶을 살면 하늘이 그 사람을 책임집니다. 그 역설의 진리를 우리는 이해해야 합니다.

구체적인 자녀 진로 지도

자녀 진로 지도를 할 때 부모는 구체적으로 무엇을 해야 할까요? 좋은 대학에 보내고도 싶고, 경제적 여유를 갖게 하고도 싶고, 그것을 위해 두발 복장 관리, 점수 관리, 지적인 자극을 누리며 독서도 좋아하고 TV 시청도 절제하고 대화와 성적이 상관관계가 높다고 하니 대화도 잘 해야겠고, 좋은 친구들과 사귀도록 하는 등 아이들에게 기대하고 요구하는 것이 많습니다. 부모라는 존재가 원래 그렇습니다. 그런데 너무 많은 것을 자녀에게 기대하면 사실 부모 자식 관계가 원만해지지 않습니다. 또 자녀가 잘 크는 것도 아니에요. 무엇은 붙들고 무엇은 놓아야 할지 선택해야 합니다.

이럴 때 두 가지 유형의 부모가 있습니다. 한 경우는 모든 것을 다 자녀의 선택과 자율에 맡기는 부모예요. 방치형 부모죠. 또 다른 유형은 간섭형 부모예요. 아이들에게 자율이라곤 없죠. 자녀의 모든 삶에 대해 서른 살 넘어서까지 개입합니다. 우리 부모들은 이렇게 양 극단 어딘가에 있습니다. 그런데 부모의 역할은 어느 선상에 있어야 할까요? 결론부터 말씀드리자면, 처음에는 간섭의 가짓수가 많겠지만, 갈수록 그 숫자를 줄여야 합니다. 그런데 대부분의 부모는 거꾸로 합니다. 처음에는 간섭 영역이 적습니다. 그런데 어디 내 맘 같던가요. 자녀가 기대한 대로 따라오지 않고 뭔가 망가졌다 싶으면 뒤늦게 간섭합니다. 그래서 사춘기 때 아이들과 심각하게 부딪힙니다. 이게 최악이에요.

진로와 관련해서, 발달 단계별로 역점을 두어야 할 능력이라는 것이 있습니다. 초등학교 때까지는 깊고 풍부한 애정, 좋은 습관을 키워주는 것이 중요해요. 그리고 가치에 대한 감수성을 키워줘야 합니다. 자기를 사랑하고 긍정하는 마음을 기본으로 타인을 배려하는 마음을 길러야 직업을 통한 사회적 기여라는 것이 가능하니까요. 또한 중학교 때는 아이들 스스로 자기 삶을 설계하고 치고 올라가는 힘을 길러줘야 합니다. 학습의 근력을 키워주는 것도 이때는 무척 중요합니다. 목표를 잡고 자기만의 학습 방법을 익히고, 어려움을 돌파하는 능력이 생기도록 말입니다. 초등학교 때와는 다르죠. 미래를 관리하고 전

망하는 속에서 학습하는 체질을 기르도록 북돋워줘죠. 그리고 이때부터 부모와 자식과의 관계는 보다 수평적이 돼야 해요. 아이들에게 자율의 울타리를 넓혀주고 부모는 간섭을 줄여야 합니다. 고치려 들지 말고 인정할 것을 빨리 인정해야 해요. 그 싸움에서 시간을 얼마나 줄이느냐가 관건입니다. 물론 말이야 쉽죠. 그리고 이 순서를 꼭 지키기도 힘들어요. 초등학교 때 키워줬어야 할 능력이 중학교 때 없는 경우도 허다합니다. 갈수록 아이들이 이기적이 되어가는데 타인에 대한 이해를 초등학교 때 완성하기 쉽겠습니까? 그러나 저는 여기서 일단 원칙을 이야기하는 겁니다.

그러나 나이가 얼마가 되었든 부모가 자녀의 삶에서 결정적인 순간에는 개입해야 합니다. 미국을 대표하는 기업 제너럴일렉트릭(GE)의 그 유명한 잭 웰치 전 회장은 어린 시절에 말더듬이였어요. 그 사람이 쓴 책의 한 부분을 보면 이런 일화가 언급되어 있습니다.

나는 어린 시절 말 더듬는 습관을 가지고 있었는데 여간해서 잘 고쳐지지 않았다. 가끔씩 말 더듬는 습관으로 낭패를 당하거나 우스운 사건을 경험한 적이 있었다. 참치샌드위치를 주문할 때 "차~참치(tu-tuna) 샌드위치요"라는 내 주문을 '두 개의 참치(two tuna) 샌드위치'라고 알아듣고 하나가 아닌 두 개의 샌드위치를 가져오곤 했다.

장애를 갖고 있었으니 당사자는 얼마나 스트레스가 심했겠어요. 왕따도 당했겠죠. 부모 입장에서도 걱정이 이만저만 아니었을 겁니다. 웰치는 자기 자신에 대해 부정적인 마음을 가지기 쉬웠죠. 하지만 엄마가 현명한 사람이었어요. 모자란다고 역정만 냈다면 어떻게 됐겠어요. 아이는 더 깊은 상처만 받았겠죠. 하지만 그러지 않았어요. 웰치의 엄마는 자기 아이의 부정적인 마음을 돌이키기 위한 개입을 시도했습니다. 그것은 정말 오랜 관찰을 통해 비롯된 통찰과 지혜였습니다. "웰치야. 네가 말 더듬는 이유는 너의 머리 회전이 너무 빨라서 혀가 못 따라가서야." 이렇게 말한 것입니다. 그것으로 웰치는 자기의 약점을 약점으로 생각하지 않고 자기 장점에 집중한 것입니다. 어린 시절의 이야기를 지금까지 기억하는 것으로 보아 웰치 회장의 인생에서 엄마의 그 한마디가 결정적으로 중요한 역할을 했다는 것을 짐작할 수 있습니다. 약점을 전혀 다른 관점으로 해석해준 것이죠. 세심하게 지켜보다 적절하게 개입할 기회를 잡은 거예요.

관찰을 하지 않으면 정작 개입해야 할 때 개입을 못합니다. 해도 효과가 없어요. 이화여대 조기숙 교수는 "방임형도 아니고, 모든 부분에 간섭하는 것도 아니고, 집 안에 있으면서 병이 들어 몸져누워 자녀가 하는 모든 일은 지켜보지만 간섭은 못하는 엄마가 최고다"라고 얘기하시더군요. 그 말씀의 진실을 포착해야 합니다.

부모는 아이의 삶에 지나치게 간섭하면 안 됩니다. 경찰이 되어서는 안 됩니다. 유해한 환경으로부터 자녀를 보호하려는 마음에 컴퓨터·텔레비전·스마트폰·닌텐도도 없애고, 만화책·학습만화·판타지도 없애고, 꼭 읽어야 할 책 100선을 사서 거실 책장에 꽂아놓고 해로운 매체라곤 없는 청정지역으로 가정을 꾸미고 싶겠죠. 문제는 그럴 수가 없다는 것입니다. 부모들이 그런 환경 조성에 합의를 못한다는 것입니다. 또 합의를 했다고 칩시다. 그러면 아이는 그 세상 속에서 온순하게 키워지나요? 아니죠. 집 안에만 있는 것이 아니고, 바깥세상도 있습니다. 엄마가 계속 쫓아다닐 수 있습니까? 물리적으로 불가능합니다. 그리고 그렇게 부모가 간섭하면 아이는 부모와 말을 하지 않습니다.

그런데, 아이에게도 누군가의 조언과 충고가 절실할 때가 있습니다. '이성 친구를 사귈 것인가?' '일진에 가입할 것인가?' '내 진로를 어떻게 정할까?' 그런 고민들이 있을 수 있죠. 결코 가벼운 고민이 아닙니다. 아이의 인생을 좌지우지하는 문제일 때가 많습니다. 그때 아이들은 나 아닌 누군가의 조언을 듣고 싶어 합니다. 그때 누구를 찾죠? 말이 통하는 친구를 찾습니다. 자기 마음을 알아줄 사람, 즉 자기와 같이 답답한 부모 밑에서 고통 받는 아이들일 거예요. 그리고 그런 아이들이 주는 정보란 사실 여러분의 자녀들에게 큰 도움이 되지 않는 위험한 정보 혹은 쓰레기 같은 정보일 가능성도 있습니다. 여러분이 지나치게 자녀를 간섭하면, 아이는 그런 아이들 속에서 위험한 의사결정을 한다는 것입니다. 부모와 말이 통하는 아이는 자기 친구들을 사귈 때 안정감 있게 사귀고, 중요한 의사결정을 할 때도 극단적인 선택을 하지 않습니다.

커갈수록 부모는 자녀에게 경찰이 아니라 외교관처럼 접근해야 합니다. 제 아들이 사춘기를 심하게 앓았습니다. 그때 제가 지킨 원칙은 딱 하나였습니다. 아이와 말길이 끊어져서는 안 된다. 그 다짐 말고는 다 내려놨습니다. 그럼 해결됩니까? 아니죠. 부모가 그렇게 마음을 열어도 아이와 대화하는 것이 그리 쉬운 일이 아닙니다. 사회적 가치보다는 돈을 더 중요하게 생각하는 가치가 아이 속에 스며드는 것을 대화 속에서 발견할 때마다 제 마음이 편치 않았고 그것이 대화의 단절을 가져오고 아이가 저와의 대화를 기피하는 것을 자주 경험했습니다. 이제 고등학교 올라가면 더욱 그럴 텐데, 지금 중학교 2학년 말이니 내가 아이와의 소통을 위해 뭔가를 시도할 시간이 딱 1년 남았다는 생각이 들었습니다. 초조했어요. 그 고민 속에서, 함께 일하는 윤지희 공동대표가 자신의 딸과의 경험을 토대로 둘만의 여행을 권유했습니다. 그래서 중간에 도망갈 수 없는 여행이 뭘까 생각해보니, 해외여행이 적합하겠다 생각해서 아이에게 그 여행을 제안했습니다. 당연히 아이는 거절했죠. 그러나 저도 만만치 않았습니다. 모든 것을 걸고 저도 밀어붙였습니다. 결국 10박 11일 동안 유럽 6~7개국을 돌았어요.

아들과의 여행 추억과 행복감은 별로 없습니다. 가는 곳마다 아이와 다툰 기억밖에 없어요. 식사습관, 기질, 원하는 것이 다 다르니 계속 다퉜어요. 그러나 해외여행의 장점이 뭔지 아세요? 사이가 틀어져도 상대를 외면한 채 자기만의 땅굴로 들어갈 수가 없다는 거예요. 같은 방을 쓰고 버스 옆자리 외에는 갈 곳이 없으니까요. 그렇게 10박 11일 동안 아이와 직면했어요. 그리고 돌아왔어요. 그 시간이 유익했는지 잘 모르겠더라고요. 그런데 1년이 지나서 제 생일날 아이가 저에게 편지를 썼어요. 그것을 인용하고 싶습니다.

아빠. 생신 축하드려요. (중략) 제가 짧지만 살아오면서 느낀 것 중 하나가 아버지와 관계 좋은 사람은 드물다는 사실입니다. 사실 어머니와 관계 좋은 사람은 많죠. 가까이에 보면 우리 동생 민서만 봐도 지나칠 정도니까요. 하지만 아버지와 관계가 좋은 사람 우리나라에 10%나 될까요? 저도 아빠와 여행을 다녀오기 전까진 나머지 90%에 속했던 사람이었죠. 사실 우리나라 사람들이 아버지와 친하지 않은 것은 그런 아버지의 권위주의적인 성향도 있지만 더 큰 것은 자식들이 아버지를 아버지로만 보려 해서 그런 것 같아요. 전 유럽을 다녀오면서 또 나이가 들면서 아버지도 인간이고 남자고 누군가의 아들이라는 것을 느꼈습니다. 아버지와 친해진 것 그것이 제가 2011년 의미 있던 일이라고 생각합니다. 앞으로 다툴 수도 있고 알게 모르게 서로의 마음을 상하게 할 수도 있겠죠? 인간이니까요. 하지만 제가 아빠를 얼마나 생각하는지 기억해 주세요. 생일 축하드려요.　　　　　　　　　　　　　　　-여명 올림

　　아버지도 인간이고 누군가의 아들이라는 것을 느꼈다는 대목에서 저는 눈물이 핑 돌았습니다. 이제 철이 들었구나, 생각했죠. 그동안 고통을 많이 겪었지만, 제 안의 불안을 아이에게 토해내지 않고 많이 삼키고 삼켰던 그런 과정, 그리고 가장 중요한 것이 무엇인지 알고 그것을 지키기 위해 애쓴 것에 대한 열매라 생각하니, 너무도 감사했습니다. 저는 지금 아이가 예비 고3이지만, 아이와 소통에 대한 걱정이 없습니다. 오히려 초등학교 때나 중학교 때보다 훨씬 대화를 많이 하면서 친구처럼 지냅니다.

　　진로를 위한 자녀 지도에서 가장 중요한 것을 꼽으라면 저는 크게 사랑, 자율, 대화라고 생각해요. 저는 다른 건 다 내려놓았어요. 좋은 직업의 세 가지 기준을 새롭게 이야기하면서 사회적 가치의 중요성을 말씀드렸습니다만, 그 사회적 가치를 추구하는 마음은 어떻게 찾아올까요. 그것은 부모의 사랑을 자녀가 충만히 받을 때 가능합니다. 내가 사랑받아 사랑이 넘칠 때 남을 사랑하고 사회에 기여하는 것이니

까요.

특히 진로 지도는 곧 인생교육이라는 것을 명심하고, 말로 지도하는 것이 아니라 부모 스스로 살아가는 만큼 아이들도 따라오는 것이라 생각하고 부모가 자기 문제를 푸는 일에 늘 집중해야 한다는 것을 기억해야 합니다. 이것은 부담스러운 이야기입니다만, 중요합니다. 왜냐하면 자식의 문제는 곧 부모 약점의 표현이기 때문입니다. 그러나 우리는 동시에 부모도 연약한 존재라는 것을 인정하고, 내가 인생에서 숙제를 다 풀지 못해도 그것 때문에 아이가 망가지는 것은 아니라는 것, 자기 연약함에 대해서 좀 너그러워지는 것도 필요합니다.

사실 우리 부모들 가운데, '너, 다른 집에서 안 태어나고 나를 만나서 참 다행이다.' 이렇게 자신 있게 말할 수 있는 분들이 얼마나 있겠습니까? 저도 그런 말 못합니다. 저는 아이들을 키우면서 부족함과 실수가 너무 많아서, 자식 키우는 것은 죄짓는 일이라고 생각한 적이 많았습니다. 아침마다 기도할 때 저는 아이들의 부족함과 연약함을 떠올리면서 그 원인을 제가 제공했다는 자책감에 울기도 많이 울었습니다. 명색이 교육 시민운동을 하는 사람이니 자식을 제대로 키워야 할 것 아닌가요? 그런데 사교육걱정없는세상 강의할 때는 이렇게 떠들면서 자녀는 제대로 키우지 못했다면, 얼마나 부끄럽고 힘이 없는 일입니까?

그러나 지난 세월 동안 제가 굳게 믿어온 것이 있습니다.

첫 번째, 부모의 허물이나 어린 시절 어두운 가정환경으로 인해 아이가 인생을 살면서 실패하고 고통을 겪을 수 있습니다만, 아이의 인생이 그로 인해 좌절하고 굴절되는 것이 아니라, 원래 가야 할 길로 들어서리라는 것입니다. 부모의 약점도 자녀가 옳은 진로를 선택할 때

요긴한 하나의 재료라는 것이죠.

두 번째, 아이는 스스로 성장하고자 하는 힘으로 살아간다는 점입니다. 이 땅의 아이를 다 본 것도 아닌데 제가 어떻게 그렇게 말할 수 있느냐고요? 우리 부모 자신들의 지나온 삶을 볼 때 그렇습니다. 우리 부모님들의 삶은 대개 지금 우리보다 훨씬 더 어두웠습니다. 그럼에도 우리는 그런 역경을 넘어서 잘 버티며 지금까지 살아왔습니다. 왜 그랬습니까? 그것은 우리 속에 생명이 있고, 그 생명에는 성장하고자 하는 힘이 있기 때문이었습니다. 생명은 문제 앞에서 꺾이지 않습니다. 돌파하고 우회합니다. 혹 부모가 자녀에게 상처를 준다 하더라도 생명이 있는 아이는 그 그늘까지 품어가면서 자신의 진로를 설정해 나갑니다. 원래의 진로가 A였는데 부모의 부족함 때문에 B로 간 것이 아니라, 부모의 부족함까지 재료로 삼아 아이는 생명의 힘으로 원래의 진로인 A로 간다는 것입니다. 우리는 그것을 믿어야 합니다. 이것은 믿음의 영역입니다. 그래서 우리 자신을 용서하고 아이들도 관용으로 대하며 그 생명의 힘을 믿어야 합니다.

강물은 곡선으로 흐릅니다. 왜 강이 곡선으로 흐릅니까? 그것은 장애를 만나서입니다. 돌파하지 못해서 우회하는 것이죠. 그러나 곡선으로 흘러서 강물은 아름답습니다. 직진하는 강은 아름답지 않습니다. 그렇게 아름답게 우회를 하면서도 강물은 끝내 도달해야 할 바다로 가는 것입니다. 다만, 그렇게 되기 위해 두 가지가 필요해요. 하나는 흘러내려가고자 하는 힘입니다. 이 힘이 없으면 고인물이 되고 썩습니다. 두 번째로 물의 풍부한 양이에요. 그래야 마르지 않고 끝내 바다까지 가는 것입니다. 우리 아이들에게도 이 두 가지가 필요합니다.

제 이야기를 마무리 지으면서 제 아이의 진로 고민의 여정을 한번 글로 정리해봤습니다. 한번 읽어보겠습니다.

초등학교 때부터 자기 진로를 이과 영역이라고 생각하는 데에 흔들림이 없었다. 과학을 좋아했지만 수학 성적이 나오지 않아 우리 부부는 중학교 시절부터 아이의 결심을 못미더워했다. 엄마, 아빠가 전형적인 문과라서 녀석의 이과 편애는 일시적인 관심일 거라고 판단했다. 문제는 간단치 않았다. 아이의 생각을 존중할 것인가 부모의 판단을 따를 것인가. 전자는 자칫 길을 가다 헤매기 쉽고, 후자는 설령 옳은 길일지라도 아이가 반발할 수 있다. 무엇보다도 설득이 가능한 상황이 아니었다. 망설임과 고민이 깊었다.

중학교 3학년 때에는 S인터넷고를 희망하더니 뜻대로 되지 않자 졸업할 때쯤 동네 근처 과학중점반이 있는 고교를 가고 싶어 했다. 고등학교 1학년 때부터 문이과 트랙이 갈리는 학교였다. 그러나 추첨 경쟁률이 높아 입학은 운이 좋아야 기대할 수 있는 상황이었다. 그래도 원서를 내놓고 기다리기로 했다. 그런데 어이없는 일이 일어났다. 추첨 결과만을 기다리던 겨울방학 어느 날 느닷없이 아이가 흔들리기 시작했다. 수학을 못하는데 거기 가서 잘할 수 있을까? 회의는 꽤 심각했다. '야, 인마! 그러니까 내가 뭐라던!' 이런 말이 튀어나올 뻔했지만 침묵했다. 이미 주사위는 던져졌으니 추첨에서 떨어지기만 바라야 할까.

아이는 그 무렵 가정예배 때 '내 뜻이 아니라 하나님 뜻이 이루어지게 하소서'라는 기도제목을 내놓았다. 그런데 덜컥 과학중점고등학교에 추첨이 되어버렸다. 본래는 기뻐해야 할 일이 이제는 걱정거리가 됐다.

입학 첫날 아이는 전학을 생각했다. 아이에게 1년을 버텨보라고 일단 말했다. 그 후 아이는 고등학교 1학년 내내 고민했다. 수학을 잘하는 아이들 틈에서 잘해보려고 했지만 결과는 늘 신통치 못했다. 수학 잘하는 아이를 우대하는 학교의 난이도 높은 수학시험 문제 앞에서 아이는 수도 없이 절망했다.

그러나 그 와중에 소득도 있었다. 그동안 쳐다보지도 않던 지리, 사회, 도덕과 같은 과목이 눈에 들어오기 시작한 것이다. 다른 아이들은 거들떠도 보지 않는 문과 세계지리 시간에 혼자 눈을 뜨고 수업에 집중하는 자신을 발견한 것이다. 자기 속의 문과적 감수성을 뒤늦게 알아챘다. 결국 우리 예측이 옳았다. 엄마 문과, 아빠 문과, 아들 역시 문과였던 것이다. 그 생각을 공유하는 데 1년이 걸린 셈이다. 게다가 시점이 한참 어긋난 뒤였다.

상황이 분명해진 2013년 초 우리는 아들과 진지하게 대화를 나누었다. 아이는 전과를 하기로 스스로 결정을 내렸다. 이미 반 배정이 다 끝난 상황인데 담임선생님께 뒤늦게 양해를 구하고 뒤늦게 문과로 옮겼다. 그리고 3개월이 지난 지금, 감사하게도 아이는 문과 공부에 꽤 만족해한다. 어린 시절부터 아이는 사람보다는 기계에 관심이 더 컸다. 기질 때문이 아니라 혹시 감정을 억누르도록 강요해온 부모의 미성숙 탓이 아닐까 자격지심이 들어 나는 항상 마음이 아팠다. 아이의 연약함 속에 연결되어 있는 우리 부부의 부족함을 부끄러워했다. 아이가 사람의 감정을 잘 읽어내지 못하고 정답이 있는 기계를 더 편하게 생각하는 것은 우리 탓이라고 생각했다. 그런 아이에게 변화가 있었던 것이다.

그동안 무슨 일이 일어났을까? 많은 일이 있었다. 모든 것을 이해하려면 긴 호흡의 이야기가 별도로 필요하다. 다만 아이의 마음이 성장해 자기에게 여유가 생기고 부모를 관용하며 타인과의 관계에 직면할 수 있는 여지가 생겼음은 분명하다. "아빠, 저는 공감 능력이 부족해요"라고 한 달 전쯤 식탁에서 아이는 말했다. 그 말을 듣고 나는 오히려 아이가 타인을 공감하기 시작했다는 것을 알게 돼 기뻤다. 자기를 객관화하기 시작했으니 더욱 능숙해지는 것은 시간문제라 생각했기 때문이다. 아이는 문과 과목 대부분을 좋아한다. 수업시간에 짤막하게 배운 고려가사가 있으면, 관련 단행본을 일부러 구입해 읽는다. 국어 시간에 좋은 시 표현을 배우면 그것을 써먹고 싶어 한다. 시 습작을 하기도 한다. 일상 대화에서 세계 지리를 인용하기를 즐긴다. "아빠, 과학은 지식을 아무리 쌓아도 일상에서 생색내기 힘든데 문과 과목은 곧바로 교양과 상식으로 써먹으니 좋아요." 이렇게 말했다.

전에는 기대할 수 없었던 변화가 찾아왔다. 중학교 때 한 번도 보지 못했던 성적표를 5월 초에 받아보았다. 아직도 무너졌거나 버려진 과목들이 먼저 눈에 들어오고, 이것도 성적표냐 하는 마음이 없는 것은 아니지만 아이 속에 시작된 변화가 반갑다. 그만큼 나도 변했다. 이럴 줄 알았으면 억지로라도 처음부터 문과 공부를 시켰으면 어땠을까 하는 생각이 들지 않는 것은 아니다. 그러나 고개를 흔든다. 만약 중학교 3학년 때 부모의 권위로 눌렀더라면 아이가 이 때늦은 즐거움을 맛볼 수 있었을까? 공부는 시험을 잘 보기 위해서가 아니라 세상을 이해하고 자기를 표현하는 일을 위한 용도라는 것을 아이가 발견했을까? 아마 어려웠을 것이다. 나는 우리와 아이의 시행착오를 필연이었다고 믿는다.

이런 간단한 진리를 왜 쉽게 깨닫지 못했을까? 이유는 간단하다. 시행착오를 할 여유가 없었기 때문이다. 삶이 너무 빠르게 전개된다는 불안감 때문이다. 고등학교 3학년을 졸업한 뒤로 모든 고민과 모험, 성장통과 시행착오를 미루자는 현실의 논리에 압도된 탓이다. 나라고 해서 예외는 아니다. 부모로서의 삶은 바로 그 현실 논리와의 싸움이었다. 어느덧 마음이 열리기 시작했다는 걸 느낀다. 새로운 확신이 차오른다. 아이 인생의 성공과 실패는 1년 6개월 후 대학입시로 결판나는 것이 아니다. 내 인생의 1년 후도 알 수 없는데 아이의 20년 후를 예단할 수는 없다. 점수가 아닌 재미와 쓰임새로 교과를 대하는 근력을 키우는 것이 오래 공부할 수 있는 길이다. 집착하다가는 진짜 삶에서는 실패할 수 있다는 그런 역설을 이제 받아들이게 됐다. 생각을 해본다. 이런 깨달음이 부모로서의 삶을 시작하는 첫 단계부터 일찌감치 찾아왔다면 얼마나 좋았을까? 그러나 망상이다. 세상에 고통이 생략된 깨달음이 어디 있으랴. 아픔과 실패가 생략된 통찰이 어디 있으랴.

요즘 우리 아이는 시 쓰는 것을 몹시 좋아해요. 열흘 전 쓴 시를 한번 여러분께 들려주고 싶어요. 비록 아직 시가 정형화된 패턴이지만, 자기감정을 표현할 수 있게 되었다는 사실이 감사합니다. 이런 시가 점수로 반영되는 것은 아닙니다. 그러나 아이는 배움을 통해 자기를 표현하는 안목을 만들어가고 있습니다. 그런 보이지 않는 삶의 능력이 쌓이는 것이 점수보다 더 중요하다는 사실을 부모가 인정할 때 아이는 자기 진로를 잘 개척할 것이라 생각합니다.

비

-송여명

하늘에서 네가 오는 날이면
흔들리는 연꽃 한 장 둘러쓰고
너를 맞으러 나아간다.

환희를 머금은 웃음을 짓자면
비록 제대로 바라보기 힘들더라도
너의 소리 느끼며 서 있는다.

네 온 곳으로 돌아가는 너를 느끼면
내 몸 내 가슴 아직 갈라진 사막 같지만
너를 빙그레 눈물로 보낸다.

하늘에서 네가 오는 날이면
일곱 빛깔 오선지만 홀연히 남아
너 왔었노라 노래한다.

　나름 시의 촉이 있지요?(일동 웃음) 우리는 이 살벌한 경쟁의 정글에
서 아이가 내면의 힘을 갖출 수 있도록 도와주어야 합니다. 우리 부모
들은 온통 불안과 공포를 부추기는 유해한 환경에 포위돼 있습니다.
이것을 이대로 두면 안 되고, 우선은 내 자신의 마음을 지키기 위해 뜻

이 같은 사람들과 공동체로 관계를 맺으며, 나아가 세상을 바꾸는 일에 나서야 합니다. 잘못된 대학서열체계, 학벌을 부추기는 채용 환경 등을 바꿔야 합니다. 그리고 그런 법률을 만들어야 합니다. 그러나 잘못된 법과 제도는 잘못된 의식을 먹고 사는 것이니, 사실은 우리 속에 있는 잘못된 의식과 싸우는 것이 더 중요한 일입니다. 함께 뭉쳐서 계속 대안을 만들어야 해요.

사교육걱정없는세상은 올해부터 진로 및 대학체제를 개편하고 채용시장의 학벌 차별 관행을 개선하기 위해 크고 놀라운 운동을 펼칠 것입니다. 2014년 3월을 기해 지금까지 말씀드린 내용을 소책자에 담아서 국민들에게 보급하는 일을 시작할 것입니다. 함께합시다. 우리는 개미가 아니라 코끼리입니다. 국민을 제외하고 세상의 어느 누구도 '갑'이 아닙니다. 우리가 그것을 믿어야 합니다. 입시경쟁과 사교육 문제를 해결하는 일, 자녀의 참된 진로를 열어주는 일에 참여하십시오. 혼자 고립되지 말고 길을 열어 함께 고민합시다. 이 운동에 회원으로 후원자로 참여해서 부모로서 자녀들에게 부끄럽지 않은 삶, 사교육 걱정 없는 세상이라는 유산을 꼭 물려주도록 합시다. 감사합니다.